Bausteine für eine »psst«?

Herzlich willkommen im neuen Ariadne Forum! Nach drei hektischen Monaten mit zahllosen Extraschichten ist es nun wieder so weit: Das Forum tigert seinen Leserinnen entgegen. »Schrank und Nerven« hat es gekostet, weil immer wieder andere Produktionen dazwischenkamen, und natürlich hat alles wieder länger gedauert, als es sollte – aber höllischen Spaß hat es trotzdem gemacht! Vor allem, weil wieder so viele energiegeladene Frauen daran mitgemacht und dafür gewirbelt haben – so konnte es auch diesmal ein selbstbewußtes Magazin mit vielfältigem Inhalt werden. Dabei sind die Weichen der Zeit gar nicht so günstig gestellt: Politische Frauenfragen sind so »aus der Mode«, daß jede gewissenhafte PR-Fachfrau von der Verwendung des Wortes »feministisch« abraten muß, weil viele Frauen dabei gleich an Dogmatismus denken. Und so ziemlich alle, die frauenpolitisch aktiv sind, haben den zunehmend kalten Wind zu spüren bekommen, der in letzter Zeit Zuschüsse weg- und Töpfe leerpustet. Aber gleichzeitig hat sich in der Kultur doch ein echtes Stückchen Utopie durchsetzen lassen. Wer hätte vor sieben Jahren gedacht, daß ein paar idealistische Kleinverlagsprojekte den Buchmarkt in einen wahren Frauenkrimi-Rausch locken könnten? Heldenrollen in Buch wie Film gehören nicht mehr den Jungs – heute jagen Detektivinnen und Western-Ladies über die Leinwand, und morgen ...?

Bewegung kann Spaß machen – und auch wenn es nicht immer so einfach ist wie Krimilesen oder Kinogehen, gehört das doch dazu! Dafür steht auch diese Ausgabe des Ariadne Forums, und deshalb nochmal ein ausdrückliches Riesendankeschön an all die engagierten Leserinnen, Kritikerinnen und Selberschreiberinnen, die – auch diesmal wieder ehrenamtlich, feministisch und undogmatisch! – dabei mitgeholfen haben.

Viel Vergnügen, bis zum nächsten Forum

Eure Ariadnes

Heft 3 – 1994/95

erscheint
im Argument Verlag GmbH,
Rentzelstr. 1, 20146 Hamburg,
Telefon 040-453680, Fax 445189
Vertrieb: Rotation
Mehringdamm 51, 10961 Berlin,
Tel. 030-6927934, Fax 6942006

Redaktionsleitung:
Else Laudan, Iris Konopik, Regina Weber, Cora Fath, Nicola Tiling

Heftredaktion:
Elisabeth Hoerner, Martina Sander, Uta Niederstraßer, Murielle Rousseau-Reusch, Anja Kemmerzell, Gabriele Arendt

Unter Mitarbeit von:
Dagmar Scharsich, Frigga Haug, Christiane Howe, Ursel Wenzel-Wohlfahrt, Petra Knust, Nicole Schmidt, Mirjam Müntefering, Eva Hohenberger, Britta Heer, Ingrid Heim, Inge Zenker-Baltes, Birgit Albrecht, Sabine Böker, den Schlaflos-Projekt-Frauen, Kerstin Schröder, Alice Block-Lindmüller, Marie-Luise Strömer-Orrù, Imke Elliesen-Kliefoth, Simone Fischer, Sina Jarvis, Anja Zimmermann, Conny Roos, Petra Grän, Kerstin Ahlström, Regine v. Guttenberg, Thordis Rabius, Regine Wanzek und vielen, vielen Leserinnen.

Cartoons:
Judy Horacek
(alle Rechte vorbehalten)

Anzeigenleitung:
Christine Heinrich
Es gilt Anzeigenpreisliste 1
vom 1.2.1992

Bildredaktion:
Else Laudan und
Martin Grundmann

Satz & Layout:
Martin Grundmann

Verantwortlich i.S.d.P.:
Else Laudan und Iris Konopik

Belichtung:
Steinhardt, Berlin

Druck:
alfa Druck, Göttingen

ISBN 3-88619-694-1
ISSN 0941-6749

Faden

Herzlich willkommen im Forum, Judy Horacek!

Ich muß jetzt zu meinem Hobby, Schatz – bis heute abend!

Die quirlige Australierin Judy Horacek findet, daß Humor ein großartiger Weg ist, um die Welt zu verändern. Als freischaffende Cartoonistin und Schriftstellerin lebt sie in Melbourne. Ihre in diversen Zeitungen und Zeitschriften regelmäßig abgedruckten Arbeiten wurden auf etlichen Cartoon-Shows ausgestellt, 1992 fand in Canberra ihre erste Solo-Ausstellung statt und war ein voller Erfolg. Sie bringt ihre augenzwinkernd-politischen Inhalte auch auf Post- und Glückwunschkarten, Postern, T-Shirts und Kaffeetassen heraus.

Die hier verwendeten Strips und Karikaturen entstammen sämtlich ihrem ersten Buch *Life on the Edge* (Spinifex Press, mit einem Vorwort von Dale Spender; Rechte: Literarische Agentur Brigitte Axster). Ein weiterer Cartoonband von Judy Horacek ist in Vorbereitung.

+++ Telex +++ Telex +++ **Mary Wings**, deren Emma-Victor-Krimiserie bei Ariadne erscheint, hat auch einen Psychothriller geschrieben, der bei Fischer unter dem Titel *Himmlische Rache* veröffentlicht wurde; die Autorin selbst war diesen Sommer in Europa unterwegs und gab Seminare zum Thema Krimischreiben +++ Von **Sarah Schulman** erscheint soeben in den USA ein Sammelband mit journalistischen Essays rund ums Thema Aufwachsen als Lesbe/Schwuler während der Ära Reagan/Bush, dieser Band wird übersetzt und 1995 beim Argument Verlag erscheinen +++ **Marge Piercy** soll, so war zu hören, z.Zt. einen Roman über die französische Revolution ausbrüten +++ bei Ariadne laufen derweil alle Vorbereitungen für die deutsche Ausgabe von Piercys 800-Seiten-Roman über den 2. Weltkrieg +++ **Jean Redmann**, Verfasserin des heißgeliebten und kühl gehaßten Macho-Lesbenkrimis *Mississippi*, läßt ihre zerschundene hardboiled-Heldin Micky Knight gleich weiterkämpfen: 1995 erscheint ihr nächstes Abenteuer bei Ariadne +++ Die Krimis von **P.M. Carlson**, die sich seit *Makler und Mord* auch hier steigender Beliebtheit erfreuen, wurden in den USA gleich für drei Krimipreise nominiert +++ **Sarah Dreher** hat soeben Stoner 6 fertiggeschrieben – Gerüchten zufolge soll die Handlung ohne eine einzige spirituelle Begebenheit auskommen! +++ **Barbara Wilson**, bisher Co-Verlegerin des feministischen Verlags The Seal Press, Seattle, hat sich ins sonnige Kalifornien zurückgezogen und will jetzt nur noch schreiben, zunächst einen Stapel Shortstories um die Globetrotterin Cassandra Reilly +++ Telex +++ Telex

Pannen, Pfusch und Peinlichkeiten aus der *kriminellen Redaktion*

Inspirierend

Satzfehlerteufelchen, das ist bekannt, machen das Lektorat mühevoll und werden, wenn dort übersehen, zum Leserinnen-Ärgernis. Manche jedoch haben durchaus eine inspirierende Wirkung. So zum Beispiel der in geradezu Freudscher Fehlleistung umbuchstabierte Buchtitel »Mitten ins Geschicht – weiblicher Umgang mit Wut und Haß«. Einen ganz wunderbaren Tippfehler hätten wir am liebsten sogar stehenlassen, und zwar in *Wenn die Macht ihr Netz auswirft*. Denn wer hätte vor Gericht nicht gern eine Verteitigerin?

edition bekleidet

Manchmal ist es schwer, es allen recht zu machen – und nicht nur inhaltlich! Immer wieder kamen Frauen in den Verlag und beklagten, daß die schönen Bände der edition ariadne (Hardcover-Einband mit Gemälden von Künstlerinnen vorn drauf) ohne schützenden Umschlag erschienen. Nun, im dritten Jahr, haben sie schließlich einen leuchtenden Schutzumschlag bekommen – und schon wieder seufzten einige: »Vorher sahen sie aber dezenter aus ...« Was denn nun? Unser Tip: Wer's ohne mag, die Bücher einfach »ausziehen«.

Wenn die Sprache baumelt

Manche Wörter bergen feine Tücken, die der eingeweihten Lektorin zuweilen unfreiwillige Scherze bescheren. Zu unseren Lieblingen gehört das pragmatische Wörtchen »hängen«. Da wäre zunächst die Vergangenheitsform: Wann immer eine Detektivin »hing«, konnte es nicht ihren Mantel betreffen, sondern besorgniserregenderweise nur sie selbst! Jacke, Wäsche, Bild und Job hingegen *hängte* sie besser an den Nagel oder was auch immer. Besonders apart wird es jedoch, wenn ein Telefon im Spiel ist, denn hier entstehen zwischen auflegen und einhängen oft die schönsten Mischformen. Nicht nur landet der arme Hörer oft am Galgen, manchmal wird er sogar eingelegt – alles Essig!

Haßmütze Duden: Finden statt Blättern

Da wir manchmal ans Ende unseres Geduldsfadens geraten, wenn's darum geht, dem *Duden* schnelle und konkrete Hilfe abzutrotzen, enthüllen wir den ergänzenden Geheimtip. Für alle, die gelegentlich in bezug auf Kommasetzung oder Schreibweise ins Zweifeln geraten, hat eine kluge Frau namens Gabriele Luik ein unschätzbar wertvolles Handwerkszeug entwickelt: die »Stolpersteine«. Zwei kleine, übersichtliche Bändchen, mit denen fast alle sprachlichen Tücken schnell zu lösen sind. Vor allem Band 1 ist unbedingt empfehlenswert, auch für Souveräne! Die *Stolpersteine* gibt's für DM 16,80 vom Geiger Verlag.

Schwere Copyright-Aufgabe

Gelegentlich passiert in der Hektik des letzten Umbruchs Unerklärliches; auch detektivische Spurensuche vermochte nicht zu ermitteln, wie sich gleich *vier Mal* ausgerechnet in der Copyright-Angabe unserer Bücher Fehler einschleichen konnten. Bei Val McDermids Krimi *Das Nest* vergaßen wir sie ganz. Mary Mellors äußerst aktuelles Buch *Wann, wenn nicht jetzt! (Für einen ökosozialistischen Feminismus)* wurde um 10 (!) Jahre zurückdatiert (auf 1982). Und Lauren Wright Douglas erwischte es gleich

zweimal bei der Schreibweise ihrer Originaltitel: *Nineth Life* für *Sieben Leben* und *Daughters of Aratemis* für *Artemis' Töchter*. Zur Zeit geht die Theorie um, daß eine von uns einen unbewußten Haß gegen Urheberrechte hegt. Ob's hilft, wenn wir sie Urheb*erinnen*rechte nennen?

Kriminelle Selbsthilfe

Als wir im Frühjahr 94 unseren Krimiprospekt zusammenbastelten, gab es ein Problem: Etlichen flehenden und drängelnden Faxen zum Trotz war noch immer kein Foto der Autorin Jean Redmann (*Mississippi*) eingetroffen. Was tun? Wir warteten bis zur letzten Minute vor Drucklegung – kein Foto! In allerhöchster Not fiel uns ein, daß wir 1992 in Amsterdam ihre Lektorin, Beth Dingman, kennengelernt und abgelichtet hatten ... Und so mußte für die Dauer eines Prospekts Beth für ihre Autorin den Kopf hinhalten! (Na ja, das müssen Lektorinnen häufiger.) Aber dann, diesen Sommer in Melbourne, bekamen beide den Prospekt in die Finger, entdeckten natürlich prompt unsere Mimikry – und versprachen schmunzelnd, daß die Fotos künftig schneller rüberkommen.

Faden

Die Computer liefen heiß, die Rechen-Software schaffte es trotzdem.
Ariadne proudly presents:

Die Ariadne Top 20

Aus unseren Ariadne Charts der meistverkauften 10 Ariadne Krimis haben wir dieses Mal eine Top 20 gemacht. Da wir mittlerweile über 60 Ariadne Krimis draußen haben, fanden wir die ersten 10 Plätze einfach nicht mehr aussagekräftig genug. Zugegeben, ob die 20 bestverkauften Krimis auch die 20 beliebtesten sind – weiß frau's? In Klammern die Vorjahresplazierungen (die natürlich nur bei den 10 Krimis stehen können, die letztes Jahr schon dabei waren).

1. Dorothy Cannell: Die dünne Frau (1)
2. Marion Foster: Wenn die grauen Falter fliegen (2)
3. Dorothy Cannell: Der Witwenclub (4)
4. Sarah Dreher: Stoner McTavish 1 (3)
5. Katherine V. Forrest: Die Tote hinter der Nightwood Bar (5)
6. Sarah Dreher: Stoner McTavish 2 – Schatten (8)
7. Barbara Wilson: Der Porno-Kongreß (7)
8. Lauren Wright Douglas: Lauernde Bestie (6)
9. Katherine V. Forrest: Amateure (10)
10. Marion Foster: Wenn die Macht ihr Netz auswirft
11. Val McDermid: Die Reportage (9)
12. Katherine V. Forrest: Beverly Malibu
13. J.R. Hulland: Der Tod studiert mit
14. Kim Småge: Die weißen Handschuhe
15. Katherine V. Forrest: Tradition
16. Anthony Gilbert: Das Geheimnis der alten Jungfer
17. Sarah Dreher: Stoner McTavish 3 – Grauer Zauber
18. Barbara Wilson: Ein Nachmittag mit Gaudí
19. Kim Engels: Zur falschen Zeit am falschen Ort
20. Anthony Gilbert: Fette Beute

Das Last-Minute-Volleyball Team des SV-Altengamme belegte in Ariadne-T-Shirts Platz 3 (ohne wär's doch bestimmt nur Platz 4 geworden ...).

Im Ariadne-T-Shirt: Achtung ... fertig ... ... los!

Neue Sportart Kistenschleppen?

Wiese

Einige Beispiele dafür, wohin es den Ariadnefaden verschlagen kann.

Leserinnen Tip: Niemals müde dank Ariadne-Krimis.

Manche Briefe kommen mit Bild: Sichtbare Zustimmung.

Kontrapunkt: Bücher gegen den Zeitgeist?

Erfahrungen beim Machen von Ariadne Krimis

Bücher, die nicht dem Zeitgeist entsprechen, zu machen, zu verlegen, zu schreiben, ist zwar schwierig und mit viel persönlichem und ökonomischem Risiko verbunden, mit Frustration und Verzweiflung, denn schließlich möchte man ja auch, selbst wenn man nicht dem Zeitgeist entspricht, von vielen gelesen werden, als Verlag viel umsetzen, das eine aus Sinnsuche, das andere aus Notwendigkeit. Aber ist es darum leicht, als linke Verlegerinnen Massenliteratur zu veröffentlichen, bzw. ist dies mit einigem Rückgrat überhaupt möglich?

1. Das Problem mit dem Zeitgeist.

Das Feld steckt voller Widersprüche. Denn was ist der Zeitgeist, dem wir nicht folgen wollen aus berechtigtem Mißtrauen und wissenschaftlicher Kritik und den wir suchen müssen, wenn wir gelesen werden wollen? Bücher, die im Zeitgeist geschrieben sind, sind in allererster Linie auf Verkäuflichkeit angelegt. Dieser Vorwurf meint, wiewohl es umgekehrt nicht darum gehen kann, unverkaufbare Bücher zu schreiben und zu verlegen, daß es VerfasserInnen und Verlag um nichts geht, außer darum, Geld zu machen. Die Rätselfrage lautet: Worum geht es uns linken Verlegerinnen und Autorinnen, und läßt sich dieses mit Zeitgeist und Verkaufbarkeit verbinden, ohne korrumpiert und verkehrt zu werden?

2. Zeitgeist und Kultur

Die Verachtung des Zeitgeists hat zugleich ein kritisch-berechtigtes Moment und eines, welches von oben arrogant auf die Massen blickt. Man erkennt dies leicht beim Umgang mit Populärliteratur. Ich mache einen Sprung in unsere Verlagspraxis und frage: Kann ein politischer Verlag mit Selbstachtung feministische Krimis veröffentlichen?

Unser Eintritt in den Markt gutgängiger Bücher war und ist kulturpolitisch motiviert. In den Hoch-Zeiten sozialer Bewegungen wird sogenannte Fachliteratur akzeptiert und verschlungen, als handele es sich um Krimis. Für eine Zeitlang ändern erstaunlich viele Menschen ihre Vorstellung von dem, was ihnen Vergnügen macht zu lesen, was sie brauchen, womit sie ihre Zeit verbringen. Für das *Argument* als Zeitschrift gab es eine Zeit, in der die Nachricht, das neue Argument sei erschienen, die StudentInnen in Massen vor die Mensa lockte, wo ein eilig aufgebauter Büchertisch heute unvorstellbare Mengen in kürzester Zeit absetzte. In die Beschreibung sind diagnostische Elemente eingegangen: Es geht darum, das, was gebraucht wird und was Vergnügen macht, womit man seine Zeit verbringen will, zu schreiben, zu verlegen. Im Niedergang der sozialen Bewegungen, auch der Frauenbewegung, wird es schwierig, gleichzeitig politisch wirksam zu sein, zu mehr Handlungsfähigkeit beizutragen, theoretisch zu arbeiten und viele Menschen zu erreichen.

Antonio Gramsci analysierte u.a. nach dem Sieg der Faschisten, der u.a. auch ein Sieg über einen Teil der Köpfe und Herzen des arbeitenden Volkes war, die Fehler auf seiten der Linken. Einige davon bezogen sich auf die Frage, wie Hegemonie vorgestellt wird und wie um Hegemonie im Volk zu kämpfen sei im Kulturellen. Wenn, so seine Schlußfolgerung, »das Volk« vornehmlich Fortsetzungsromane liest, so gilt es, ihre Hoffnungen und Wünsche, die solchem Verhalten zugrundeliegen, zu erkennen und »bessere Fortsetzungsromane« zu schreiben, solche, die sich nicht mit dem Illusionären im Alltagsverstand verbinden, sondern solche, die aufrechten Gang ermöglichen, ohne die Wünsche und Hoffnungen im Volk zu negieren, solche, wie Brecht sagen würde, nach deren Lektüre die Menschen besser wären als vorher.

Unsere Lehre aus solch einsichtiger Kritik war: Im Niedergang auch der Frauenbewegung gilt es, Bücher für Frauen zu verlegen, die ihren Hoffnungen und Sehnsüchten folgen, die vergnüglich sind und die zur Handlungsfähigkeit beitragen.

Die ersten Kriterien für die Auswahl feministischer Krimis waren leicht gefunden: Es mußten Erzählungen sein, in denen Frauen aufrechte, mutige, kompetente und eben nicht unterworfene Opferwesen waren, sie mußten soziale Wirklichkeit möglichst breit und kritisch einbeziehen, um die Veränderbarkeit der Verhältnisse zu zeigen, sie mußten überhaupt *zeigen* und *nicht* selbst wertend urteilen, um die Leserinnen als Produzentinnen einzubeziehen, sie sollten Beziehungen unter Frauen als wirklich und daher möglich vorführen, Verbrechen nicht aus abwegigen Psychen erklären, sondern aus den Verhältnissen, in denen sie entstehen; sie sollten zu lesen sein, dabei auch den sprachlichen Geschmack schulend und nicht in Klischees steckenbleiben, den Plot, das Verbrechen womöglich als Anlaß für die Erzählung nehmen, das Interesse aber auf die Beziehungen von Menschen in ihren Verhältnissen lenken. Solche Kriterien hören sich ein wenig wie eine Rezeptur zum Schreiben von feministischen Krimis an; gedacht sind sie aber als Leitfaden für die Auswahl der angebotenen Romane, als eine Art Rückhalt, damit Literatur im Zeitgeist, was Krimis allemal sind, es möglich macht, in den Zeitgeist einzugreifen, ihn zu verändern. Dies unser Projekt.

Geht man von den Höhen der löblichen Absicht in die Niederungen der Alltagsarbeit, so erwies es sich als nicht allzu schwierig, wenn auch arbeitsintensiv, aus der Menge der international, besonders in den USA und England geschriebenen Krimis von Frauen solche auszuwählen, die vielen der eben genannten Kriterien gehorchten. Die Bücher verbreiteten sich schnell, die Reihe gewann an Ansehen, die Leserinnen stellen inzwischen selbst fast so etwas wie eine eigene Bewegung dar. Eines der sichtbarsten Zeichen: Während zuvor Krimis verschämt und versteckt gelesen wurden als etwas, dessen man nicht überführt werden wollte, werden Ariadnekrimis geradezu als Ausweis vorgezeigt, daß man dazugehört, sie werden öffentlich gelesen. Ich treffe kaum eine Frauengruppe im deutschsprachigen Raum, in der über die Frage dieser Krimis nicht eine sofortige Diskussion möglich ist, einfach weil die meisten die Bücher kennen und die wenigen, die dies nicht tun, sich kulturell ausgeschlossen fühlen und die Lektüre schnell nachholen.

3. Die Suche in der eigenen Kultur

Die Probleme beginnen beim Stolz richtiger Verlegerinnen: Wie entdecken wir neue Autorinnen im eigenen Land? Die Aufregung in der Frage, die detektivisches Handeln als Abenteuer nahelegt, wird schnell erstickt durch zuviel Papier. Es ist nicht so, daß die Frage bedeutet, daß man herumlaufen muß, um wirkliche Menschen, die schreiben können, von anderen, die dies nicht tun, zu unterscheiden. Man wühlt sich statt dessen durch Unmengen von fast täglich eingehenden Manuskripten. In ihnen stecken Hoffnungen, Sinnsuche, einsamer Stolz, gute Absichten, Verkennungen und vielleicht die schöpferische Fähigkeit, wirklich gut zu schreiben, Glück.

Aber wie läßt sich in knapper Zeit herausfinden, welches Manuskript eine Entdeckung ist, und welche alle vergeblich? Schnell erweisen sich die oben aufgeführten Kriterien als wenig griffig, denn das Problem ist zuallererst eines der Sprache und des Blicks. Dabei ist es ja nicht so, daß das Buch nur der Verlegerin gefallen muß, sondern diese muß viel unverschämter einen Maßstab entwickeln, in dem sie ihr Vergnügen oder Mißfallen selbstkritisch als eines zu bestimmen versucht, das für viele Gültigkeit haben kann. Dabei wird sie unvermeidlich Fehler machen; aber es rächt sich, wenn sie dieser »Anmaßung«, zu wissen, was gut ist, ausweicht. Ein schlecht geschriebener Krimi bleibt, auch wenn er gute Absichten in Plot und Vorführung kompetenter Frauengestalten hat, beim Lesen als schlechter Geschmack, als hätte man zuviel Sahnetorte oder fette Sauce gegessen; man will nicht mehr davon, selbst wenn die Leserinnen sich keine Rechenschaft darüber ablegen.

Erstes Resultat: Die Lektüre der vielen Manuskripte läßt an der deutschen Sprache als mögliches Medium für feministische Krimis zweifeln. Ob es nützlich ist, die vielen Entgleisungen aufzuführen, um solcherart ein negatives Handbuch für gutes Schreiben zu erstellen? Da ist zum einen die Banalität des Alltags, deren einfache Verdoppelung den meisten Autorinnen Realitätsnähe zu sein scheint. Nichtige Dialoge stecken zwischen Spitzendecken und Sofagemütlichkeit, da ist kein Entkommen. Darin wirkt wohl auch die Macht des Fernsehens, die es vielen Autorinnen nahezulegen scheint, die sozialen Versatzstücke aus der Serie *Tatort* unmittelbar in Worte zu übersetzen. Jetzt bekommt man seitenweise Beschreibungen von Einrichtungen und Bekleidungen, geboren aus dem Gespür, daß da etwas Wichtiges gezeigt wurde, aber in der Ziellosigkeit der Details geht zumeist unter, was gezeigt werden sollte. Überhaupt wird Sprache zumeist nicht als Kunst gefaßt, d.h. nicht als eigene schöpferische Produktion, sondern als bloßes Medium der Autorinnenabsicht. Dabei entgeht zumeist, daß dies ein schrecklicher Zusammenstoß werden muß zwischen der unreflektierten Sprachalltäglichkeit und der artifiziellen Absicht. Zudem gibt es so etwas wie einen äußeren Originalitätszwang. Die einzelnen wollen sogleich unverwechselbar sein und mischen etwas, das sie für einmalig und originell halten, als Stilmittel in die Texte. So bekamen wir z.B. einmal ein Manuskript, in dem nicht nur der ganze Text in Dialogform geschrieben war, sondern zudem die Namen jeweils zur Bezeichnung der Sprechenden als auch als Anrede pro Satz doppelt auftauchten. Empfohlene rigorose Streichungen empfand die Autorin als Eingriff in ihr einzig selbst erfundenes Stilmittel.

Ein Hausmittel ist es, ein Manuskript laut vorzulesen. Das gesprochene Wort passiert weniger leicht die Kontrollen. Die Probe bestehen die wenigsten der Texte. Leider genügt das nicht, denn umgekehrt genügen auch viele dem Ohr mögliche Dialoge nicht der anderen Aufmerksamkeit des Lesens. Der Fluß der gesprochenen Worte verliert in der Festigkeit des Gedruckten seine Beweglichkeit. Eine Doppelstrategie wird nötig. Die Rätselfrage ist: Wie kann man Alltag so beschreiben, daß er erkennbar wird, ohne in Klischees zu verfallen; daß etwas an ihm erkannt werden kann, das man wußte, ohne es wirklich zu wissen; und daß es Vergnügen macht, solches zu lesen – sowohl wegen des sprachlichen Glücks als auch wegen der Erkenntnis?

Im gleichen Kontext steckt ein zweites Problem, das auch mit der Problematik des »Deutschen« zusammenhängt. Unsere Krimilandschaft ist gewissermaßen kulturell kolonisiert. Zuviele gute Krimis kommen aus der harten sozialkritischen US-amerikanischen Schule in der Nachfolge von Hammett/Chandler und den Verbrechen der großen Gangs; die anderen aus den romantischen Verästelungen der englischen Kolonialaristokratie und ihren Verbrechen. Aber was wäre in Deutschland zu erzählen, aufzudecken, was wäre krimiwürdig und hielte vor allem den hohen Maßstäben der angloamerikanischen Krimi-Kultur stand? Die Liebe zur sozialen Realität will gelernt sein ebenso wie die Faszination am eigenen Land und Milieu. Ohne sie heben die meisten Romane nicht nur sprachlich, obwohl dies damit zusammenhängt, sondern auch vom Kontext, der ja der eigentliche Text des u.U. belanglosen Krimiplots ist, ab ins Uninteressante, weil Uninteressierte. So hatten wir eine mit Unterstellungen und Drohungen arbeitende schriftliche Auseinandersetzung mit einer Autorin, die einen Krimi mit Frauen als Heldinnen und italienischem Mafiahintergrund geschrieben hatte. Insbesondere letzteres schien der Autorin und ersten Leserinnen ein Gütezeichen zu sein, das die notwendigen ständigen Ausrutscher in sprachliche Klischees hätte ausgleichen können. Dabei ist die Flucht in eine andere, nicht unsere Realität selbst ein Köder, der die Ungenauigkeit der Sprache als eine Beute anlockt. Die soziale Realität wird nicht studiert, vorgeführt, es wird nicht aufgezeigt, wo Eingriffsmöglichkeiten und -hindernisse bestehen, sondern sie dient lediglich als Anreizmittel, den Text exotisch zu machen. Die Spannung ist geborgt und erfüllt so die Leserinnen mit merkwürdiger Langeweile.

Könnte man als eine Empfehlung geben, sich Probleme unserer Gesellschaft zu stellen, wenn man einen Krimi schreiben will? Es ist dies ganz offensichtlich zu global und gehört bereichert um die Dimension, daß es für das Schreiben unabdingbar ist, die handelnden Menschen mit Liebe zu beobachten und ihre Verstrickungen in den Verhältnissen in ihren Widersprüchen zu verfolgen. Anders geraten die handelnden Figuren, was in fast allen Manuskripten der Fall ist, zu solchen, die durch und durch gut, anderen, die ebenso schlecht sind, eine Rahmenanordnung, die nicht nur hinter jede Erkenntnis zurückfällt, sondern auch eine armselige Handlung ergibt, in die dauernd von außen, nicht aus den Handlungen der Personen selbst, Spannungsmomente hineingefügt werden müssen. Ein schreckliches Beispiel sind viele der Manuskripte, die wir in den letzten Jahren zur Thematik des sexuellen Mißbrauchs erhalten.

Unbehaglich sitzen die Verlegerinnen und Lektorinnen vor den Papierbergen. Nicht der viele Fleiß, die Hoffnungen, auch das Selbstbewußtsein bzw. seine Beschädigung sind zu beachten, werden schließlich notwendig ignoriert. Aber es könnte ja auch immer sein, eigentlich muß es so sein, daß plötzlich ein Text dazwischen ist, der wirklich »geschrieben« ist, ein Roman, den zu lesen Vergnügen macht und der einige der anderen Gefühle und Haltungen hervorbringt, die durch Kunst, nicht durch Geschreibe entstehen. Wie machten es die großen Verleger, daß sie die »richtigen« AutorInnen entdeckten?

Es ist unvermeidlich, daß wir Fehler machen, vor allem, daß wir mittelgute Texte nicht genau genug von untermittelguten unterscheiden. Im Umgang mit den Autorinnen ist das fatal, uns macht es ein schlechtes Gewissen. Aber es ist wiederum nicht zu verfehlendes Glück, auf das Manuskript zu treffen, in dem die Worte uns davontragen, mitnehmen, Menschen und manchmal Dinge zu sprechen beginnen. Jetzt hat man eine Autorin gefunden, ob es dann ein Krimi ist, den zu suchen man begonnen hat, ist plötzlich zweitrangig, und ob die Anforderungen der Lehrstück-Krimis von oben, die wir zur eigenen Unterstützung herausgearbeitet hatten, erfüllt sind, zeigt sich jetzt auch als nebensächlich. Gekonntes Schreiben, das sich genau beobachtend in unsere Verhältnisse einläßt und aus Liebe zu den Menschen, die sie sein könnten, ihre Verfehlungen und Verbrechen vorführt, erfüllt solche Kriterien wie von selbst. – Aber die Wirklichkeit ist nachtragend. U.U. gibt es jene Glücksfälle auch als Anfänge, als Noch-nicht-Ganz, so daß, was als Entdeckung hätte kommen sollen, statt dessen als erst zu erarbeitende Möglichkeit auftaucht. Die verlegerische Alltagsarbeit besteht auch darin, nach Annäherungen an jenes Glück zu suchen, um es zu ermöglichen.

Unsere Frage nach den linken Verlegerinnen gegen den Zeitgeist hat sich merkwürdig verschoben. Es scheint jetzt nicht nur so, daß es nicht darum gehen kann, den Zeitgeist zu vermeiden, sondern im Gegenteil darum, ihn aufzunehmen, um in ihn einzugreifen. So erweist sich aus der verlegerischen Praxis, daß richtig ist, was Gramsci in den Gefängnisheften als politisch notwendig herausarbeitete: nicht *gegen* den Zeitgeist zu arbeiten, sondern ihn zu verändern. Und in den Mühen des Alltags hat sich diese Frage zudem verschoben in das Problem wirklichen Könnens, zumindest, was das Feld der Popularliteratur angeht. Suchen wir also weiter.

Frigga Haug

Leserinnenbriefe

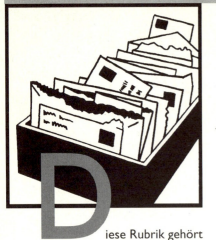

Diese Rubrik gehört für uns zu den wichtigsten Kapiteln des Ariadne Forums. Vergnügt stellen wir hier wieder vor, was die Postbotin uns zugetragen hat: Meinungen, Fragen, Gedanken, Lob und Tadel rund um unsere Krimis. Auffällig ist, daß weniger als in den letzten Ausgaben über das gesamte Projekt geschrieben, dafür stärker auf einzelne Krimis eingegangen wurde.

Vielleicht gibt es inzwischen so viele Ariadne-Krimis, daß die Leserinnenschaft kaum noch mit dem Schmökern nachkommt? Jedes Jahr kommt ein Dutzend dazu – ja, so viele Autorinnen nutzen mittlerweile das Genre, um Geschichten über starke, schwache, schlaue, schüchterne, kühne, junge und alte Frauen zu erzählen, und wir haben noch jede Menge in petto ...

Wo es gewünscht oder angebracht schien, sind die Briefe von uns mit redaktionellem Kommentar oder Feedback versehen worden, manche sprechen auch einfach für sich. Daß die Briefe nicht unbedingt die Meinung der Redaktion wiedergeben, ist sicher ohnehin klar, genau dazu ist die Rubrik ja da. Leider können wir unmöglich alle Briefe abdrucken und mußten auch hier und da kürzen; dafür bitten wir um Verständnis.

Richtig begeistert waren wir über die Resonanz, die unser Anhang zu *Mississippi* (Ariadne Krimi 1055) bekommen hat. Danke für die vielen ausführlichen und engagierten Rückmeldungen! Die schönsten Stellen daraus haben wir wieder abgedruckt – und wir wären entzückt, auch in Zukunft so viel Feedback über das, was wir veröffentlichen, zu kriegen. Je mehr Post wir bekommen, desto mehr Spaß macht uns der Job. Und uns interessiert alles, von Fragen über Zustimmung bis Kritik. In diesem Sinne: Bitte schreibt uns weiterhin!

Tauchspannung

Nachttauchen von Kim Småge ist ein etwas außergewöhnlicher Krimi, Sprache und Stil sind nicht vertraut, aber insgesamt fand ich ihn echt gut und spannend bis zuletzt.
Petra, Gerlingen

Schmelzprozeß

Nachttauchen: So viele Gegensätze, die dann wieder zu einem Ganzen verschmelzen, habe ich lange nicht in einem Krimi »erlebt«!
Ralf, Kiel

1 x Fruchtwasser + 56 Treffer!

Zum erstenmal habe ich heute einen Eurer Krimis nach 30 Seiten, für welche ich notabene drei Anläufe benötigte, gelangweilt und frustriert beiseite gelegt. Ich spreche von Kim Småges *Nachttauchen*: Was soll diese ganze Mutterleib/Fruchtwasser-Metaphorik?? Die Beauvoir hat sich einmal dahingehend geäußert, es sei angesichts all der interessanten noch ungelesenen Bücher widersinnig, sich mit einem langweiligen Buch herumzuquälen. Nun, ich habe dies beherzigt, zumal ich – vielleicht naiverweise – von einem Krimi noch etwas mehr Spannung erwarte als von Belletristik im allgemeinen.

Der Ärger ist echt: Die übrigen 56 Bände haben mich alle, natürlich in unterschiedlichem Maße, angesprochen. Während ich etwa Wilson gleichbleibend gut finde, muß ich den Negativstimmen über Stoner beistimmen (ich habe letztes Jahr in Kalifornien »Captive in Time« erstanden – die Story ist vollends unerträglich), auch Forrest wird schwächer (von ihr habe ich ebenfalls mehrere Bände, die – zum Glück! – [noch] nicht auf deutsch erschienen sind). Einige Eurer neuesten Nummern haben mir hingegen besonders gut gefallen, so etwa der Band von Joan Hess, ebenso die neueste Carlson-Folge mit der bezaubernd listigen alten Frau!

Ich spare Euch meine Anmerkungen zu den übrigen rund 50 Bänden ...

Die Begegnung mit Euren ersten Nummern verdanke ich meiner Begeisterung für Frauenkrimis. Mittlerweile ist meine Sammlung, welche auch die einschlägigen Titel von Fischer, dtv, Piper etc. umfaßt, auf gut 200 Bände angewachsen. Überdies bin ich letzten Herbst mit 25 Titeln aus Kalifornien heimgekehrt. Ariadne ist im Vergleich mit der Konkurrenz herausfordernder, frecher, lesbischer, läuft dafür aber stellenweise Gefahr, ins Doktrinäre abzugleiten, was ich bedauern würde, da ich – auch von Ariadne! – doch primär Unterhaltung erwarte, allerdings solche, die einen *selbstverständlichen* (und nicht: belehrenden) feministischen Standpunkt vertritt. Macht also weiter wie bisher – erspart mir jedoch weitere Småge-Ausgaben.

Ich erwarte mit Ungeduld die Bände 1058 bis 100.000.000....
Brigitte, Ossingen (CH)

Anm. d. Red.: Danke! Und: Das mit den 25 Titeln aus Kalifornien klingt spannend – sind da nicht noch ein paar Tips für uns dabei?

Keine Trauer um bloße Namen

Eine Anmerkung zu dem zuletzt gelesenen Buch von Orania Papazoglou – nach dem äußerst witzigen Einstieg fühlte ich mich bald völlig überfordert, die unzähligen Personen auseinanderzuhalten. Bis zum Schluß ist es mir nicht gelungen, ein inneres Bild von diesen vielen Frauen und ihren Funktionen zu bekommen, außer natürlich von der sympathischen Heldin und ihrer Freundin Phoebe. Die Handlung blieb verworren und für mich nicht nachvollziehbar, warum drei Leichen auf der Strecke blieben, um deren Ableben ich auch nicht traurig sein konnte, weil sie einfach nur Namen blieben, aber keine greifbaren, „lebendigen" Menschen geworden waren.

Das Forum habe ich mit großem Vergnügen gelesen, insbesondere die Beiträge zu Barbara Wilson, die zu meinen Lieblingsautorinnen gehört – schön, daß Ihr die *Schwestern der Straße* mit in Eure Reihe aufnehmt.
Elke, Hamburg

Verdreht

Gerade heute habe ich *Der Hauptschlüssel* ausgelesen. Ich war positiv überrascht ob des genialen Endes.

Ein Kritikpunkt: Wenn der *Porno-Kongreß* die Barbara Wilson-Trilogie abrundet (so Ariadne Forum Nr. 1), warum erscheint er dann als erster Band?
Annette, Dortmund

Anm. d. Red.: Das liegt daran, daß Barbara schon länger Frauenkrimis schreibt, als es Ariadne gibt. Dadurch waren die deutschsprachigen Rechte an den ersten beiden Pam-Nilsen-Krimis, Mord im Kollektiv und Schwestern der Straße, zunächst bei anderen Verlagen (Focus und Fischer). 1989 kam dann Barbara Wilson zu uns und sagte: »Wenn es nun endlich eine richtige Frauenkrimireihe in Germany gibt, gehöre ich natürlich da hinein«, und übertrug uns die Rechte an ihrem damals neuesten Krimi, dem Porno-Kongreß. Als wir ihn herausbrachten, beschloß Barbara, die Verträge mit den anderen nicht zu verlängern, sondern ihre beiden ersten Krimis nach und nach ebenfalls zu Ariadne zu bringen. So haben wir letztes Jahr den 2., Schwestern der Straße, in neuer Übersetzung gebracht, und der 1. wird noch später folgen. Es tut uns leid, wenn das für Verwirrung sorgt, aber wir denken wie die Autorin, daß sie nach Möglichkeit komplett bei Ariadne zu haben sein sollte, und das geht wegen der Rechtslage nur in dieser chaotischen Reihenfolge. Bei ihrer neuen Heldin Cassandra Reilly gibt es dieses Problem zum Glück nicht.

Großes „I" kein Fortschritt

Dieses Ansinnen, viele Begriffe mit „innen" zu versehen, finde ich schrecklich. Zum Beispiel „man". Das ist für mich keine männliche Bezeichnung, sondern ein Wort für Frauen, Männer, Kinder, und diese Verweiblichung von Worten finde ich unnötig. Was hat das mit Emanzipation zu tun? Das konnte ich noch nie begreifen. Wenn geschrieben steht „die Steuerzahler, die Mitarbeiter" usw. fühle ich mich genauso angesprochen wie wenn geschrieben stünde „Steuerzahlerinnen" etc., und in einem Roman fände ich das sogar störend, weil nicht flüssig zu lesen. Und das große „I" finde ich das Letzte. Wenn die Sprache in der Form umgeändert würde, wäre das furchtbar. Es wäre in keiner Weise ein positiver Fortschritt. Und mir ist nicht klar, wozu das gut sein soll. Nur aus Profilierungsgründen? Das haben wir Frauen doch wohl nicht nötig.
Monika, Nordkirchen

Die Sache mit den Männern

Bleibt wachsam!

Eine bissige Frage: Warum taucht jetzt, wo die Ariadne-Reihe sich als erfolgreich erweist, der Name eine Mannes unter der Rubrik Lektorat auf? Laßt Ihr Euch die Sache etwa aus der Hand nehmen? Bleibt wachsam!
Marie-Luise, Hamburg

Unglaubwürdig?

Seit einiger Zeit lese ich die Ariadne-Krimis mit großer Begeisterung. Was mich allerdings wirklich stört, ist, daß die Titelgraphiken von einem Mann stammen, zumindest bei den Büchern, die ich bislang gelesen habe.

Ich finde, daß das Euer Konzept unglaubwürdig macht. In jedem Buch sind im Anhang Eure feministischen Gedanken zu einer neuen Frauenkultur formuliert. Bezieht Ihr das nur auf die literarische Kultur? Als ob es nicht genügend Künstlerinnen gäbe, die die Titelseiten gestalten könnten. Ihr wollt keine Krimis ins Sortiment aufnehmen, in denen die Heldinnen sich auf männliche Hilfe stützen, ein guter Gedanke. Wieso macht dann ein Mann die Titelseiten? Das würde mich wirklich mal interessieren!
Ulrike, Flirtbek

Anm. d. Red.: Ich will zuerst die Frage nach den Grafiken beantworten. Als wir mit Ariadne anfingen, besorgten wir mehrere Entwürfe von Frauen, aber sie enttäuschten uns, waren irgendwie zu diskret, zu schüchtern für unsere übermütigen Ideen. Da-

Forum

mals hatten wir für die Theoriebücher einen Verlagsgrafiker, und der machte uns genau nach unseren Wünschen einen Entwurf für das Gesicht einer Frauenkrimireihe. Das Ergebnis entsprach dem, was wir wollten: Eigenständig, deutlich als Reihe wiedererkennbar, spannend, schick und selbstbewußt-modern. So kam Johannes Nawrath dazu, die Ariadne-Krimigrafiken zu zeichnen. Da die Krimis schön sind und die Zusammenarbeit (wir sagen, was wir haben wollen, und er macht es) gut läuft, bleiben wir dabei, denn die Krimis sollen ihr typisches Gesicht behalten. Auf den Einbänden der Romanreihe edition ariadne bringen wir grundsätzlich Bilder von Malerinnen und Grafikerinnen, die uns gefallen. So sind die Frauen nicht nur inhaltlich, sondern auch optisch vertreten.

Manche Leserinnen stoßen sich daran, daß das autonome Projekt Ariadne Teil des Argument Verlags ist, der schon seit 35 Jahren ein Dach für gesellschaftskritische Publikationsprojekte bildet. Ich kann nur sagen, wir fühlen uns wohl in dieser Konstellation, wir mögen diese Tradition des Oppositionellen, das Arbeiten ohne Hierarchien, wir können hier Non-Profit-Projekte für Frauen machen wie das Forum, die feministische Theorie und die edition ariadne, wir haben funktionierende Vertriebsstrukturen und alle nur denkbare verlegerische Freiheit.

Und zum Lektorat – nein, wir lassen uns gar nichts aus der Hand nehmen. Wir sind da ganz selbstbewußt und womöglich ein bißchen größenwahnsinnig: Ich neige nämlich dazu, immer noch ein Projekt und noch eins dazuzunehmen – erst das Forum selbst, dann die Romanreihe edition ariadne, dann die feministische Theoriereihe Coyote, dann ein Buch über feministische Märchen und eins über Miss Marple, und nun auch noch ein Band zu feministischen Filmen und das Riesenprojekt Rebellinnen, die Geschichte der Frauen in der Rockmusik – alles wunderschöne »Bausteine für eine feministische Kultur«, und da ist es schon öfter passiert, daß wir buchstäblich in Arbeit erstickt sind, es einfach nicht mehr schaffen konnten: Miss Marple zum Beispiel hatte schon fast ein Jahr Verspätung, und bei ein paar Krimis hab' ich aus Zeitdruck richtig geschludert. Da wir ein Verlag mit vielen autonomen Projekten sind, stehen nicht alle Bereiche immer unter demselben Druck, und da haben die Kollegen, die Zeit hatten, uns im Lektorat ausgeholfen, wenn wir es nicht schaffen konnten – zum Glück. Jetzt aber auch noch die gute Nachricht: Seit 1. Juli 94 sind wir endlich voll besetzt im Ariadne-Lektorat. Iris Konopik ist genau die Lektorin, nach der ich so lange gesucht habe, und nun kann es mit Volldampf weitergehen, ohne daß wir Angst vor neuen Projekten haben müssen. Für meine Gesundheit wirkt das Wunder, und es macht auch wieder mehr Spaß so. Und es bleibt dabei: Die Macherinnen sind wir.

Else Laudan

Schelte

Phrase gehört geächtet

In *Stoner 2 (Schatten)* taucht auf Seite 330 „Klappe-zu-Affetot" in Ihrer Übersetzung auf. Diese Phrase, finde ich, gehört auf alle Zeiten geächtet, da sie regelmäßig vom SS-Personal in den Vernichtungslagern beim Schließen der Gaskammertüren verwendet wurde. Überhaupt aber bin ich von Ihrer Übersetzung ziemlich begeistert, sie liest sich schön und natürlich, es fällt gar nicht auf, daß der Text aus einer Ursprache übertragen wurde. Vielen Dank für das Lesevergnügen.

Martin, Erlangen

Anm. d. Red.: Vielen Dank für das Lob und für den Hinweis! Wir werden künftig wachsamer sein, was solche Ausdrücke angeht.

Kriterien hinterfragt

Im allgemeinen bin ich sehr glücklich über Eure Ariadne-Reihe, weil ich erst eine Leidenschaft für Krimis habe, seit Ihr mit dieser Reihe angefangen habt. Jedoch frage ich mich manchmal, nach welchen Kriterien Ihr die Autorinnen aussucht. Muß es einfach eine Autorin sein, oder soll sie auch Euren ursprünglichen Ideen entsprechen, wie z.B. daß die Hauptpersonen eher weiblich sind, daß in den von Euch veröffentlichten Büchern die Macho-Rolle nicht besonders zu Tage tritt, daß z.B. in Euren Büchern, wie mir in einem Eurer Krimis auffiel, gar die Frauensprache benutzt wurde.

Ich war beim Lesen der Romane *Schwarze Bühne* und *Fette Beute* von Anthony Gilberts sehr enttäuscht und gelangweilt, weil bei ihr männliche Personen überwiegend die Hauptrolle spielen und Frauen eine reichlich schlechte Bewertung bekommen.

Bei der Lektüre beider Romane habe ich Eure Kriterien hinterfragt. Ich fände es nett, auf meine Kritik Antwort zu bekommen.

Maria, Duisburg

Anm. d. Red.: Es ist wahr, Anthony Gilberts Krimis enthalten nicht mal eine Spur von feministischem Aufbruch. Sie befindet sich aus einem anderen Grund in unserer Reihe: Wir wollten auch Vertreterinnen jener Zeit einbeziehen, als Frauen in der Gesellschaft noch keinen Ort für eine selbstbewußt weibliche Kultur besaßen, wohl aber schon Krimis schrieben – das tun sie schließlich schon lange. Wir denken, daß auch diese Krimis zu unseren »Bausteinen« gehören, obwohl sie das Frauenbild ihrer Zeit akzeptieren, denn sie sind Teil unserer Geschichte und zeugen auf ihre altmodische Weise von Frauenalltag und Frauenproblemen ihrer Zeit. *Schwarze Bühne* z.B. schildert zwischen den Zeilen, *aber doch als wesentliches Motiv für Verzweiflung weibliches Ringen um gesellschaftliche Anerkennung in der Nachkriegszeit, als die Männer zurückkamen und die Frauen wieder aus den Entscheidungspositionen verdrängten. Gilbert soll so für unseren historischen Hintergrund und für die Tradition weiblichen Krimischreibens stehen.*

Murks!
Tradition von Katherine V. Forrest begeistert mich jedenfalls nicht. Ich erwarte von „Frauen-Büchern" auf keinen Fall, daß sie gängige Vorurteile verbreiten, hier: daß man jemandem ansehen kann, ob er oder sie mit Männern oder Frauen ins Bett geht.

Auf Seite 13 im o.a. Machwerk „spürt" die Kommissarin sogar bei einer Leiche „instinktiv", daß der Mann schwul war!

Da hilft es auch nichts mehr, wenn dieselbe Frau auf S. 22 ihren Partner „verachtungsvoll" ansieht, weil er dasselbe ausspricht, nur daß es nicht auf einem Gefühl, sondern auf einer Information beruht.

Murks, unter dem Mäntelchen der Frauenbewegung.

Karin, Braunschweig

Charlotte zu naiv
Mit großem Vergnügen lese ich Frauenkrimis. Die Ariadne-Reihe gefällt mir besonders gut, weil ihre Heldinnen bei all ihren Brüchen mit der traditionellen Frauenrolle doch meist nicht solches »Superfrau-Verhalten« an den Tag legen wie V.I.Warshawski oder Kinsey Milhone und viele ihrer Fälle ohne Schießereien oder Prügelszenen lösen können.

Auf den »Ost-Krimi« *Die gefrorene Charlotte* von Dagmar Scharsich war ich besonders gespannt, aber beim Lesen wurde ich immer ärgerlicher und fragte mich, wie dieses Buch in Eure Reihe kommt.

Die Heldin ist so naiv, daß sie schon eher wie eine Karikatur wirkt und von Tante Johanna einen Beschützer zugedacht be-

kommt: einen Mann natürlich. Genauso natürlich fällt sie aus den Fängen des Stasi-Obersten in die Arme und das Bett seines Untergebenen, und als der sich aus dem Staub macht, gibt es ja – Gott sei Dank – noch den Professor, der sie beschützen kann.

Daß sie sich gegen Ende des Buches dazu aufrafft, auf die Demonstrationen zu gehen, die mit zum Sturz der SED beigetragen haben, drückt keine Entwicklung zu besonderer weiblicher Eigenständigkeit aus, auch hier ist der Professor selbstverständlich dabei.

Insgesamt finde ich, daß dieser Band die Ziele Eurer Reihe nicht erfüllt und frau eher ärgerlich und enttäuscht als ermuntert zurückbleibt.

Brigitte, Frankfurt

Anm. d. Red.: Diesen Standpunkt kann ich absolut nicht teilen, nur persönlich darauf eingehen. Meiner Ansicht nach ist *Die gefrorene Charlotte* ein besonders toller Krimi, zum einen wegen der ganz eigenen Schreibweise, aber auch, weil er mir beredt und spannend vom Alltag in einem Land und einer Zeit erzählt, die ich nur aus – rechten und linken, alten und neuen – Spruchbändern und Parolen kenne. Und auch, weil er aus einem subjektiven weiblichen Standpunkt auf ein Zeitgeschehen blickt, das schwer zu begreifen und schwer zu beleuchten ist. Die dafür gewählte Figur der Cora Ost scheint mir so karikaturhaft nicht. Eher würde ich sagen, sie ist - leider – weitaus repräsentativer für eine sehr große Anzahl »ganz normaler« Frauen in unserer Kultur als beispielsweise unsere starken Berufsdetektivinnen aus den USA. Wobei ich mit unserer Kultur durchaus die »westliche« meine, denn in der »alten« BRD besteht die weibliche Bevölkerung ja auch nicht gerade überwiegend aus selbstbewußten Feministinnen.

Dagmar Scharsich selbst erdachte Cora mit der Absicht, eine Protagonistin zu zeigen, die so schwerfällig und naiv sein sollte,

daß jede noch so unsichere Leserin sie mit der Gewißheit betrachten kann: Also, ein bißchen schlauer, ein bißchen unabhängiger als die bin ich schon. – Diese Idee gefällt mir (sie macht übrigens auch einen Teil von Stoners Reiz aus), *und ich denke, wir können weder politisch noch kulturell einfach auf unsichere oder zaghafte Frauen verzichten, wenn wir etwas in Bewegung bringen wollen. In diesem Sinne hoffe ich inständig, daß wir Cora Osts Entwicklung weitererleben.* Else Laudan

Peinlich!
Ich lese gerne Krimis, besonders solche, in denen es um mehr als rauchende Colts und harte Männer geht. Die lese ich gar nicht. Sogenannte intelligente Krimis, in denen ich auch noch etwas über ganz andere Lebenszusammenhänge oder kulturelle Hintergründe erfahre, verschlinge ich nahezu. Sie sehen, ich gehöre durchaus zur Zielgruppe der Ariadne Krimis. Aber was mich wirklich ärgert ist, wenn diese schlecht redigiert wurden.

Das ist meiner Meinung nach der Fall bei dem Buch von Marele Day: *Leben und Verbrechen des Harry Lavender.* Oder können Sie mir einen Grund nennen, warum Sydney bei Ihnen konsequent Sidney geschrieben wird? Diese Schreibweise kenne ich nur für Vornamen. Da mein Bruder in Sydney lebt und ich dort auch schon war, bin ich sicherlich besonders sensibilisiert, trotzdem dürfte ein solcher Fehler nicht passieren. Ich habe das Buch zu Ende gelesen, weil ich die Story spannend fand, aber mit erheblich reduziertem Lesevergnügen. Ich fand es total störend und muß diesen Frust einfach weiterleiten.

Falls es eine Neuauflage geben sollte, könnten Sie vielleicht auch noch andere Fehler ausbessern:

Forum

„Das einzige, was ich mich noch vom Biologieunterricht weiß, sind Ventrikel." (S. 28). Dann er gab er ihn mir zurück. (S. 47)

Es waren mir noch mehr Fehler aufgefallen, ich habe sie dann aber nicht mehr wiedergefunden. Ich hoffe, Sie tun meine Kritik nicht als pingelig ab, denn als Leserin steht für mich der Lesegenuß absolut im Vordergrund und der wurde in diesem Fall stark beeinträchtigt.

Gudrun, Stuttgart

Anm. d. Red.: Hier kann ich nur hilflos die Arme ausbreiten und Abbitte leisten. Ich ärgere mich auch schwarz, wenn ich sowas hinterher merke – in diesem Fall wurde mir der Patzer mit der Schreibweise von Sydney bewußt, als der Textteil schon gedruckt war. Jedenfalls Sorry. Zu wenig Zeit, zu viel auf einmal zu tun, und noch keine sichere Co-Lektorin dabei (Iris kam erst 6 Monate später), also am Bildschirm in Nachtschicht durchgemetert, dabei passiert so was. Bitter – zumal ich den Krimi wirklich klasse finde (und dann auch noch der 50.)! Nächstes Mal besser. Else Laudan

Stiefväterliche Behandlung

Als begeisterter Leser Ihrer Krimireihe ärgere ich mich über die stiefmütterliche (oder stiefväterliche?) Behandlung, die manche Ihrer Autorinnen erfahren müssen. Sie erwähnen im Forum 2 kein einziges Mal den Namen Joan Hess. Dabei ist sie eine ganz ausgezeichnete Autorin, sie hat einen erfrischenden ironischen Stil, ohne kaltschnäuzig oder gar menschenverachtend zu sein. Ihre Charakterisierungen sind prägnant und einprägsam, die Dialoge wirken niemals gekünstelt und die Liebe zum Detail ist wohltuend. Warum ist Ihnen dies keine Zeile wert?

Statt dessen loben Sie eine Sarah Schulman über den grünen Klee, deren Pseudomystizismus und Vulgärpsychologismus mir nach zwanzig Seiten bereits auf die Nerven ging. Aber vielleicht handelt es sich hier um eine reine Geschmacksache. Dennoch wäre es angebracht, wenn nicht einige wenige Ihrer Autorinnen die ganze Diskussion dominierten, sondern auch die Außenseiterinnen zum Zuge kämen.

Uwe, Hamburg

Heldinnen und Favoritinnen

Nächtliche Überraschung

Das *Ariadne Forum* gefällt mir sehr gut, ich hoffe, es werden weitere folgen. Davon angeregt möchte ich auch kurz meine Meinung zu *Stoner McTavish* abgeben, wenn auch etwas verspätet.

Ich habe alle vier Stoner gelesen und fand sie sehr gut. Müßte ich aber eine Reihenfolge bestimmen, welcher mir am besten und welcher mir weniger gefallen hat, so entspräche dies der Reihenfolge wie sie geschrieben wurden. Also *Stoner 1* am besten usw. Ich kann verstehen, daß Ihr *Stoner 4* nicht mehr veröffentlicht habt. Das Buch hat mir zwar gefallen, war aber vom Inhalt her nicht das, was ich normalerweise unter einem „Krimi" verstehe.

Soviel zu Stoner McTavish.

Ich habe inzwischen fast alle Bücher der Ariadne-Reihe gelesen. Die meisten fand ich gut. Das letzte, das ich gelesen habe, *Eine Lesbe macht noch keinen Sommer* von Gabriele Gelien, hat mich zuerst überrascht und dann total begeistert. Ich konnte einfach nicht aufhören und habe das Buch an einem Abend (bzw. Nacht) gelesen.

Auch sehr gut gefallen haben mir die Bücher von Katherine V. Forrest und Marion Foster. Ich würde gerne wissen, ob von den beiden weitere Bücher mit ihren Heldinnen bei Ariadne erscheinen werden? Uschi, Wiesloch

Anm. d. Red.: Sowie Katherine V. Forrest einen weiteren Kate-Delafield-Krimi schreibt, bringen wir ihn – das ist ein Versprechen! Leider ist bisher nicht mal ein Gerücht darüber zu hören. Auch Marion Foster scheint noch nicht an einer Fortsetzung zu sitzen. Obwohl wir ihren 2. Krimi nicht so gut fanden wie die Grauen Falter, *sind wir ebenfalls gespannt, ob da noch was kommt.*

Die Toughe und die Niedliche

Es ist schade, daß gerade die Figur Kate Delafield zur Zeit auf Eis liegt – bietet sie doch ein ausgesprochen hohes Identifikationspotential, gerade für jemanden wie mich, die ich seit zwölf Jahren bei der Polizei und lesbisch bin.

Natürlich ist Delafield eine Kunstfigur, trotzdem ist es mir bisher noch bei keiner weiteren Autorin begegnet, daß Charaktereigenschaften, Widersprüche und Sachkenntnis so kompakt zu einer Persönlichkeit zusammenschmelzen.

Delafield ist ständig in der Entwicklung, und es macht einfach Spaß und tut gut, daran teilzuhaben.

Auch Barbara Wilsons Pam Nilsen hat's mir ziemlich angetan. Wilson versteht es meisterhaft, feministisch relevante Themen dergestalt in ihre Romane einzubauen, daß nicht für zwei Zeilen Langeweile aufkommt.

Für den toughen stream in Eurer Serie sorgt Caitlin Reece. Lauren Wright Douglas hat mit ihr eine Figur geschaffen, die vieles von dem auslebt, was oftmals unter verschiedenen Oberflächen schwelt. Nebenbei ist sie sanft und nachdenklich und verdrängend und stur. Realistisch eben – manchmal.

Traurig bin ich darüber, was aus Stoner geworden ist. Die ersten beiden Romane waren total spritzig, komisch und zum Unters-Kissen-Legen. Der dritte hebt schon etwas arg ab, und bei den anderen zweien, die jetzt nachgekommen sind, gehen zwischen den „astralen Sphärenklängen" die ehemals spannenden und begeisternden Charaktere vollends verloren.

Dreher hätte gut daran getan, ihren esoterischen Höhenflug einer anderen Figur anzutun.

Finde ich folgerichtig und gut, daß *Stoner goes West* und *Jenseits* nicht bei Euch erschienen sind – gelesen habe ich sie trotzdem, obwohl's mich schon ärgert.

Stoner ist halt so niedlich!
Karin, Wiesbaden

Zwischen Märchen und Wahn

Liebe Frauen, als Liebhaberin Eurer Krimireihe und absolute Feindin von New age und occultistischen Glaubenslehren insgesamt möchte ich zu der *Stoner McTavish*-Reihe auch meinen Senf dazutun.

Ich bin der festen Überzeugung, daß Frauen mit meiner Einstellung grundsätzlich sowas lesen wie ein Märchenbuch. „Gläubige" dagegen werden bestärkt in ihren Wahnvorstellungen.

Mich persönlich stört es, daß die Vertreterinnen des Occulten völlig unkritisch als positive Personen qua Amt? Fähigkeiten??? dargestellt werden, während es in Wahrheit meistens um Geldschneiderei durch Betrug und/oder Schlimmeres geht.

Ich denke, es geht auch um Euren Ruf. Es könnte sein, daß Ihr ein Publikum anzieht, welches auf längere Sicht die Auswahl so bestimmt, daß ich sicher nicht mehr zu Euren Kundinnen zählen würde. Ich denke, wenn nach *Grauer Zauber* von dieser Autorin mal wieder was Realistisches kommt, ist es in Ordnung. Ansonsten würde ich es damit „gut" sein lassen.

Mit feministischen Grüßen
Lisa, Osnabrück

Manchmal hebt sie halt ab

Nachdem ich *Stoner* 4 gelesen habe, muß ich in die Diskussion darum eingreifen. Ich habe Schwierigkeiten nachzuvollziehen, warum Ihr dieses Buch nicht herausgeben wolltet. Sprachlich ist es ein typischer Stoner und inhaltlich doch echt Sarah Dreher. Spätestens mit Stoners Wüstenerlebnissen mit der alten Hopi-Frau, dem Adler und der Schlange war uns doch bewußt, daß Sarahs Phantasie manchmal abhebt, also warum nicht mal eine Zeitreise. Das Buch war für mich ein Märchenkrimi, ein reines Lesevergnügen, wohltuend anders als so viele brutale Krimi.
Hedy, Sobernheim

T-Shirts können Leben retten!

Forum

Mississippi
Die Ballade vom KV ohne Gnade?

Mississippi von J.M. Redmann war bei der Vorentscheidung in der Ariadne-Redaktion für einige Frauen der absolute Lieblingskrimi, für andere echter Dreck. Am Ende des Krimis druckten wir deshalb die ganze Debatte ab und baten die Leserinnen, sich selbst zu äußern. Für alle, die die Voten aus der Ariadne-Redaktion noch nicht kennen, drucken wir sie hier noch einmal leicht gekürzt ab.

Leserinnenmeinung

Kam gut rüber

Da Sie im Ariadne Krimi 1055 zu einer Stellungnahme aufforderten, schreibe ich Ihnen.

Im allgemeinen möchte ich mich dem Votum 6 anschließen. Da ich bisher alle Krimis dieser Reihe gelesen habe, meine auch ich, dies ist der beste Lesbenkrimi, den ich bisher gelesen habe. Die inneren Ängste, das Schwachsein und Doch-starksein-müssen kam gut rüber.

Das Grundbedürfnis nach Liebe, die Angst vor dem Verletztwerden und die Flucht vor Nähe waren im Handlungsablauf gut nachvollziehbar.

Das Argument, daß die Heldin mit jeder greifbaren Frau ins Bett geht, muß auf die Gesamtlänge des Handlungsablaufs gesehen werden. Nur weil wir ein Buch schnell ausgelesen haben, lief die Handlung doch nicht nur wenige Tage. In anderen Krimis wurde wesentlich mehr über Sex geschrieben.

Ich jedenfalls wünsche mir mehr Kriminalromane in diesem Stil.

Margot, Berlin

Alkohol, nein danke!

Gerade habe ich den Krimi zu Ende gelesen. Von J.M. Redmann, *Mississippi*. War soweit ganz gut. Aber was mich nervte war der Alkohol (Scotch). Ständig muß getrunken werden. Da ich nun Vegetarierin bin, fand ich das mit den Langusten und dem Krebse-Essen ekelig und gemein (sie ließ den lebendigen Krebs ins kochende Wasser fallen). Geht's denn auch mal ohne Leichenschmaus und Alkohol?! Ich hatte mehr Sex-Szenen, Fick-Szenen, Erotic-Szenen erwartet. Kam etwas zu kurz, wie in den meisten Frauen-Krimis oder/und Liebes-Romanen.

Simone, Berlin

Keine Angst um die Kids

Ich kann die Zweifel einiger Probeleserinnen nicht so recht nachvollziehen. Sicherlich sind die Sex-Szenen etwas heftig, aber wo steht geschrieben, daß Frauen immer nur soft miteinander umgehen dürfen? Und wegen der Sorgen hinsichtlich der Moral der Kids – ich glaube, die ziehen sich heute schon in einem Alter, wo sie des Lesens noch

Voten der Ariadne-Redaktion

Votum 1: Heldin mit Rambo-Zügen

»Der Krimi beginnt wie ein Milieuthriller im Chandler-Stil. Sozialkritische Elemente sind durchweg dabei, ohne daß die Widersprüche aufgelöst oder Lösungen angeboten werden. Die Heldin stammt aus den Bayou-Slums von New Orleans (einst größter SklavInnenmarkt der USA), ihre beste Freundin Danno ebenfalls. Die gewisse Sozialromantik in der Darstellung dieser Slums wirkte auf mich wie authentische Zärtlichkeit gegenüber den Menschen, aber nicht die Verhältnisse beschönigend – sehr beeindruckend. Während die Krimihandlung enorm spannend fortgeführt wird, kommt die Vergangenheitsbewältigung der Heldin hinzu. War sie am Anfang hart und smart wie Marlowe & Co., wird nun mehr und mehr über ihr Gewordensein angedeutet. Dabei entwickelt Redmann eine Sozialisation mit Schrecken. Immer schwingen zwischen den Zeilen scharfe Sozialkritik und unaufgelöste Widersprüche mit. Redmann ist literarisch gut und meidet individualpsychologische Klischees. Unschuldige werden im Interesse der Herrschaft der Mächtigen ermordet, Gestrandete zu Werkzeugen der Macht, Dünkel und Korruption sind immer wieder stärker. Die Stellen, wo unsere Heldin Rambo-Züge trägt, sind vor diesem Hintergrund und durch die packende Erzählweise in Ordnung. Ein großes Kaliber, ein Südstaaten-Epos im Krimigewand.«

Votum 2: Bigotte Reiche

»Dies ist ein positives Votum. Das für mich Spannendste ist der Plot und seine Durchführung. Die negativen Figuren sind Leute mit Geld und Macht, Finanzleute, Berufspolitiker, Rechtsanwälte und Teile der Polizei, also Staatsgewalt. Das hebt den Krimi entschieden aus unseren bisherigen heraus. Reichtum und Macht sind Ziele, für die die Beteiligten über Leichen gehen. Das bedeutet konkret, daß einzelne Menschen von ihnen wie Müll behandelt werden.

Die Reichen sind in allererster Linie bigott: Die Erben dürfen keinen Ehebruch betreiben und nicht homosexuell sein. Redmann geht noch ein Stück weiter: das Leben nur um des Geldes willen läßt die übrigen Bereiche nicht unberührt, durchsetzt das Sex- und Liebesleben. Die Tatsache, daß die Erben alle vom Großvater verfolgten Praxen leben, macht sie nicht besser. Als Ehebrecher sind sie zugleich Mörder, als Lesben, die sonst in der Welt nichts tun, konsumieren sie Sex wie einen Dienst, das Unbefriedigende macht sie gieriger. Auch diese Durchführung finde ich überzeugend und zum Nachdenken anregend. Unsere Heldin wird Rächerin, Privatdetektivin, einsam aber schneller. Dies ist nicht sonderlich frauenheldisch gedacht, obwohl alle Bezugspersonen bis auf eine hier Frauen sind, alle klug, mutig, liebend und auch liebend auf unsere Heldin bezogen. Diese setzt Sex ein als Mittel der Bestrafung, der Erreichung von Detektivinzielen und der ausgleichenden Gerechtigkeit. Wiewohl die Autorin uns klarzumachen versucht, daß dieses instrumentelle Verhältnis eine Entwicklungsproblematik der Heldin selbst ist, hatte ich mit diesen Szenen einige Mühe. Gleichwohl hat es mir nach den vielen überschmalzigen Sexszenarien aus einigen feministischen Krimis gefallen, daß überhaupt ein Unterschied gemacht wird zwischen verschiedenen bei Menschen – auch frauenliebenden Frauen – möglichen Sex- und Liebesarten. Kurz, der Krimi paßt in unsere Reihe.«

Votum 3: Verdirbt die Jugend

»Kurz und schmerzlos: Wenn Mike Hammer aufhören würde, antiseptisch, antisexuell herumzulaufen und seinen erigierten Schwanz als Markenzeichen (anstelle eines Hutes) herumzutragen würde, dann könnte man von Ähnlichkeiten zwischen den beiden Detektiven sprechen. So aber: Die Autorin kennt überhaupt nur Sex, der sich wie bezahlter liest; die Begeisterung über ihn ist ausschließlich meßbar in austretenden Körpersäften. Das ist unendlich langweilig zu lesen, denn ich finde diesen Saft-Fetischismus schon bei Heteros unerträglich. Ich würde das Buch nicht bringen, um die Jugend nicht zu verderben. Nichts ist schlimmer für den Nachwuchs als Langeweile und »als-ob-Gesten«.

Die *Konstruktion der anderen* ist als Schwäche besonders extrem. Die Ende 20jährige M. will immer noch ihren Vati heiraten, denn der war wunderbar. Auffällig ist, daß nur die Verbrecher M. etwas antun können, das alltägliche Patriarchat gibt es nicht eigentlich. Sie führt Lesben vor als dumm an Geist und Sex. Dabei wird die Heldin die ganze Zeit positiv ohne Entwicklung gezeigt. Es scheint eine Auszeichnung zu sein, auf dem Level von zehnjährigen kleinen Mädchen stehengeblieben zu sein, die ihren Daddy rächen wollen, wenn sie ihn schon nicht heiraten können, und die das Gefühlskorsett eines ebenfalls nicht besonders entwickelten Knaben annehmen. Daß die Autorin sich nur in Beziehung denkt, stört in diesem Roman, weil er keine Entwicklung zeigt. Gefühle nicht kundig sind, ganz andere Schoten in der Glotze und auf Video rein.

Ansonsten hat mir *Mississippi* von allen bisher gelesenen Lesben-Krimis (auch aus anderen Verlagen) bei weitem am besten gefallen. Schon der Anfang ist sprachlich gekonnt und macht Lust zum Weiterlesen. Die Heldin ist nicht so eine Alleskönnerin! Micheles Schwierigkeiten, sich auf eine verbindliche Liebesbeziehung einzulassen, finden, ebenso wie der vermehrte Alkoholgebrauch, in ihrer Biographie eine glaubhafte Erklärung, wiewohl diese Form der Problemlösung sicherlich aus ärztlicher Sicht nicht für die Nachahmung empfohlen werden kann – aber das steht da ja auch nirgends.

Der temporeiche und witzige Erzählstil (wo konnte eine schon ihren Sprachschatz um so eine schöne Wendung wie „die nach oben offene KV-Skala" ergänzen?), bei dem die treffende Schilderung von Personen und Schauplätzen dennoch nicht zu kurz kommt, ist außer Konkurrenz. Hier auch ein Lob für die wirklich gelungene Übertragung ins Deutsche. Nach all den grausamen Verstümmelungen englischer Idiome, die eine schon über sich ergehen lassen mußte, ist diese Übersetzung wirklich eine Wohltat.

P.S. Auch meine Sekretärin (durch und durch straight) verlieh *Mississippi* das Prädikat: „Bester aller Ariadne-Krimis". Wir warten voller Spannung auf weitere Kriminalromane von Ms. Redmann bei Ariadne.

Marie-Luise, Hamburg

Schallend gelacht

Ich finde es sehr gut, daß Ihr die Diskussion über Eure Bücher anregt, Eure Meinungsverschiedenheiten mitteilt und Euch für die Meinung der Leserinnen interessiert.

Ich würde auch sagen, daß *Mississippi* einer der besten im Ariadne-Verlag erschienenen Krimis ist. Ich bin von diesem Buch rundum begeistert.

Einen Augenblick haben mich die Negativ-Voten, die am Ende des Buches abgedruckt sind, an einigen Stellen etwas verunsichert. Diese Verunsicherung wich aber schnell, denn Ich habe kein Interesse daran, den Krimi, den Ich lese, lange zu analysieren, ob z.B. individualpsychologische Klischees verwendet werden.

Für mich muß ein guter (Lesben-)Krimi in seiner Handlung schlüssig, spannend und witzig sein. Dabei darf er auch ruhig ein bißchen von der Realität abschweifen.

Da Ich Krimis in meiner Freizeit lese und mich dabei entspannen möchte, ist es schön, wenn Ich in der Handlung versinken und z.B. eigene belastende Gedanken für einen Moment vergessen kann.

In diesem Buch fand Ich es gut, daß man/frau im

Forum

Geschehen mehr und mehr vom Hintergrund der Hauptpersonen erfährt. Den Vorwurf aus Votum 3, mit diesem Buch die Jugend zu gefährden/verderben, finde Ich geradezu lächerlich. Sexualität ist ein wichtiger Bestandteil des Lebens, und Ich wüßte nicht, warum man/frau diese Komponente nicht in einen Krimi einbauen sollte. Ich finde, J.M. Redmann ist es gelungen, dies erfrischend unterzubringen, mal ernsthaft, mal belustigend.

Ich habe an einigen Stellen des Buches schallend gelacht, an anderen wollte Ich dieses Buch gar nicht aus der Hand legen. Außerdem habe Ich

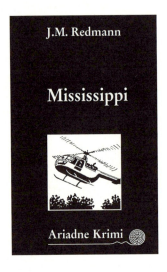

überlegt, ob die Autorin noch andere Bücher geschrieben hat.

Dies sind alles Dinge, die einen guten Krimi für mich ausmachen.
Diana, Hamburg

Macho = Macho

Mississippi: also ... ja ... ich hab's verschlungen, weil es so spannend ist. Aber die Kritikpunkte der negativen Beurteilung treffen dennoch zu: Ständige Bett-Szenen stoßen mich in jedem Buch ab, und Macho-Frauen sind nicht besser als Macho-Männer. Trotzdem: Gefallen hat's mir!
Ute, Welzheim

Kurze Nächte

Für mich gehört dieses Buch (*Mississippi*) eindeutig zu den »guten« Ariadne-Krimis, gerade deshalb, weil es kein Buch über politische Korrektheit von Lesben darstellt. Es werden verschiedene Klischees aufgestellt, aber auch wieder gebrochen (z.B. das Lonesome-Rider-Klischee der Heldin, das auf einem persönlichen Kindheitstrauma beruht). Es gibt eine klare Entwicklung

sind Arbeit an der eigenen Entwicklung. Sie schlummern keineswegs und kommen auf Knopfdruck (wie die Orgasmen der Frauen in diesem Buch).«

Votum 4: Helden-Demontage

»Ich bin für diesen Krimi. Die ersten Seiten sind eine Zumutung für die Leserin. Die Privatdetektivin wirft sexistische Blicke auf die reiche Klientin, die als dummes blondes Etwas auftaucht. Doch dann kehrt sich die Szene um, die Klientin hat die Detektivin benutzt. An diesem und anderen Punkten wird die klassische Heldenkonstruktion demontiert.

Die Kritik an der Verachtung von Lesben konnte ich in der Schärfe nicht nachvollziehen, auch wenn solche Szenen wie die im Heu slapstickartig sind. Lesben/Schwule kommen überall und auf beiden Seiten vor. Daß die Heldin ihren Vater heiraten will, konnte ich nicht finden, ebenso nicht, daß irgend etwas sie zur Lesbe gemacht hat.«

Votum 5: Zumutung

»1. Was mir gefallen hat. Der Krimi beginnt tatsächlich wie einer von einem männlichen Autor, und die Detektivin M. handelt ähnlich einem männlichen Helden. Sie schläft mit ihrer Auftraggeberin. Sie rächt sich an ihr (auf nahezu widerwärtige pornographische Weise). Hinzu kommen noch die Körpersäfte beim Sex, die ich so auch nur aus Männerromanen kenne. Eine erste Erkenntnis, Frauenkrimis können überhaupt nur wie Männerkrimis sein, wenn sie in einem weitgefaßten lesbischen Kontext spielen: M. schläft mit fast allen, säuft, kennt keine Angst. Diese für Männerkrimis so spezifischen Elemente versucht die Autorin in ihrer Anbetungswürdigkeit zu entselbstverständlichen, indem alle drei Elemente in Frage gestellt werden (von Frauen). Gefallen hat mir, daß die Autorin z.T. lange offen läßt, welche Hautfarbe die Personen haben. 2. Was mir nicht gefallen hat. Der ganze Roman legt nahe, daß wir erst zu liebesfähigen Menschen werden können, wenn wir die Schrecken unserer Kindheit aufarbeiten und darin die Schlüsselerlebnisse. Der von M. aufzudeckende Fall führt sie immer wieder zu Stätten der Kindheit zurück, so daß sie darüber nachdenken muß. Und am Schluß hat sie alle Schrecken in Gesprächen und Erinnerungen zugelassen und kann sich in die Frau ihres Lebens verlieben. Furchtbar auch die eindeutigen Trennungen zwischen Guten und Bösen. Eine Zumutung fand ich auch die Dildo-Szene. Mein Votum ist letztlich ein *negatives*. Auf keinen Fall lancieren möchte ich die total versimplifizierte psychologisierte Vorstellung, daß Leute, die in der Kindheit lernen, daß man keine Schwächen zeigen darf, will man nicht daraufolgenden Sanktionen ausgesetzt sein, unnahbare, promiskuitive Draufgängerinnen werden, die durch die Erkenntnisse kindlicher Schlüsselszenen geheilt werden können.«

Votum 6: Soziale Widersprüche

»Der beste Lesbenkrimi, den ich in letzter Zeit gelesen habe. Die Heldin gewinnt mit jeder Seite an charakterlicher Tiefe. Ihr Alkoholismus, ihre Unfähigkeit, langfristige Beziehungen einzugehen, und andere selbstzerstörerische Verhaltensweisen verlieren ihren reinen Genrecharakter, weil sie aus der Entwicklung der Heldin heraus glaubhaft erklärbar werden. Von Anfang an ist ihr Leben von sozialen Widersprüchen geprägt: uneheliches Kind einer Minderjährigen, Mischling, arm und eine Bayouratte, Opfer der Intrigen einer politisch einflußreichen alten Sklavenhalterfamilie mit verklemmter Südstaaten-Sexualmoral, lebt sie als Lesbe in einer homophoben Gesellschaft und ist gebildet ohne Ehrgeiz. Kein Lesbenkrimi ohne Liebesgeschichte: Redmann gebraucht Anspielungen auf King Lear, um Cordelia ins Geschehen einzuführen. Obwohl sie die tragische Verknüpfung von Michele und Cordelia wiederholt unterstreicht, endet es nicht im billigen Happy End, das die Frauen zu Marionetten schicksalhafter Ereignisse werden ließe. Vielmehr erscheinen am Ende die Widersprüche klarer und bearbeitbar statt undurchsichtig und gottgewollt. Die Komplexität der Hauptpersonen, gesellschaftlichen Verhältnisse sowie der Handlung ist selten in Lesbenkrimis. Dazu ist der Roman außerordentlich spannend. Die Gewaltszenen waren mir bisweilen zu grausam. Sex war erfrischenderweise nicht romantisiert und recht realistisch. Die Anerkennung, daß auch lesbischer Sex instrumentalisierbar und ausbeuterisch sein kann, ist Anzeichen für die Enttabuisierung von Sex als Thema selbstkritischer Auseinandersetzungen innerhalb lesbischer Kreise in den USA.«

Votum 7: Verwirrung – Nachtrag zu Votum 1

»Nach Lektüre der anderen Voten bin ich noch mehr als vorher dafür, den Krimi zu bringen. Votum 3 stürzte mich zunächst in Verwirrung. Dann bekam ich den Verdacht, daß frau das Buch einfach sehr unterschiedlich lesen kann. Bei Ariadne aber geht's um das umfassende Anlegen von verschiedensten Bausteinen einer Kultur des aufrechten Ganges für Frauen — und nicht darum, daß *jede* Heldin für *alle* Leserinnen *das* Vorbild schlechthin ist. Ich werde dem Impuls widerstehen, jetzt den ganzen Krimi zu erklären, wie ich ihn sehe, und schlage statt dessen vor, daß wir ihn nehmen, übersetzen, und im übrigen die Leserinnen, die ich *nicht* als zu schützende (also unmündig-naive) Jugend auffasse, sondern als leidenschaftlich kritisches Publikum kenne, weiterdiskutieren lassen.«

sowohl der Handlung (nach anfänglichem Holpern äußerst spannend, wenngleich die Heldin zeitweise etwas übermenschlich scheint) als auch der Heldin, die ihre eigene abhanden gekommene Liebesfähigkeit sucht und zum Schluß (durchaus plausibel mit dem Plot verbunden) auch wiederfindet. Die Härte der Heldin, das Vertrauen der treuen Freundinnen, der Umgang mit Sex sind eher etwas übertrieben dargestellt, aber durch die gesamte Entwicklung der Handlung hindurch letztlich doch gerechtfertigt. Es wirkt auf mich eigentlich nicht »realistisch« (im Sinne von: das könnte einer wirklich passieren), aber das muß ein Frauenkrimi auch nicht, wenn er derartig spannend ist und eine ganze Reihe starker Lesben/Frauen präsentiert. Gerade im Rahmen dieser starken Frauengestalten wirkt die Heldin keineswegs vorbildhaft (und ist mit ihrem Leben selber ja auch nicht zufrieden). Im ganzen hat die Autorin meiner Meinung nach gerade eben die Waage gehalten zwischen Klischee, persönlicher Entwicklung und Entwicklung der Handlung, und zwar so gut, daß ich zwei sehr kurze Nächte hatte!

Gerade die Widersprüche der Heldin machen den Roman lesenswert, und die im Buch-Anhang abgedruckte Kritik Nr. 3 ist meiner Meinung nach das Verlangen nach politisch korrekter, jederzeit vorzeigbarer, bruchloser Lesbenliteratur (»gesäubert« sozusagen).

Zum Schluß meine persönliche Hitliste:
- Alle Bücher von K.V. Forrest
- Rosie Scott: Tage des Ruhms
- Foster: Wenn der grauen Falter fliegen
- Sarah Dreher: Stoner McTavish
- Redmann: Mississippi
- Jessica Lauren: 2 x Sterben

Barbara, Freiburg

Philosophin

Ich fand's klasse.
Warum?
Darum!

Kathrin, Gießen

Sex & Crime darf's schon sein

Es ist ein regnerisch-trüber, fauler Feiertag. Ich habe den Krimi gestern in die Finger bekommen und ihn dann in einem Stück gelesen. Ich find' ihn absolute Spitzenklasse, total spannend, mit Tiefgang, interessanten Frauen usw, usw. und war dann ganz schön überrascht, als ich z.T. solche Verrisse in den Voten fand, u.a. Votum 3 und 5 geben ja ein recht negatives Bild.

Mir ging es so, daß ich im ersten Abschnitt, wie so viele in den Voten, das Gefühl hatte, daß die (Sex-)Szenen mit Karen etc. auch von einem Mann hätten geschrieben sein können. Aber das hat mich nicht gestört, war eher neugierig, was die Detekti-

Forum

vin zu diesem Verhalten bringt. Fand auch ihre Rache an Karen für deren Lügengeschichte und Fotos von Bruder Harry zwar ziemlich knackig und dachte mir, na ja, meine Art Rache zu nehmen wäre es nicht, fand's aber nicht abstoßend. Ich finde wahrhaftig nicht, daß doofe Schnepfen (so wie Karen dargestellt wurde) in einem Krimi nicht auch als solche beschrieben und behandelt werden dürfen, und warum soll es keine Lesben geben, die dumm an Geist und Sex sind (Votum 3)? Ich glaube nicht, daß so eine Darstellung politisch-feministische Ziele untergräbt. Wenn ich mich in der Lesbenwelt so umgucke, gibt es nach meiner Bewertung durchaus ziemliche Schnepfen darunter, weshalb also in einem Krimi nur die »Eia-Weia-Schmuse-Lesbe« oder die »politisch-frauenbewegt-feministische-Lesbe«? Das fände ich reichlich langweilig. Sex & Crime darf schon sein. Es lauert nicht hinter allem das böse Patriarchat. Die Verknüpfung der ursprünglichen Krimihandlung (Drogenmafia) mit der »Persönlichkeitsgeschichte« und dem Aufdecken der eigenen Erinnerung an die Vergangenheit, die Öffnung der Protagonistinnen für Traurigkeit, Schmerz, Verletzlichkeit haben mir gut gefallen. In Votum 5 wird ja gerade dieser Punkt der (nach V5) versimplifizierten, psychologisierten Darstellung hart kritisiert. Die Schilderung von einzelnen Personen suggeriert doch nicht, daß das Leben generell so verläuft wie dargestellt, wenn nur diese oder jene Voraussetzung gegeben ist. Das ist viel zu sehr lineares Denken. Leben ist nicht linear!!! Und auch wenn die Darstellung in den »Psychoteilen« manchmal vielleicht etwas einfach war, so enthielten sie m.E. doch viel Lebensweisheit, wie ich sie ich aus eigener Erfahrung kenne. Gut hat mir in diesem Zusammenhang der Schluß gefallen. Kein Happy-End, Händchenhalten zwischen Cordelia und Micky, sondern erstmal Raum für die Individuen, für die Entwicklung des Lebens, egal welchen Weg es weisen wird. Einige Votierende mokieren sich ja über die Darstellung von Sex als »Säfteorgie«. Für mich nicht ganz verständlich, schließlich spielen (für mich) die Säfte auch beim lesbischen Sex eine wichtige Rolle, gerade auch wenn es kein anonymisierter Sex ist, sondern Herz und Seele, meine ganze Lebendigkeit dabei ist. Weshalb sollte es abstoßend sein, diese Säfte auch zu benennen? Nur weil sie in »heterosexueller Literatur« – »Männerliteratur« auch benannt werden? Bei der Dildo-Szene würde ich auch wieder sagen: Na, meins wär's nicht. Aber ich finde so eine Beschreibung im Krimi o.k. Für mich ist es wichtig, daß ich durch das Lesen des Krimis völlig gefesselt wurde, nach New Orleans gegangen bin, die verschiedensten Lebensentwürfe von Lesben verfolt habe, die Protagonistinnen mir zwar widersprüchlich, aber glaubwürdig erschienen, ich nach der Lektüre das Gefühl hatte, daß ich diese fiktiven Frauen gerne LIVE kennenlernen möchte. Wichtig, daß ich das Gefühl habe, in den Wohnungen, Häusern, Sümpfen usw. gewesen zu sein. Wichtig, daß die Heldin und die Frauen, die ihr ans Herz gewachsen waren, überlebt haben. Weshalb für mich nach der Lektüre auch die Frage bleibt: Warum fällt es uns so schwer, die Möglichkeit des Todes, nein, die Gewißheit des Todes zu akzeptieren? So viel in diesem Buch dreht sich darum, daß der Tod da ist, droht, da war und Schmerz, Leere usw. hinterlassen hat. Ist die Antwort nun »Darum!« oder eher »Warum nicht?« Nun denn, ich will mich nicht weiter darüber auslassen. Jedenfalls wünsche ich mir noch ganz viele Ariadne-Krimis dieser Klasse!!! Vera, Fürth

Jean Redmann auf der feministischen Buchmesse in Melbourne

Starker Standpunkt

Die umstrittene Redmann-Erzählung empfand ich sowohl in punkto Spannungsbogen als auch hinsichtlich ihres sozialen und feministischen Standpunktes als stark und überzeugend.

Brigitte, Ossingen (CH)

Schlaflos im Mississippi

Ich war am Ende des Buches erstaunt, daß offensichtlich bereits eine rege und kontroverse Diskussion stattgefunden hat. Erstaunt deswegen, weil das der spannendste, witzigste und ernsthafteste Krimi war, den ich in letzter Zeit bei Ariadne gelesen habe. Der Reichtum an Facetten, sowohl die Story als auch die Personen betreffend, hat mich viele Stunden dem Schlaf entrissen und mich – entgegen sonstiger Gewohnheit – zum nochmaligen Lesen einzelner Kapitel bewegt. Einfach klasse. Da ich keine Literaturkritikerin bin, sondern »nur« kritische Ariadne-Leserin, belasse ich es mit dem Wunsch, mehr von dieser tiefgründigen Südstaaten-Autorin in die Hände bekommen zu können. Ruth, Hamm

6 trifft's

Ich war von *Mississippi* begeistert, das Votum 6 trifft meine Meinung am besten. Margot, München

Große Krimiliteratur

1. Der Krimi ist absolut professionell geschrieben. Sehr gute Charaktere; sehr gut die Dramaturgie; sehr gut, daß *Mississippi* ohne billige Effekte auskommt. 2. Über die inhaltliche Seite kann man streiten. *Mississippi* deswegen aber nicht zu veröf-

fentlichen, wäre gleichbedeutend mit Zensur. 3. Persönlich empfinde ich die Darstellung gleichgeschlechtlicher Liebesbeziehungen (und von Sex) keineswegs als »Zumutung« (Votum 3), sondern als Ausdruck von Knight's Vitalität. 4. *Mississippi* ist für mich kein Zielgruppenkrimi nur für Frauen, sondern hat alle Qualitäten großer Krimiliteratur. 5. Irreführend ist allerdings der Titel. *Mississippi* ist kein Südstaaten-Epos, sondern ein Großstadtkrimi, der in den Südstaaten spielt. Der amerikanische Titel *Death by the Riverside* trifft sehr viel besser den Kern.

Klaus, Neu-Edingen

Anm. d. Red. Schön, aber wo ist eigentlich der Widerspruch zwischen einem Frauenkrimi und "großer Krimiliteratur"?

Doppelt hält besser

Mississippi ist der beste (Lesben-)Roman, den ich bisher gelesen habe, und das waren schon einige! Ich kann mich ohne Wenn und Aber dem Votum 6 anschließen. Von der ersten Seite an war ich im Geschehen drin und habe mit der Detektivin Micky Knight den Roman durchlebt. Ihre Veränderung war für mich spürbar, und manchmal bemerkte ich, wie ich ihr gedanklich zuredete. Ich hoffte zwar auf ein Happy End, wie ich es aus fast all den anderen Krimis gewohnt war, war dann aber über das tatsächliche Ende um so mehr erfreut. Ich werde diesen Krimi (als ersten) sofort ein zweites Mal lesen und wünsche mir, daß Ihr noch mehr davon auf Lager habt.

Manu, Porta Westfalica

Edel: Cordelia

Ich mag Eure Krimireihe:
- weil ich gerne Krimis lese,
- weil ihr Lesbenkrimis bringt,
- weil die Nachworte und kurzen Diskussionen am Schluß sie aus der Masse anderer anonymer Buchreihen herausheben.
- Kurze Vorbesprechungen der bald erscheinenden Bücher halten mich auf dem Laufenden darüber, was der Buchhändler (wenn ich nicht im Frauenbuchladen kaufen kann) nicht in seinem Sortiment hat.

Also, bitte nicht auf ein Nachwort verzichten. Ich finde es interessant zu lesen, was Euch beim Verlegen der erscheinenden Bücher beschäftigt.

Zu J.M.Redmann, *Mississippi*:
Ich finde, es ist einer der interessantesten und fesselndsten Krimis, die Ihr herausgegeben habt.

Er erinnerte mich in Thematik, Umgebung und Stil an die beiden Krimis von Julie Smith: *Blues in New Orleans* (Fischer 10853) und *Solo für den Sensenmann* (Fischer 11615).

Ich finde es immer gut, wenn »starke« Frauen dargestellt werden. In den meisten Fällen ziehen männliche Helden (falls sie einigermaßen psychologisch gut fundiert dargestellt sind, in Film oder Buch) ihre Stärken aus ihren Schwächen (Revanchehelden, Kampf-gegen-Ungerechtigkeit-Helden, Idealisten). In irgendeiner Weise kommen sie mit ihrem Schicksal oder den Umständen der Realität nicht zurecht.

Dasselbe gilt für weibliche Heldinnen. Wenn nun eine Frau einen scheinbar männlichen Heldenweg geht, so ist das für mich im Zuge der Emanzipation verständlich. Ganz wertfrei betrachtet: Warum sollten Frauen nicht dieselben »Fehler« machen wie Männer?

Also, Michele Night konsumiert Sex, ist rauh und unzugänglich, säuft; und die Gangster sind auch nicht die höflichsten.

Wenn es heißt, daß die Menschheit von Gewalt und Brutalität angesprochen wird, so muß ich gestehen, daß ich wohl dazugehöre.

Ich will damit nicht sagen, daß ich das in meinem wirklichen Leben umsetze (es sei denn abstrakt, wie American Football zu spielen oder in heftigen Neckereien und Streitgesprächen mit anderen), doch in der Phantasie gebe ich mich gerne der Möglichkeit hin, das 'Leben hautnah zu erleben'.

Eine Heldin wie Micky hat für mich zunächst einmal Vorbildfunktion, weil sie scheinbar so hart ist, wie ich das auch gerne sein möchte. Nach und nach lerne ich im Verlauf des Geschehens ihre schwachen Seiten kennen, beginne sie differenzierter zu sehen, überlege, was *ich* tun würde, und verfolge ihren inneren Wandel bis zum Schluß. Der glücklicherweise nicht im amerikanischen Sentimentalgeschnulze endet. Viel besser, ich darf mir sogar, leise und heimlich, selber ein passendes »Happy End« ausdenken, wenn mir der offene Schluß (der logisch ist) nicht ausreichend erscheint.

Für mich spielt es keine Rolle, wie unwahrscheinlich das Handlungsgeschehen im Vergleich mit der wirklichen, realen Welt ist. Die Welt der Fiktion ist für mich in dem Moment real, in dem ich mich in sie begebe (egal ob James Bond, A. Schwarzenegger oder D. Hammett). Wichtig ist

Forum

nur, daß die Handlung in sich einigermaßen schlüssig ist. Ist das psychologische Moment interessant, so kann ich auch darüber hinwegsehen.

Eine drastische Kindheit, wie sie die Heldin hatte, oder andere überzeichnete Darstellungen nehme ich als solche. Schließlich ist das Ganze ein Phantasieprodukt.

Schlimmer ist, wenn Personen eine einseitige Persönlichkeit erhalten oder nur dem Zwecke dienen, die Handlung oder den Helden/die Heldin weiterzutreiben, also unlogisch und völlig inkonsequent handeln, ohne daß das ihrem Charakter an sich entspräche. (Filme der fünfziger/siebziger Jahre sind wahre Meisterwerke der inkonsequenten Darstellung weiblicher Charaktere).

So finde ich, daß die Person der Karen überhaupt nicht einzuordnen ist. Sie wird der gewünschten Situation nach eingesetzt, ohne daß sie einen Charakter erhielte.

Cordelia (der Name scheint im Krimigenre in Mode gekommen zu sein) ist für mein Empfinden viel zu edel gezeichnet. So wie Micky einem klassischen männlichen Helden (à la Chandler und Hammett) ähnelt, ist sie das Dependant zur klassischen Heldin. Nahezu unschuldig in alles verwickelt, enorm edel, aber fast einen schweren Fehler begehend, nämlich den Falschen zu heiraten. Der Konflikt zwischen ihr und Micky hätte an Tiefe gewinnen können, wenn sie im Verlauf des Geschehens, ähnlich wie Mickey, dem Image der klassischen Heldin entkommen würde.

Unglaubwürdig ist, daß alle drei Holloway-Enkel homosexuell sind.

Trotzdem hebt sich dieser Krimi von den übrigen schmalzig seichten anderer amerikanischer Autorinnen ab. Ich habe ihn gerne gelesen, weil er im Gegensatz zu manch anderem Krimi einen straffen Handlungszug besitzt. Gewaltszenen sind vorhanden, wo auch in einem Chandler der Held seine Härte hätte beweisen müssen.

Warum über Gewalt und Brutalität hinwegschreiben, wenn sich so die Leserin zumindest gedanklich damit auseinandersetzen kann. Ohne Gewalt kein Krimi! Da ist immer ein grausamer Mord, und Blut fließt auch! In der Wirklichkeit gibt es auch keine Vorabendfernsehschlägereien, in denen es kein Blut und keine Schmerzen für die Beteiligten gibt.

Mehr von der Art!

Cordelia, Paderborn

Leserinnenbriefe (möglichst von allen!) bitte an: Ariadne Forum, c/o Argument Verlag, Rentzelstraße 1, 20146 Hamburg. Wer lieber faxen will: 040 44 51 89

»Sprich nicht mit Fremden!«   »Sprich einfach mit niemandem!«   »Sprich am besten gar nicht!«

Nur eben nichts zurücknehmen

Dagmar Scharsich ist die Autorin des ungewöhnlichen Krimi-Romans *Die Gefrorene Charlotte* (Ariadne 1048). Viele Leserinnen hatten während ihrer Tour (vgl. den Bericht *Quer durch Deutschland*) schon Gelegenheit, sie direkt zu ihren Ideen und Vorlieben zu befragen. Allen anderen stellt sie sich auf den folgenden Seiten anhand eines schriftlichen Interviews vor ...

Für Ariadne begann die Geschichte an einem Wintertag Ende 1992. Eine leise Stimme am Telefon, Berliner Klänge: Scharsich, guten Tag. Sie habe so eine Art Kriminalroman in der Schublade über den Sommer 89: – Mir wurde gesagt, ich sollte Ihnen das mal zuschicken für Ihre Reihe. Aber Sie suchen gar keine deutschen Autorinnen, oder? – Ich bekundete energisch meinen Lesewillen, schließlich »fehlte« uns der »Wende«-Alltag, zumal aus Frauensicht, in der Reihe noch völlig. Auch war aus Berlin, wo die Redaktion unseres *Argument* Theorieverlags tätig ist, schon vorher der Hinweis gekommen, eine interessante Kulturschaffende aus »Ostberlin« würde sich vielleicht wegen eines Krimis bei *Ariadne* melden ... Und dann traf ein gewaltig dickes Paket ein. *Liebe Else Laudan, wie wir telefonisch besprochen haben, schicke ich Ihnen meine Gefrorene Charlotte. Herzliche Grüße, Dagmar Scharsich.*

Im Stehen überflog ich neugierig den ersten Absatz. Sechs Seiten später fiel mir auf, daß ich immer noch las, obwohl mehrere Leute auf mich warteten: Vom ersten Satz an hat mich Dagmar Scharsichs Schreibe buchstäblich in den Bann geschlagen. Und das blieb so, 475 Manuskriptseiten lang. Der zweiten und der dritten Gutachterin ging es ganz genauso. Die Atmosphäre dieses Sommers mit all den Widersprüchen und Unsicherheiten rückte in greifbare Nähe; die Dichte der Sprache fesselte und faszinierte jede von uns.

Schon – wir hatten unsere Probleme damit, daß »Heldin« Cora so passiv war, sich an jede starke männliche Schulter schmiegte, sich von fremden Kerlen anfassen und für dumm verkaufen ließ. Aber – und das kann vermutlich nur verstehen, wer *Die gefrorene Charlotte* gelesen hat – diese Geschichte ist einfach zu dicht, zu hautnah und zu atemberaubend geschrieben, um sie in »akzeptable« und ungeliebte Bausteine zu zerlegen. Und ich stelle auch in Frage, ob wir Wessi-Frauen uns anmaßen sollten zu verlangen, daß unsere eigenen politischen Haltungen, unser Umgang mit Geschlechterverhältnissen, sang- und klanglos übernommen werden – von Frauen, die doch eine ganz andere Geschichte mit anderen Problemen und Selbstverständlichkeiten gelebt haben. Später, schon im Lektorat, bat ich Dagmar, irgendwie zu erklären, warum Cora mit Männern »so« umgeht, und ich glaube, ich habe eine Ahnung davon bekommen, daß in einer von Zensur, Konformität und durchaus auch Gefahr geprägten Realität eine Affäre nicht mehr bedeuten muß als etwas Warmes am Bauch, das mit Vertrauen nichts zu tun hat ...

Ich hoffe, wir werden noch viele Krimis mit der langsamen Cora Ost bekommen – wenn Dagmar sich die Zeit zum Schreiben irgendwie aus den Rippen leiern kann. Für mich ist sie eine richtig große Erzählerin, denn sie hat nicht nur eine starke, ganz eigene Sprache, sondern auch so einiges zu sagen, was sonst nur selten sicht- und greifbar wird.

Aber nun soll Dagmar Scharsich mal ein wenig über sich selbst erzählen.

Magazin

Liebe Dagmar, gleich zur ersten Frage, die eine Schriftstellerin sicher oft gestellt bekommt:

Welche Autorinnen und Autoren liest Du gern?

Das läßt sich schwer sagen, so, mit ein paar Sätzen. Ich kann mich an große alte Margarine-Kartons voller Bücher erinnern, die ich mit neun oder zehn Jahren auf dem Dachboden bei meinen Großeltern entdeckt habe. *Der Trotzkopf* und viele Bände von *Försters Pucki*, spannende Abenteuergeschichten von Robert Louis Stevenson und Edgar Allen Poe. *Die Gartenlaube* und eine große illustrierte Ausgabe von Theodor Storms Novellen.

In der Mädchenkammer auf Omas Dachboden hab ich damals zum ersten Mal in meinem Leben beschlossen, daß es schöner ist, eine Nacht durchzulesen als zu schlafen. So ähnlich gings auch weiter. In der Schule haben sie uns mit Heinrich Heine, Gottfried Keller, Friedrich Schiller und Herrn Goethe bemüht. Später gab es Puschkin und Nicolai Ostrowski und Victor Hugo. Das war alles okay und hat mir zum Teil Spaß gemacht, ich hab mich nie davor gedrückt.

Aber viel stärker war mein Vater, der mich vor seine riesigen Bücherregale geführt hat, in denen Hemingway, Harper Lee, Salinger, Thomas Wolfe, Tennessee Williams, Capote, Saul Bellow, Graham Greene, Ingeborg Bachmann und Peter Weiss standen. Ich glaube, damals hat das für mich angefangen, daß ich eine knappe, fesselnde Sprache und eigenwillige Personen in den Büchern gesucht habe. Und vor allem wollte ich gut erzählte Geschichten, realistische, phantastische oder abenteuerliche, die aber auf jeden Fall eine Bedingung erfüllen mußten: Sie durften nicht in der DDR spielen.

Natürlich gabs da auch Ausnahmen. Die vor-probierten Autoren, von denen alle geschwärmt haben: Christa Wolf, Stephan Heym, Christoph Hein, Strittmatter und auch ein bißchen die Irmtraut Morgner. Bei vielen anderen DDR-Autoren, die ich damals zufällig oder schulisch verordnet in die Hände bekam, habe ich häufig schon auf den ersten Seiten Lobhudelei und dieses doofe Pathos bei der Beschreibung der »führenden Klasse« gespürt. Und das wars dann für mich.

Viel später, da war ich schon mitten im Studium, hat mir mal ein Freund die *Franziska Linkerhand* von Brigitte Reimann mitgebracht. Erst dachte ich, so wie immer, igittigitt. Aber das war dann *die* Entdeckung für mich. Die Reimann hatte eine Sprache, die richtig packend war. Und ihre Franziska Linkerhand war eine Frau, die genauso unzufrieden und suchend und allein und zweifelnd durch mein Land lief wie ich. Die stand für mich neben Bellows Regenkönig und Hemingways Wahnsinns-Männern und Bachmanns anspruchsvollen Frauen-Figuren. Meine total westlich ausgerichtete Lese-Arroganz habe ich Ende der 70er Jahre zum ersten Mal gerne aufgegeben, als ich mit Herz und Seele »die Russen« für mich entdeckt habe. Andrej Platonow, Michail Bulgakow, Aitmatow, Schukschin.

Ich mochte und mag auch diese intensive und Zeiten verwebende Erzählweise von Marquez, die Strudel und Sog erzeugende Sprache von Wolfgang Borchert. Ich mag es, wie Hamsun jeder seiner Figuren ihre eigenen Absichten gestattet, wie er sie Fragen beantworten läßt, die die andere gar nicht gestellt, sondern nur gedacht hat. Ich mag Strindbergs Stücke sehr und sehe beim Lesen die Landschaft, das Licht, das Meer, zwischen denen es Figuren gibt, die er gar nicht auftreten läßt, die aber immerzu da sind.

Hin und wieder taucht heute noch eine neuere russische Geschichte bei mir auf. Stücke von Ludmilla Petruschewskaja zum Beispiel, die von den Veränderungen im Russland der letzten Jahre erzählen, davon, was dort jetzt aus den Menschen wird, aus den Alten und aus den Jungen, was bei ihnen schiefläuft.

Und genau das ist heute beim Lesen mein Punkt. Klar, ich habe inzwischen vieles von dem nachgeholt, was bei uns eben einfach nicht zu kaufen oder zu beschaffen war. Ich hatte inzwischen so viel Wolfgang Borchert und Uwe Johnson, Knud Hamsun und George Orwell, wie ich Zeit zum Lesen abzwacken konnte. Aber ich suche immer mehr nach Büchern, die mir etwas über ein heute so sehr verändertes Land und seine Bewohner sagen können. Und da entdecke ich nun nach und nach die DDR-Literatur. Ich merke, wie viel mir damals verlorengegangen ist, auch an Überlebenshilfe, die mir viele dieser Bücher hätten geben können. Und seltsamerweise werden diese Bücher *heute* für mich wichtig, für diesen Zustand, in dem ich jetzt lebe, zwischen dem DDR-Gestern und diesem Leben im bundesdeutschen Sizilien heute.

Gibt es Krimis, die Spuren bei Dir hinterlassen, Dich besonders beeindruckt haben?

Da muß ich auch gleich wieder mit meiner Verbohrtheit anfangen. Natürlich ein Amerikaner, was sonst. Also sicher auch viele, viele andere, Schweden, Engländer, Russen, Franzosen, Kanadier. Aber immer schon und ganz stark Raymond Chandler. Das hat zuallererst mit diesem Marlowe zu tun, der einsam durch die Straßen läuft, dies und jenes probiert und nie richtig auf die Beine kommt. Der seine Nase überall reinhängt und immer wieder eins draufkriegt. Und am nächsten Morgen steht er auf, schüttelt die Kopfschmerzen genauso ab wie die Erniedrigungen und macht weiter, ganz einfach und unspektakulär. Der hat mir gefallen.

Hin und wieder war auch in unserem schlecht sortierten Volksbuchhandel ein Chandler zu haben, den hab ich mir gekauft und hab ihn aufgehoben für den

Urlaub. Woher dieser feiertägliche Umgang mit dem Chandler kam, mal ganz abgesehen von seiner wirklich sehr, sehr guten Sprache, darauf bin ich erst jetzt, in den letzten Jahren gekommen. Der hatte eben ganz ungeheuer viel mit mir, mit meinem Lebensgefühl in der DDR zu tun.

Das erste Buch (und für viele Jahre auch das letzte Buch), das ich mir nach meiner Westbürger-Werdung gekauft habe, war Christian Lutzes *Mein Freund Marlowe*. Da hab ich mich beim Lesen mächtig gewundert, daß der Marlowe auch das Lebensgefühl von heutigen West-Menschen so gut treffen konnte. Das war mir sehr sympathisch.

Seit dem letzten Jahr werde ich auch sehr von den Ariadne-Frauen verwöhnt. Mittlerweile habe ich fast die komplette Reihe zu Hause. Meine Lieblings-Autorinnen (von denen, die ich bisher geschafft hab, zu lesen) sind Dorothy Cannell, Sarah Dreher, Sarah Schulman und ganz doll die Rosie Scott. Auch auf meiner Lesereise hab ich immer wieder Hinweise bekommen: Lies doch unbedingt mal ... Nun ja, ich tue, was ich kann.

Und, wie ich schon vorhin gesagt habe, meine olle Anti-DDR-Literatur-Arroganz. Jetzt, vier Jahre nach dem Ende der DDR, entdecke ich ihre Krimi-AutorInnen. Mit Tom Wittgen fange ich bei ihren ersten Büchern mit ihrem Oberleutnant Simosch an. Den hat sie über die Wende-Zeit in den Westen mit hinüber genommen, den gibts bei ihr also heute noch. Früher, zu DDR-Zeiten, hätte ich einen DDR-Krimi nie in die Hand genommen. Ich wollte einfach nichts lesen, worin »unsere Genossen von der Volkspolizei« oder von den »bewaffneten Organen« undsoweiter als sympathische, tolle Ermittler geschildert werden. Daß es auch Krimi-AutorInnen gab, die diese Klippe clever umschifft haben, darauf wär ich gar nicht gekommen. Oberleutnant Simosch macht mir überraschenderweise viel Spaß.

> **Wie strukturierst Du Deine Arbeit?**
> **Brauchst Du eine disziplinierte Zeiteinteilung, einen ungestörten Arbeitsplatz, was sonst?**

Also, ich brauche zuerst einmal nur ein Notizheft, in das ich lange Wochen und Monate immer wieder hineinschreibe, was mir zu einer Geschichte einfällt. Für jede Geschichte ein eigenes Heft, weil immer lange Denk-Zeit und viele

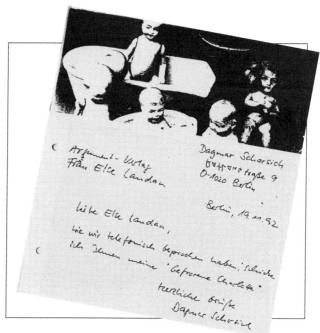

Seiten nötig sind, bis ich die Personen genau kenne.

Wenn es so weit ist, muß ich dann aber auch anfangen können. Dann möchte ich mich in mein Arbeitszimmer zurückziehen können, brauche eine riesige Tischplatte, um Zettel und Heftseiten zu ordnen, viele Nachschlagewerke, Zeitungen, Bildbände. Und eine gute Verkehrsverbindung zur nächsten Bibliothek.

Ja, und die Arbeitszeit, die ist das eigentliche Problem. Das fängt ganz harmlos an, ich arbeite von 8 Uhr bis die Kinder aus der Schule kommen. Dann bin ich für die Kinder da, schaffe den Haushalt, fahre einkaufen, koche. Abends, wenn die Kinder im Bett sind, gehts dann weiter, so weit die Kraft noch reicht. Wenns so einfach wäre, wie ich das hier sage, dann wärs ideal für meine Kinder und für mich. Es bleibt nur eben nicht so. Je weiter ich mich in eine Geschichte hineinbegebe, um so weiter entferne ich mich von meiner Familie. Ich sitze am Tisch mit den Kindern, aber ich bin eigentlich nicht mehr vorhanden. Meine Wohnung verkrautet wie ein Acker, es gibt keinen Sonntagskuchen, gekocht wird so, daß die Kinder anfangen, das Schul-Essen sehr gut zu finden. Ich schwänze Elternversammlungen und entwickle mich mehr und mehr zur Rabenmutter. Als ich nach der *Charlotte* wieder in der Familie ankam, war ich erstaunt, wie gut sie das alle verkraftet hatten. Und sie waren so ehrlich zu sagen: Erst einmal reichts ...

> **Welche Dinge motivieren und inspirieren Dich, und was sind eher Störfaktoren?**

Störfaktoren? Ja, wie mans nimmt. Eigentlich ist ja alles, was jetzt um mich her vorgeht, eine einzige ständige Aufregung und Störung für mich. Klar. Aber andererseits sind diese Vorgänge – angefangen bei globalen Entwicklungen, bis zu dem, was nun seit ein paar Jahren in politischen, wirtschaftlichen und sozialen Bereichen auf dem Gelände meines vergangenen Landes passiert – ja auch mein ständiges Thema. In den letzten Jahren hat alles, was ich schreibe oder fürs Schreiben denke, irgendwas damit zu tun.

Anfangs hatte ich sehr zu kämpfen, um wieder von meiner »Palme« runterzukommen, auf die mich jede neue Meldung brachte. Nun bin ich ruhiger geworden, gewinne langsam so etwas wie einen Überblick, kann wieder zuordnen, werten. Wenn ich jetzt höre, nach den ausländerfeindlichen Krawallen von Magdeburg sind die Verhafteten ganz schnell wieder freigelassen worden – dann kann ich das einordnen: Nach den Straßen-Kämpfen gegen das Ausländer-Heim in Rostock-Lichtenhagen war das ja auch so. Oder: Die SPD gibt im Bundesrat ihre Stimme für die Kürzung von Arbeitslosenhilfe und für die Verschärfung des Asylrechts. Und als Ausgleich erscheinen ihre Vertreter nicht zur Abstimmung über den Paragraphen 218. Na ja, da zukke ich die Schultern. Das treibt mich alles nicht mehr auf die Palme, weil ich inzwischen weiß, in was für einem Land ich lebe. Wieder ein Indiz mehr dafür, und noch eins, und noch eins.

Ich will dann immer nur noch eins: einspeichern in meinem Gedächtnis und aufschreiben, verarbeiten, in der nächsten Geschichte. Mit allen Reaktionen darauf, mit allen Gefühlen, die für mich und für andere dazugehörten. Auch für Leute, die ich nicht mag. Immer aufschreiben, Geschichten darüber erzählen.

> Vor der Wende war die »Schere im Kopf«, die innere Zensur, ein wichtiges und viel diskutiertes Problem für DDR-SchriftstellerInnen. Wenn man sich Cora aus *Die gefrorene Charlotte* betrachtet, fragen wir uns, was mit dieser »Schere« passiert ist?

Was diese »Schere im Kopf« angeht – hier hat die sogenannte Wende mir sehr viel gebracht.

In der DDR hatte ich angefangen mit dem Schreiben von Glossen. Ganz alltägliche Geschichten, über die ständige Bevorzugung Berlins vor allen anderen Städten, über die sozialistisch verpatzte Einschulungsfeier meiner Tochter, darüber, was das Ersetzen von Theater, das jungen Leuten etwas zu sagen hat, durch ein ständiges und oftmals ausschließliches Angebot von Sport-Veranstaltungen aus jungen Menschen machen kann, darüber, daß DDR-Bewohner ständig auf der Jagd nach einem Reisepaß waren.

Die Glosse über die Reisepässe hat sowieso keiner gedruckt, na ja, das war klar. Die anderen sind erschienen, aber ich hab sie zum Teil selber nicht mehr wiedererkannt. In der Mitte war herumgekürzt worden, der Schluß (bei dem in der Glosse nun eben meist der finale Biß lauert), fehlte ganz. Das hab ich dann also gelassen.

Meine erste längere Geschichte ist Anfang 1989 erschienen. In *TEMPERAMENTE*, den DDR-weit einzigen offiziellen Blättern für »junge« Literatur. In dieser Geschichte hab ich versucht, das, was ich sagen wollte – und wobei mir die Schere im Kopf schon langsam zu klappern anfing – mit phantastisch-realistischen Mitteln zu sagen.

Trotzdem, das habe ich später erfahren, hatte ich es der Kraft von einigen starken Frauen in der Redaktion der *TEMPERAMENTE* zu verdanken, daß diese Geschichte überhaupt erschienen ist. Nach dieser Veröffentlichung gab es einen Fördervertrag mit dem Verlag NEUES LEBEN, der aber dann durch die »Wende«-Folge sehr abrupt zu Ende ging. In die Verlegenheit, ein Buch-Manuskript bei der Genehmigungsstelle im Ministerium für Kultur einzureichen, bin ich also nicht mehr gekommen. Diese »ändern Sie mal dies, nehmen Sie das mal raus«-Aufforderungen, von denen andere Autoren erzählen, sind mir erspart geblieben. Das nenne ich *die Gnade eines späten Anfangs*.

Und bei der *Charlotte* hab ich mich freigeschrieben. Die ist so, wie *ich* sie sehen und machen wollte. Und wenn jemand mit mir darüber diskutieren will, mache ich das gerne. Prima.

Nur eben nichts zurücknehmen, nichts streichen.

> Warum hast Du dieses Buch geschrieben? Spielen hier Wut und Ärger eine Rolle?

Wut und Ärger werden in meinem nächsten Krimi mit Cora Ost ihren Platz haben. *Die gefrorene Charlotte* hört doch eigentlich in einem Moment auf, als es viele gute Ansätze zur Veränderung der DDR gab, zu Demokratisierunsprozessen und Emanzipationsvorgängen. Das war doch alles noch ganz ermutigend. Die Mauer-Öffnung war für mich genau der richtige Moment, um diese Geschichte enden zu lassen.

1991, also erst zwei Jahre später, habe ich angefangen, die *Charlotte* zu schreiben. Da war schon klar, daß die DDR zu Ende war, dieses Land gab es nicht mehr. Ich fand es wichtig, einfach noch einmal festzuhalten, wie dieses Land gewesen ist, was es aus seinen Menschen gemacht hat – gutes und weniger gutes – und warum es denn zu Ende gehen *mußte*. Damit wollte ich zuerst einmal für mich selber das Aufhören meines Landes bewältigen, irgendwie sinnlicher, begreifbarer machen. Auch für andere gewesene DDR-Menschen, dachte ich, wäre es eine Möglichkeit, über alles noch einmal nachzudenken, leichter in diesem neuen Land anzukommen.

Und ich wollte auch für Menschen in den alten Bundesländern miterlebbar machen, was wir erlebt hatten, warum wir dann schließlich so geworden waren, wie wir waren. Diese große Endlich-haben-wir-uns-wieder-Euphorie der ersten Monate war 1991/92 ja schon längst vorüber. Da war dieses wirtschaftlich und sozial gegeneinander Ausgespielt-Werden schon in vollem Gange und funktionierte sehr gut. Da hieß es in Kreuzberg zum Beispiel: Wir können Eure ABM-Stellen nicht verlängern, weil jetzt alle ABM-Mittel nach Ost-Berlin gehen. Und die Ostler waren sauer, weil sie von den ersten fixen Wessies über den Tisch gezogen worden waren. Dagegen gabs keinen Schutz und keine Rechtsprechung. Die ersten Alt-Eigentümer kamen. Und die Westler waren sauer über die Solidar-Abgabe für die Ostler, die doch eigentlich besser erstmal arbeiten lernen sollten. Mal ganz grob gesagt. Ich dachte, gute Geschichten könnten hier die Herzen wieder ein wenig öffnen. Obwohl meine Hoffnungen dies betreffend nicht allzu groß waren.

Du warst gerade auf Lesereise, hattest also Gelegenheit, Dein Publikum kennenzulernen. Haben Deine Leserinnen und Leser Dich überrascht? Was hat Dir gefallen, was ist Dir schwergefallen bei den Diskussionen?

Ja, klar, auf der Lesereise konnte ich sehen, ob das alles so aufgeht. Also, die Überraschung für mich war schon sehr groß. So ganz, ganz still in meinem Kopf hatte ich diese Angst sitzen, daß kaum ein West-Mensch sich für meine Geschichten interessieren wird. Und dann wars eben ganz anders. Ich habe so viel Interesse und Aufmerksamkeit getroffen, egal, ob in Friesland oder am Bodensee.

Natürlich gabs auch die Leute, die mir vor, während und nach der Lesung beharrlich damit ins Wort gefallen sind, daß Ossis doch viel zu sehr Jammer-Ossis wären und daß sie das doch endlich ändern sollten. Ja, klar doch, kann ich da nur sagen, das werden sie schon, wenn man sie läßt. Aber meistens, wirklich meistens haben wir nach den Lesungen ganz wahnsinnige Gespräche geführt. Die waren für mich von einer so verblüffenden Offenheit.

Vielleicht war es Sympathie für meine »kleine Verliererin« Cora, die es leichter machte, über eigene Probleme in diesem Land zu reden, über eigene Bauchschmerzen. Und wenn ich gesagt habe, ja, so etwas Ähnliches habe ich gestern abend auch gehört, in einer anderen Stadt – dann war das zwar sehr beunruhigend, aber gleichzeitig hat das uns alle auch ganz glücklich gemacht.

Ganz anders war es im Osten. Wieder eine Überraschung. Manchmal hatte ich das Gefühl, daß die Geschichte über Cora Ost den LeserInnen was zu sagen hat, daß sie sich ganz gerne noch einmal erinnern an das, was damals war. Zum Beispiel in Rostock, wo wir auf politisch ganz engagierte Frauen getroffen sind. Wir haben nach der Lesung bei Cora Ost angefangen zu reden und haben spätabends in einer Kneipe bei unseren eigenen Wende-Erfahrungen und Wende-Folgen und Zukunftsplänen aufgehört. Da habe ich mich sehr wohl gefühlt. Oder in Berlin, wo ich eine Lesung genau in dem Kiez machen konnte, in dem meine Geschichte vor sich geht, und wo dann Authentizität, Wiedererkennbarkeit und persönliche Betroffenheiten aus den Wende-Zeiten eine große Rolle spielten. Ansonsten bin ich im Osten auch auf Abwarten, manchmal auch Reserviertheit getroffen. Irgendwie hatte manchmal, zum Beispiel in Leipzig oder Chemnitz, auch kaum jemand Lust oder Spaß daran, sich auf meine Überziehungen und Übertreibungen bei der Cora Ost einzulassen. Mal so ein bißchen böse zu kichern über unsere Fehler von gestern. Und ich dachte immer nur, schade. Einfach schade.

Ich bin noch lange nicht fertig, darüber nachzudenken, woran das liegt. In Dresden, bei einer Diskussion mit den Dresdner Bücherfrauen, bin ich darauf gekommen, daß das vielleicht auch eine Frage der Generationen-Sicht ist. Junge Frauen, die nur die letzten, Gorbatschow-geprägten Jahre der DDR erlebt hatten, widersprachen mir heftig: So schlimm, wie du es beschrieben hast, wars doch wohl gar nicht. Und die älteren, Mitte 30 bis 40-jährigen, sagten: Nee, genauso wars aber.

Nun ja, damit muß ich umgehen lernen. Ich hab ja gesagt, ich stelle mich der Kritik. Ich kann mir die Jacke anziehen oder nicht anziehen. Und ich lasse mir den Mut nicht nehmen und mache weiter. Es ist so viel passiert in den letzten Jahren, was ich festhalten will. Und was auch unbedingt in einen Krimi gehört, weniger in ein Essay oder eine soziologische Untersuchung oder in die Geschäfts-Statistik der Treuhand. Ein Krimi kann mehr, er kann Spuren aufnehmen und verfolgen und deuten helfen. Und ich denke, das entspricht diesem Land, diesen Zeiten und dem, was den Menschen hier täglich an kriminellen Energien (von oben und von unten) entgegenschlägt. Kann sein, irgendwann nehmen die LeserInnen im Osten meine Geschichten auch als Überlebenshilfe an, vielleicht braucht es hier noch ein paar Jahre. Und vielleicht lesen meine Kinder irgendwann mal meine Bücher, um etwas über das Land zu erfahren, in dem sie geboren wurden. Mal sehen.

Magazin

Quer durch Deutschland

Ein Tourbericht über die Lesereise mit Dagmar Scharsich von Regina Weber

»Sie saßen auf einem winzigen Sofa und hielten sich an den Händen: Mieze Schindler in ihrem weißen gehäkelten Sommerkleid und die gute Luise mit dem Tausendschön-Kränzchen im Haar.« Mit diesen Worten begann es jeden Abend.

Dagmar las aus ihrem Krimi »Die gefrorene Charlotte«. Und bereits in den ersten Minuten hatte sie ihre ZuhörerInnen gefesselt. Die Geschichte spielt im Ostberliner Scheunenviertel: Cora Ost, dreißigjährige Bibliothekarin, gerät durch den Tod ihrer Tante in Verwicklungen, die ihr bald über den Kopf wachsen. Sie erbt eine riesige Puppensammlung und einen Steuerbescheid des Finanzamts der DDR, mit einer angeblichen Steuerschuld von einer Viertel Million Mark. Zwischendurch haut noch ihre beste Freundin in den Westen ab, und Cora weiß langsam nicht mehr, wem sie noch vertrauen kann. Da taucht ein feiner Herr auf, der die Lösung für all ihre Probleme verspricht. Ob das gut geht? Mehr wurde und wird auch jetzt nicht verraten.

Eine spannende Story also über zwielichtige Geschäfte mit Antiquitäten, über die Stasi und korrupte Westhändler – und eine genaue Darstellung der Ereignisse kurz vor der Wende, im Sommer und Herbst 1989. Vor allem aber ein Einblick in den Alltag und die Befindlichkeit der Menschen in der zu Ende gehenden DDR.

Vier Wochen war ich mit Dagmar Scharsich im Mai und Juni diesen Jahres kreuz und quer durch Deutschland unterwegs. In fünfzehn Städten in den alten und neuen Bundesländern: Rostock, Berlin, Heide, Jever, Bremen, Bonn, Stuttgart, Offenburg, Ravensburg, Tettnang, München, Ulm, Plauen, Leipzig, Chemnitz. Deutschland in vier Wochen. Quer durch verschiedene Dialekte und Gegenden. In verschiedensten Buchhandlungen, Frauenbegegnungszentren, Frauenkulturhäusern, vor Frauen und vor Männern.

Dagmar hatte sich im letzten Jahr der DDR als Autorin selbständig gemacht. Die Charlotte ist ihr erster Kriminalroman, den sie in einem knappen Jahr 1991/92 geschrieben hat. Für sie war es die erste Lesereise und mit der entsprechenden Aufregung verbunden.

Bei mir lag die Sache kaum

Dagmar in Bremen

anders. Auch ich war das erste Mal mit einer Autorin unterwegs. Als mitreisende Verlagsfrau war ich zuständig für den Organisationskram während der Reise und für die Moderation während der

Lesungen. Gut präpariert von Regine von Guttenberg und Christine Heinrich, die die Lesereise von Hamburg aus geplant hatten, starteten wir am 20. Juni in Rostock.

Die erste Lesung in Rostock war für mich eine Art Kulturschock, ich hatte das Gefühl, ich besuche ein völlig anderes Land, ein fremdes Land. Die Leute gehen anders miteinander um und ich hatte Mühe, mich zurechtzufinden. Um so überraschter waren wir, auf soviel spontane Gastfreundschaft zu treffen, über die kritischen und selbstkritischen Fragen und das Interesse, das uns hier entgegen gebracht wurde. Bis in die Nacht hinein saßen wir zusammen und sprachen über die eigenen Erfahrungen, über das Leben in der ehemaligen DDR, das sich mit der Wende so schlagartig verändert hatte, über die Schwierigkeiten der Verständigung zwischen Ossis und Wessis. Leider blieb uns kaum Zeit, am nächsten Tag schon mußten wir in Berlin sein.

Viele Erfahrungen der ersten Lesung wiederholten sich: das große Interesse der Leute auf den Lesungen, die vielen Fragen, die Gastfreundschaft. Bestens versorgt wurden wir von fürsorglichen Veranstalterinnen, die uns rumkutschierten, uns ihre Stadt zeigten, uns zum Essen ausführten, Schirme hinterherschickten, um nur einige der Freundlichkeiten zu nennen. In Tettnang wurden wir und das Publikum begrüßt mit einem Gebäck, genannt Charlotten – köstlich, in Plauen bekamen wir ein Fläschchen Goldbrand.

Ohne Terminkalender lief gar nichts, das Kunststück bestand darin, zwischen Presseterminen, Zugfahrten und Lesung noch eine Minute Zeit zu finden, etwas zu essen aufzutreiben, bevor wir wieder irgendwo sein mußten. Die Reise war sehr dazu angetan, unsere Kenntnisse über die Deutsche Bundesbahn zu erweitern, Bahnhöfe im ganzen Land kennenzulernen, sich im U-Bahn-Wirrwarr der großen Städte zurechtzufinden. Leider war das Reisen anstrengend und die Zeitplanung so eng, daß uns kaum Zeit blieb, uns in den Städten in Ruhe umzusehen, bevor wir abends zur Lesung gingen.

Die Lesungen waren nicht immer überfüllt, mal war es wie in München der erste schöne Tag nach wochenlangem Regen, der die Leute abhielt zu kommen, mal gab es einen Elternabend, auf dem sich die meisten potentiellen BesucherInnen aufhielten. Solche Lesungen waren oft sehr persönlich, weil es leicht fiel, die Fragen zu stellen, die die Betreffende wirklich interessierten. Anders in Bremen, Berlin und Tettnang. Dort fanden die Lesungen sehr großen Anklang, und wir waren erstaunt, daß es trotz der vielen Leute eine lebhafte Diskussion gab. Ein besonderes Erlebnis war es, dort zu lesen, wo der Krimi spielt, in der Wilhelm-Pieck-Straße in Ostberlin: Die Atmosphäre des Scheunenviertels, die Dagmar in ihrem Krimi eingefangen hat, war spürbar, wenn man einfach auf die Straße trat und sich umsah.

Meine Anwesenheit war oft Anlaß für Fragen und Kommentare zur Ariadne-Krimi-Reihe und es gab unterschiedlichste Reaktionen der Frauen im Publikum. Es konnte durchaus passieren, daß an zwei aufeinanderfolgenden Abenden ein und derselbe Krimi als der beste Krimi, den die eine Leserin je gelesen hatte, und der absolut schlechteste, den eine andere gelesen hatte, beurteilt wurde.

Dagmars Befürchtungen, daß sich im Westen niemand für ihre Ostgeschichten interessiert, waren umsonst, im Gegenteil – gerade im Westen war das Interesse an ihrem Krimi und ihrer Biographie sehr groß.

Es gab keinen Abend, an dem nicht eine engagierte Diskussion begann, kaum hatte Dagmar aufgehört zu lesen. Das berühmte und gefürchtete Schweigen nach einer Lesung war bei uns extrem kurz. Ob es daran lag, daß Dagmar oft Lust zum Reden hatte, ob der Krimi einfach viel Stoff zum Anknüpfen und für Fragen

Kaum Zeit: Dagmar Scharsich und Regina Weber auf Tour

bietet – jedenfalls brauchten wir uns um die nächste(n) Stunde(n) keine Sorgen machen. Erstaunlich war, wie vielfältig die Diskussion war, oft in jeder Stadt anders. Im Westen gab es großes Interesse an Dagmar als Zeitzeugin. Sie war bei den Demonstrationen dabei, die wir nur aus der Tagesschau kannten, und hatte diese Zeit erlebt, als noch niemand wußte, wie das alles enden würde. Etwas davon wurde in ihren Antworten immer wieder spürbar.

Immer wieder wurde sie nach

ihrem Leben in der DDR befragt. Bis 1989 arbeitete sie als Kultur- und Theaterwissenschaftlerin u.a. als Pantomimin im Pantomimentheater am Prenzlauer Berg. Im Kulturbereich des Charité-Krankenhauses hat sie ein kleines Kino geführt. Zu DDR-Zeiten hatte sie schon geschrieben, vor allem Glossen, die verstümmelt und zensiert in einigen Zeitschriften erschienen sind. Warum sie jetzt ausgerechnet einen Krimi geschrieben hat, wurde sie oft gefragt. Sie hatte vorher ein Theaterstück verfaßt: »Wenn die Smorra geht«, in dem sie eine Frau zu Wort kommen läßt, die für die Stasi gearbeitet und ihre Mitbewohner samt und sonders bespitzelt hat. Nach der Aufführung des Stücks war sie nicht zufrieden mit den Reaktionen bei sich selbst und dem Publikum. Sie hatte sich mit dem Schreiben rumgequält und die ZuschauerInnen bei der Aufführung. Also schrieb sie einen Krimi, um Vergnügen am Schreiben und Lesen, Spannung und das, was sie über die DDR zu sagen hatte, zusammenzubringen.

Die LeserInnen hatten viele Fragen zum Krimiplot und ein großes Interesse an den Machenschaften der KoKo. Vielen aus der Tagespresse bekannt, wurde durch die Figuren und die Atmosphäre des Krimis erst so richtig plastisch, mit welch skrupellosen Mitteln die KoKo den »Ausverkauf« des Landes DDR für Westdevisen betrieben hat. Daß der Staat so ungehindert Zugriff auf die Bürger hatte, rief im Westen immer wieder Erstaunen hervor.

An der zaghaften Cora schieden sich die Geister, kein Abend verging, an dem Dagmar nicht die Frage beantworten mußte, warum Cora ist, wie sie ist. Dagmar betonte, ohne müde zu werden, daß diese Figur eine bewußte Konstruktion ist und sie selbstverständlicherweise nicht davon ausgeht, daß alle Ostfrauen so naiv sind wie Cora Ost.

»Mir war bewußt nach der Wende, daß dieses Land, die alte DDR, vorbei war, und ich wollte noch einmal festhalten, wie es gewesen ist, für mich und für die anderen«. Wie unterschiedlich das Leben im Westen und Osten dieses Landes gewesen ist, wie unterschiedlich die kulturellen Eigenarten, Kommunikations- und Lebensformen gewesen sind, das dämmerte mir und vielen ZuhörerInnen erst jetzt durch die Gespräche, die sich um die Wende, das Leben und den Alltag in der ehemaligen DDR drehten. Das fing bei »Kleinigkeiten« an: Haben Sie zum Beispiel schon mal was von Kriepa Taschentüchern gehört? Oder schon mal ein Gläschen Goldbrand getrunken? Oder wissen Sie, was »die Firma« ist? Nach den vier Wochen waren das jedenfalls für mich keine Fremdworte mehr. Viele ZuhörerInnen brachten sich selbst ein und erzählten von ihren eigenen DDR-Erfahrungen, mit Verwandten, Freunden, von Weihnachts-Kaffeepäckchen. Für mich und viele andere Wessis hatte sich scheinbar so wenig verändert mit der Wiedervereinigung. Was sich für die ehemaligen DDR-BürgerInnen alles verändert hat, begriff ich allmählich durch den Kontakt zu Dagmar und die Gespräche mit den LeserInnen. Auf diese Art gelang oftmals das, was Dagmar sich vorgenommen hatte: über ihr Buch die Menschen in Ost und West wieder dazu zu bringen, miteinander über ihre Erfahrungen zu reden.

Dagmar Scharsich lebt heute mit ihrem Mann und ihren drei Kindern in der Nähe von Berlin. Vor allem die Frauen reagierten darauf mit der Frage: »Wann können Sie denn bei drei Kindern noch Krimis schreiben?« und Dagmars lakonische Antwort »Nachts«.

Natürlich interessierte es die LeserInnen brennend, ob und wie es weitergeht mit Cora Ost, und Dagmar gab die beruhigende Antwort, daß die Chancen gutstehen, daß wir Cora in einem weiteren Krimi begegnen werden. Stoff für Krimis gibt es genug, so Dagmar, z.B. die Landverteilung im Osten, die Ansprüche der Westler an altes DDR-Land und vieles andere.

Nach vier Wochen Rundreise waren wir ziemlich erledigt. Die Anstrengung, sich immer wieder auf neue Leute einzulassen, sich den Fragen zu stellen, jeden Abend denselben Text zu lesen oder zu hören, ohne viel Zeit zum Regenerieren. Am letzten Tag standen wir am Chemnitzer Bahnhof, wo sich unsere Wege trennten: Dagmar zurück nach Berlin, ich zurück nach Bremen. Erschöpft, aber doch höchst zufrieden über die vielen Eindrücke und Gespräche. Und für Dagmar sicherlich die erfreuliche Erfahrung, wieviel Interesse ihr quer durch Deutschland entgegengebracht wird.

Jeden Abend engagierte Diskussion nach der Lesung

»Wir sind alle immer noch viel zu brav«

Sabine Deitmer und Dagmar Scharsich Im Brief-Gespräch

Zwei Autorinnen im Gespräch: Sabine Deitmer schreibt Frauenkrimis (auch bei Ariadne-Redakteurinnen sehr beliebt), die im Ruhrpott spielen. Sabine stellte sich ihrer Kollegin Dagmar Scharsich, die sie auf der diesjährigen *Kriminale* traf, für ein schriftliches Interview zur Verfügung. Eine besondere Ehre für *Ariadne* – und ein Hochgenuß für alle, die schon immer wissen wollten, wie die Erfinderin der energischen Kommissarin Beate Stein lebt und schreibt ...

Dagmar Scharsich:

Sabine, als ich zum ersten Mal von Dir gehört habe, das war bei der Vorbereitung einer Krimi-Autoren-Runde auf der Leipziger Buchmesse, da sagte jemand über Dich: »Es wird auch Sabine Deitmer kommen, als Vertreterin der männermordenden Fraktion.« Oha. (War übrigens ein Mann, der das gesagt hat.) Nun ist ja hinter solchen Sätzen auch immer schon die Schublade zu ahnen, die jemand aufgezogen hat, um Dich darin einzutüten und Dich für alle Zeit zu etikettieren. Ich muß aber zugeben, mich hat diese »männermordende Frau Deitmer« so neugierig gemacht, daß ich mir gleich am nächsten Tag Dein Buch *Bye-bye Bruno* gekauft habe, um erst mal rauszukriegen, was denn nun dran ist an diesem verrufenen Leumund.

Sabine Deitmer:

Da siehst Du mal, was so ein schlechter Ruf alles bewirken kann ... Dich hat er zumindest neugierig gemacht. Find' ich toll. In der EMMA stand einmal etwas charmanter: »Frau muß es Sabine Deitmer hoch anrechnen, daß sie den Krimi von Frauenleichen befreit hat.« Und es stimmt ja. Ich habe in meinen Mordgeschichten ausschließlich Männer umgebracht. Im Mittelpunkt der Geschichten stehen ganz normale Frauen, die Probleme mit Männern haben. Die sind zur besseren Kenntlichkeit mit groben Strichen karikiert: der busengrabschende Chef, der Student mit den ewig besseren Argumenten, der BMW-Fahrer, der Radfahrerinnen die Vorfahrt nimmt, der Politiker, der alles für eine strahlende Zukunft tut, usw...

Ausgangspunkte der Geschichten sind alltägliche Konflikte, die ich wie unter dem Brennglas deutlich mache und zuspitze, bis es zu einer Überlebensfrage für die Beteiligten wird. Am Ende jeder Geschichte steht der erfolgreich vollbrachte Mord, und die Heldin geht einer hoffentlich freudvolleren Zukunft entgegen ... Die Morde geschehen schwerelos, spontan, ohne große Anstrengung. Die Männer bekommen nur, was sie verdienen. Sie bezahlen mit dem Leben dafür, daß sie Frauen chronisch unterschätzen.

Die Konsequenz, um nicht zu sagen Penetranz, mit der ich in *Bye-bye Bruno* männliche Auslaufmodelle entsorgt habe, war damals für viele ein Schock.

Dagmar Scharsich:

Wieviele Frauen (oder Männer) haben *Bye-bye Bruno* inzwischen in ihren Handtaschen, Bücherregalen oder Nachtschränkchen?

Sabine Deitmer:

Es gibt inzwischen zwölf oder dreizehn Auflagen von *Bye-bye Bruno*, die Auflage liegt bei einer Viertelmillion. *Bruno* ist also nicht nur in der Handtasche und im Bücherschrank meiner Freundinnen gelandet. Daß sich so viele dafür begeistern würden, hätte ich nie gedacht. Zum einen, weil die Geschichten nicht nur unterhaltsam, sondern durchaus auch böse und radikal sind. Ein Satz wie »Du widerlicher Vergewaltiger, du, dir werde ich mit einem rostigen Messer die dreckigen Hoden durchbohren« ist ja nicht unbedingt leicht verdaulich. Und: Das Manuskript ist immerhin fünfundzwanzig Mal abgelehnt worden, von allen einschlägigen Verlagen. Nur zwei Lektorinnen fanden meine männermordenden Geschichten unterhaltsam und gut. So gut, daß sie sich über ein weit verbreitetes Vorurteil der Verlagsbranche hinwegsetzten, das da lautet: Kurzgeschichten einer unbekannten Autorin verkaufen sich nicht. Ich halte es nicht für einen Zufall, daß das Frauen waren.

Dagmar Scharsich:

Welche Reaktionen hat es auf diese Geschichten gegeben? Sicher nicht nur freundliche Briefe von Leserinnen, denen Du aus dem Herzen geschrieben hast.

Sabine Deitmer:

»Wer schreibt denn so was?« und »Sie müssen ja schlimme Erfahrungen mit Männern gemacht haben« waren noch die harmloseren Kommentare. Die häufigste Frage, die ich mir anhören mußte, war: »Hassen Sie Männer?«

Am Anfang haben mich solche Reaktionen erst einmal sprachlos gemacht. Heute weiß ich, eine Frau, die provoziert, muß auf Angriffe gefaßt sein. Eine Autorin, die provoziert, muß mit Angriffen oberhalb und unterhalb der Gürtellinie rechnen. Ich habe gelernt, wie eng der kreative Raum ist, der Frauen zugestanden wird. Wenn wir ihn erweitern wollen, müssen wir uns auf einiges gefaßt machen.

Ein gutes Beispiel für das, was ich meine, ist Herr Reich-Ranicki und seine Äußerungen zu Elfriede Jelineks *Lust*. »Wie kann sie sich jeden Morgen an den Schreibtisch setzen«, durfte er sich vor laufender Kamera befragen, »und so schreckliche Dinge über die Sexualität schreiben. Sie muß ja krank sein«, lautete sein Urteilsspruch. Wer hätte je die Frage gestellt, wie Nabokov sich jeden Morgen an den Schreibtisch setzen und so schreckliche Dinge über den Mißbrauch zehnjähriger Mädchen schreiben konnte?

Dagmar Scharsich:

Wie alt warst Du, als Du *Bruno* geschrieben hast? Wie ich Dich inzwischen kenne, darf ich hier auf eine ganz un-kokette Antwort hoffen.

Sabine Deitmer: »Ich hasse einfach Borniertheit und Beschränktheit«

Sabine Deitmer:

Als *Bruno*, 1988, erschien, war ich immerhin schon vierzig Jahre alt. Das ist nichts, worauf ich besonders stolz wäre. Vorher habe ich mich einfach nicht getraut. Vielleicht hätte ich nie gewagt, zu schreiben, wenn ich nicht in den siebziger Jahren innerhalb der Frauenbewegung wichtige Erfahrungen gemacht hätte. Die Erfahrung, daß mir nicht der Himmel auf den Kopf fällt, wenn ich in einer öffentlichen Versammlung rede, daß das, was ich denke, wert ist, gesagt zu werden, daß alles besser ist, als stumm sein und schweigen.

Dagmar Scharsich:

So ein zielsicherer Senkrecht-Start vom Abitur über das Studium zum Autorin-Werden war es bei Dir also nicht.

Sabine Deitmer:

Nein, ganz sicher nicht. Das fing vor fünfzehn Jahren ganz langsam an. Meine ersten Texte waren Aphorismen. Zum Beispiel: Mich unterdrückt kein Mann, das besorge ich schon selbst. Oder: Werde ich verrückt, wenn ich nachts lese und schreibe, oder verwirkliche ich mich selbst? Mit der Zeit sind die Texte ganz von selbst länger geworden. Und ich habe Kontakte zu Frauen gefunden, die – wie ich – ernsthaft schreiben wollten. Wir haben uns regelmäßig einmal die Woche getroffen, unsere Texte besprochen und – uns vor allem gegenseitig Mut gemacht. Nach zwei, drei Jahren gab es die ersten Veröffentlichungen, die ersten gemeinsamen Lesungen, wir haben sogar zwei Bücher zusammen im Selbstverlag gemacht. Eins über Aggressionen von Frauen, *MITTEN INS GESICHT – weiblicher Umgang mit Wut und Haß*, 1984, und eins über die Liebe, *VENUS WILDERT – wenn Frauen lieben*, 1985. In der Arbeit an dem Buch über Wut und Haß sind meine ersten Mordgeschichten entstanden.

Manchmal frage ich mich, ob ich die Angriffe auf meine Person so unbeschadet überstanden hätte, wenn meine Kolleginnen sich nicht schon früh mit mir und meinen Geschichten solidarisch erklärt hätten.

Die Autorinnen-Gruppe gibt es übrigens heute noch. Und alle, die dabei geblieben sind, haben es zu eigenen Buchveröffentlichungen gebracht.

Dagmar Scharsich:

Und wie kommt das, daß eine freundliche junge Frau den Weg zu den Krimis, zu den Kriminalromanen einschlägt?

Sabine Deitmer:

Finsterste kriminelle Neigungen von frühester Jugend an ...

Nesthäkchen und Trotzkopf oder so was hat mich nie interessiert. Bei mir mußte es immer was Spannendes sein. Enid Blyton habe ich verschlungen. Fünf Freunde auf der Suche nach irgendeinem verborgenen Schatz. Und im Radio habe ich *Kalle Blomquist* gehört. Ich kann die Erkennungsmelodie heute noch singen. »Kalle Blomquist, der Meisterdetektiv«. Da war ich sieben oder acht. Das muß mich schwer beeindruckt haben. Was wir im Deutschunterricht auf dem Gymnasium gelesen haben, fand ich stinklangweilig. Heimlich habe ich mit einer Freundin zusammen unter den Schulbüchern versteckte Heftchen gelesen. Jerry Cotton, ein Macho mit einem nervösen Finger am Abzug. Irgendwann sind mir die Heftchen langweilig geworden, und ich habe mir andere Lektüre besorgt. Aber Krimis mußten es sein.

Das ist bis heute so. Auch im Studium bin ich meiner Liebe zum Krimi treu geblieben. Meine Magisterarbeit habe ich über die Rezeption von Kriminalromanen anhand der Romane von Agatha Christie gemacht.

Dagmar Scharsich:

Ich erinnere mich daran, daß Du in Leipzig auf der Buchmesse mit Begeisterung von der Glauser-Verleihung 1990 an Heinz-Werner Höber erzählt hast. Hier geht es um Literatur, die gerne als »Heftchen«-Literatur oder als »Schund«-Literatur bezeichnet wird. Du sprichst nun aber von Deinem ungebrochenen Verhältnis dazu. Davon, daß es vieles gibt, was Du hieran sehr hoch schätzt.

Sabine Deitmer:

Ich hasse einfach Borniertheit und Beschränktheit. Und immer nur über die Begrenztheit der literarischen Mittel in den Heftchen zu reden, wie das die Literaturverwalter so gerne tun, finde ich einfach dumm. Immerhin ist es diesen Heftchen zu verdanken, daß viele Leute Spaß am Lesen haben. Und das ist doch erst einmal erfreulich. Ich habe da keine Berührungsängste. Außerdem habe ich während meines Studiums gelernt, wie sich ästhetische Normen je nach Zeitgeschmack und herrschenden Moralvorstellungen wandeln. Für mich sind die Grenzen zwischen dieser und jener Literatur, dem Hohen und dem Tiefen, dem ernsten und dem Unterhaltsamen Grenzen, die in keinem anderen Land wie dem unseren scharf wie mit dem Skalpell ge-

Der erste Beate-Stein-Krimi

zogen werden, keineswegs so scharf, wie uns das die Hüter der ästhetischen Normen glauben machen wollen.

Dagmar Scharsich:

Bei Dir ist es ja auch so, daß Du durch Dein Studium schon eine bestimmte Art von Umgang mit Literatur gelernt hast. Hast Du Dich auf diese Weise auch schon dem genähert, was Du heute machst – dem Schreiben von Kriminalromanen? Oder ist es so, daß Dir dieses wissenschaftliche, analytische Handwerkszeug beim Schreiben eher im Wege war?

Sabine Deitmer:

Erst einmal habe ich es als hinderlich empfunden. Im Studium entwickelst du ja vor allem einen kritischen Apparat. Du lernst, einen Text zu sezieren, bekommst ein Gespür für Qualität. Das hat sicher mit dazu geführt, daß ich Hemmungen hatte, selbst zu schreiben. Weil – das erste, was auf das Papier kommt, ist garantiert keine Weltliteratur. Wenn du das weißt, hemmt dich das erst einmal stark. Inzwischen weiß ich aber, daß es mir auch viel für das eigene Schreiben gebracht hat. Es gibt nicht nur Wissen, das bedrückt, sondern auch Wissen, das freier macht. Wenn du zum Beispiel siehst, wie eng Leute zu bestimmten Zeiten den Kriminalroman definiert haben und wie er sich jenseits dieser Grenzen weiterentwickelt hat. Literarische Normen und Definitionen als veränderlich und veränderbar zu begreifen, ist etwas, wozu mich das Studium gebracht hat. Mir könnte niemand heute sagen, das macht man nicht, das geht nicht, das ist kein Krimi oder so ähnlich. Das wären heute keine Argumente mehr für mich. Mein Bauch und die Leser sind die einzigen Autoritäten für mich.

Dagmar Scharsich:

Du hast Dich dann irgendwann auf die andere Seite geschlagen. Von der Seite der Literatur-Wissenschaftler auf die Seite der Literatur-Macher.

Sabine Deitmer:

Bis auf wenige Ausnahmen fand ich, daß die Literaturwissenschaftler ziemlich uninspiriert an ihren Objekten herumgestochert haben. Das hat mich nicht angemacht. Auch vom Zeitlichen ist es immer so ein »Danach«. Erst sind die Bücher da, die Leser, dann stürzen sich die Wissenschaftler darauf, versuchen zu erklären, was, wie und warum. Obwohl ... manchmal denke ich auch, es wäre spannend, mit dem, was ich heute über das Machen weiß, zurück an die Uni zu gehen und zu theoretisieren. Wer weiß, vielleicht mache ich das ja noch einmal.

Dagmar Scharsich:

Können wir mal ganz privat, so von Trockenhaube zu Trockenhaube, ein Frisör-Gespräch über die Kriminalschriftstellerin Sabine Deitmer führen? Wo lebst Du? Wie lebst Du?

Sabine Deitmer:

Ich lebe in einem siebzig Jahre alten Häuschen, ziemlich winzig, mit Blick aufs Grüne. Mit spießigen Nachbarn, die erbittert das bißchen Eigentum verteidigen, und mit netten Nachbarn, die bei mir Schlingpflanzen und schlampige Haushaltsführung tolerieren und frische Erdbeeren über den Zaun reichen. Ich lebe mit einem Mann, der gut kochen, lachen und streiten kann. Alles ein wenig chaotisch. Ein Treppengeländer gibt's nicht. Dafür kriechen Schoko-Maikäfer die Treppen entlang.

Dagmar Scharsich:

Und mich interessiert auch: Wie arbeitest Du? Ich möchte gern wissen, ob Du morgens frisch und ausgeschlafen Deinem Computer in die Tastatur greifst, ob Du recherchierend und Stimmungen studierend durch die Stadt streifst, oder ob Du nachts, wenn die ordentlichen Leute schlafen, an Deinem Küchentisch brütest, bis es hell wird ...

Sabine Deitmer:

Mit dem Brüten am Küchentisch liegst Du ganz richtig. Nur, daß es der Arbeitstisch mit dem Laptop ist. Ich schreibe am liebsten nachts. Auch im normalen Leben werde ich, wenn die Lichter angehen, erst richtig wach. Zum Schreiben ist die Nacht einfach ideal. Ich habe das Gefühl, daß eine unendlich lange Zeit vor mir liegt. Und die Ruhe. Kein Telefon, keine Post, kein Fax. Aber ich schreibe auch tagsüber, wenn das Thema mich so richtig gebissen hat. Das Schwierigste beim Schreiben ist für mich der Anfang. Ich muß mich selbst davon überzeugen, daß sich die Geschichte zu erzählen lohnt. Das ist das Wichtigste überhaupt. Da befrage ich intensiv Kopf und Bauch.

Recherchen mache ich ausgesprochen gern. Hinterher weiß ich, was Kaninchen fressen, wie fünfjährige Kinder sprechen oder wie ein Frauengefängnis riecht. Da habe ich das Gefühl, daß ich mir über das Schreiben ein Stück mehr Welt erobern kann. Das finde ich ganz toll.

Hart ist es, wenn ich anfange, an mir zu zweifeln. Da hilft nur, mir zu sagen, du brauchst dieses Buch nicht zu schreiben. Ruf morgen früh im Verlag an. Wenn ich mir ernsthaft vorstelle und merke, na klar, das geht, überhaupt kein Problem, du mußt kein Buch schreiben. Wenn ich diese Freiheit fühle, setzt auch mein Kampfgeist wieder ein. Das wär' doch gelacht ...

Dagmar Scharsich:

Die Geschichten in *Bye-bye Bruno* haben für mich immer den Gestus von »So, das mußte jetzt endlich mal raus, das mußte mal gesagt werden«.

Nun gibt es inzwischen schon den zweiten Kriminalroman von Dir, in dem Beate Stein, eine weibliche Kriminalkommissarin die – sagen wir mal – Hauptrolle spielt. Eine interessante Frau, finde ich, der ich auch anmerke, daß Du jetzt ganz anders an die Geschichten herangehst, die Du aufschreibst.

Sabine Deitmer:

Du hast recht. *Bruno* war für mich enorm wichtig. Da hat sich bei mir alles, was ich in mehr als dreißig Jahren an Wut und Frust über die Verteilung der Macht zwischen den Geschlechtern angestaut hatte, entladen. Das mußte einfach raus. Das war ganz elementar.

Und nun zu Beate. Das ist eine ganz normale Frau, mit starken und schwachen Seiten. Sie ist klug genug, ihre schwachen Seiten nur denen zu zeigen, die damit umgehen können, ihrer blinden Freundin zum Beispiel. In ihrem Job ist sie kompetent und cool, schlagfertig und mit sarkastischem Humor. Ich wollte mit ihr eine Figur schaffen, die sich von der Institution nicht einmachen läßt, darin effizient und erfolgreich reagiert. Dazu muß ich sagen, daß ich zehn Jahre in einer Verwaltung gearbeitet und die Macht- und Männerspiele von innen her kennengelernt habe. Beate kennt die Spielchen und nutzt sie für sich.

Sie unterscheidet sich ganz sicher von den Frauen in meinen Mordgeschichten. Bei denen hat sich viel mehr an Unverarbeitetem angestaut, so viel, daß es zum Mord kommt, sich dort entlädt. Bei Beate staut sich nicht so viel an, weil sie es meist schafft, ihre Aggressionen an die Personen zurückzugeben, die sie verursacht haben.

Dagmar Scharsich:

Du mutest auch Deinen LeserInnen mehr zu als früher. Das merke ich zum Beispiel auch daran, *wie* Du jetzt die Geschichten erzählst. In *Kalte Küsse* finde ich einmal Beate Steins Sicht auf das, was vorgeht. Ihre Eindrücke, ihre Wertungen erzählen mir den »Fall« des erschlagenen Mannes in der Wohnung. Und es gibt eine zweite Person, die Du auch erzählen läßt, ihren Anteil an dieser Geschichte, ihre Sicht auf die Dinge. Da laufen zwei Geschichten nebeneinander her, am Anfang sogar noch zeitlich gegeneinander verschoben, und manchmal wird dadurch ungeheuer spürbar, wie weit Beate Stein noch von der Wahrheit entfernt ist. Auch wenn sie immer wieder denkt, sie hat's gleich ...

Sabine Deitmer:

Es stimmt, in meinem Roman mute ich den Leserinnen mehr zu. Das ist aber keine formale Entscheidung vom Kopf her, nach dem Motto, jetzt schreibe ich einen anspruchsvollen Krimi oder so. Die zwei Handlungsstränge kommen aus meinem Bauch. Ich habe gemerkt, daß ich keine Geschichte nur darüber erzählen kann, wie eine Kommissarin ermittelt und nach und nach den Fall aufdröselt. Mich interessiert nach wie vor am meisten, wie es zu einer Tat kommt, was die Menschen, die darin verstrickt sind, fühlen. Von der Zeitschiene ist das für Leserinnen nicht ganz einfach zu durchschauen. Es funktioniert wie ein Puzzle, in dem sich die Teile erst am Schluß vollständig sortieren. Aber ich glaube, die Form ist nicht nur schwierig, sondern auch spannend, eigentlich doppelt spannend, denn jeder Handlungsstrang für sich erzählt eine spannende Geschichte. Und manchmal wissen die Leser mehr als Beate, das finde ich auch ganz reizvoll.

Dagmar Scharsich:

Beate Stein reagiert oft so, wie ich es nicht von ihr erwartet hätte. Nicht super-smart und knallhart. Auch nicht wie zum Beispiel Bella Block, die oft etliche Gläser Wodka braucht, um die Schrecklichkeiten, die ihr begegnen, verarbeiten zu können. Und die mit der Zeit, also von Buch zu Buch, immer bitterer wird. Ich glaube, Beate Stein hat Mechanismen entwickelt, die ihr helfen, Situationen durchzustehen, die eigentlich dazu angetan sind, sie umzuhauen. Sie läßt sich nicht die Butter vom Brot holen. Sie *ist* die Chefin und will die Fäden in der Hand behalten, notfalls auch mal so, wie nur *sie* das für richtig hält. Das finde ich ganz bemerkenswert, die Beate Stein hat eine überzeugende Art, auf unspektakuläre Weise sehr stark zu sein.

Sabine Deitmer:

Was Du sagst, ist ganz wichtig. Diese Mechanismen, die Beate entwickelt hat, um nicht unterzugehen. Für mich ist das das zentrale Thema von allen meinen Geschichten. Wie Frauen in einer von männlichen Normen und Verhaltensweisen geprägten Welt überleben können. In meinen Geschichten kommt noch die bravste Frau an den Punkt, wo sie sagt, jetzt reicht's, nicht mit mir, hier ist meine Geduld zu Ende – und sich von ihrer Opferrolle verabschiedet. Mord als Befreiungsschlag zu einem selbstbestimmteren Leben.

Bei Beate ist das anders. Beate ist kein Opfer. Sie versucht, wie Du sagst, die Fäden in der Hand zu halten. Und sie horcht in sich hinein und hört auf keine fremden Autoritäten. Das finde ich

Tagsüber eine namhafte Wissenschaftlerin ...

... machte sie nachts eine abscheuliche Verwandlung durch und wurde zur Sklavin.

eigentlich den stärksten Teil an ihr, wichtiger als die markigen Sprüche. Sie ist sensibel, hört auf ihre innere Stimme und handelt entsprechend. Und sie hat keine unnötigen Skrupel. Denn sie mißt ihr Verhalten an dem Gängigen, Üblichen. Und da schneidet sie bei dem, was sie will und denkt, allemal ehrenwerter ab. Du hast Bella Block angesprochen, die wirft das Handtuch und verabschiedet sich von der Polizei. Beate läßt in ihrem neuen Fall eine Mörderin laufen, deshalb gibt sie noch lange nicht den Job auf. Sie guckt, daß ihr keiner an die Karre fahren kann, steht zu ihrer Entscheidung und macht mit ihrem Job weiter. Weil sie an sich und ihre Entscheidungen glaubt. Das würde ich mir für viel mehr Frauen wünschen.

Dagmar Scharsich:

Es sind ja auch harte Themen, die Du hier aufgreifst ...

Sabine Deitmer:

Mich interessiert alles, was verdrängt wird, worüber nur ungern gesprochen wird. Was mir selbst unter die Haut geht, mich wütend oder traurig macht.

1987 habe ich meine erste Geschichte über Inzest geschrieben. Damals war das noch kein Thema. Und 1993 bin ich mit den *Kalten Küssen* bei dem Thema geblieben, obwohl es schon viel zu sehr ein Thema war. Ich war aber der Meinung, ich könnte von einem bisher nur ungenügend beachteten Aspekt des Themas erzählen, und das habe ich auch gemacht. In meinem Roman geht es um die Langzeitfolgen von Inzest, was so eine Erfahrung anrichten kann. Und mir war es wichtig, die Schuldigen zu benennen. Ich habe der Romanhandlung einen Epilog nachgestellt, in der eine inzestuöse Handlung als knallharte Realität dargestellt wird. Ein Vater nutzt die Gelegenheit – Mutter saugt Staub –, bricht erst in das Kinderzimmer, dann in das Bett, dann in den Körper des Mädchens, dann in die Psyche ein.

Diesen Text bin ich mit Freundinnen durchgegangen, habe ihn intensiv diskutiert. Was ist darstellbar, wie, bis wohin? Ich hätte die Tat auch in der Rückerinnerung des Opfers schildern können. Das hätte die Tat subjektiviert und relativiert. Ich habe mich dagegen entschieden, um eine mögliche Verharmlosung der Tat unmöglich zu machen. Wo ich das jetzt schreibe, merke ich, wie wichtig der Epilog in Zusammenhang mit diesem ganzen Gerede über den angeblichen Mißbrauch des Mißbrauchs ist.

Dagmar Scharsich:

Kannst Du etwas darüber sagen, wie Du hier recherchiert hast?

Sabine Deitmer:

In diesem Fall habe ich einschlägige Sachbücher gelesen. Das Thema war mir irgendwie so nah, daß ich nicht auf die Idee gekommen bin, mit Betroffenen zu sprechen, über »Wildwasser« zum Beispiel. Bei meinem neuen Buch war das anders. Die *Dominanten Damen* hätte ich gar nicht schreiben können ohne die Gespräche mit einer Frau, die jahrelang als Prostituierte gearbeitet hat.

Dagmar Scharsich:

Es gibt ja Krimi-Autoren, die müssen unbedingt nachts mit dem Streifenwagen durch die Straßen fahren, um möglichst authentisch zu sein. Warst Du hier, bei den *Dominanten Damen* auch so hautnah dran?

Sabine Deitmer:

Bei den *Dominanten Damen* hatte ich ganz intensive Hilfe von der »Mitternachtsmission«, einer kirchlichen Beratungsstelle für Prostituierte. Die Leiterin ist Krimifan und mag meine Bücher. Sie hat mir sehr geholfen. Ich habe von ihr Literatur empfohlen bekommen, wissenschaftliche Untersuchungen, sie hat mir Filme ausgeliehen, und sie hat den Kontakt zu der Prostituierten hergestellt, der ich mein Buch dann gewidmet habe. Aber ich habe auch mit meinem Freund am Eingang der Linienstraße gestanden, um zu sehen, welche Männer ins Bordell gehen, wir sind einmal einem Auto vom Straßenstrich gefolgt, ich habe den größten Sexladen im Ruhrgebiet besichtigt und so etwas. Das war schon alles ganz spannend. Die interessanteste Erfahrung für mich war die Erkenntnis, daß kein Riß durch die Welt geht. Hier die normale Welt, da die Welt der dominanten Damen. Es war alles so erschreckend normal. Und meine Fragen waren so dumm. Wie läuft ein Beratungsgespräch zwischen einem Freier und einer Prostituierten? Nicht viel anders als mein Beratungsgespräch mit einem potentiellen Sprachkursteilnehmer in der Volkshochschule. Eine normale Dienstleistung. Mit dem Ziel, einen Kunden zufriedenzustellen, damit er wiederkommt.

Dagmar Scharsich:

Laß uns noch mal über Beate Stein sprechen. Was für Reaktionen gibt es da inzwischen? Und wie reagierst Du auf diese Reaktionen? Irgendwie ist es ja auch schwierig, wenn Du Dir eine Figur ausgedacht hast, und Du weißt genau, warum sie so sein *muß*, wie sie ist – wenn dann einer kommt, der da vielleicht ganz viel zu meckern hat. Bist Du hier empfindlicher als bei der Kritik auf *Bye-bye Bruno*?

Sabine Deitmer:

Die Reaktionen zu Beate sind sehr unterschiedlich. Vor zwei Tagen habe ich eine Rezension bekommen, da hieß es, Beate könnte die Katharina Ledermacher der 90er werden (Katharina ist eine Erfindung des Autors Richard Hey). Für einen Filmemacher war sie einfach eine der vielen Kommissarinnen, wie sie zur Zeit zuhauf über den Bildschirm flimmern. Nun ja.

Ich werde Beate weiter wachsen lassen, im neuen Roman springt sie mit dem Motorrad durch einen brennenden Reifen.

Das hat mir Spaß gemacht. Ich fände es schön, auch actionmäßig mehr aus ihr zu machen. Von Kritikern lasse ich mich eigentlich nicht verunsichern. Von Freundinnen schon eher. Eine hat mir gesagt, deine Beate ist so cool, laß sie doch mal durchsumpfen. Das hat mir eingeleuchtet, und das hat sie dann in den *Dominanten Damen* auch gemacht.

Bin ich empfindlicher als bei *Bruno* in der Kritik? Nein, ich glaube nicht. Auch da waren die Reaktionen durchaus gemischt. Ein Herr in der *Zeit* war der Ansicht, ich hätte »belanglose« Kriminalgeschichten gemacht. Wenn er das meint. Mit mir oder mit meinen Geschichten hat das wenig zu tun.

Dagmar Scharsich:

Es gibt eine Erzählung von Dir, die heißt »Die richtige Entscheidung« und ist abgedruckt in dem Sammelband *Da werden Weiber zu Hyänen*, den Helga Anderle herausgegeben hat. Hierin gibt es eine junge Frau, die mich sehr interessiert. Sie beschreitet, formuliere ich mal sarkastisch, neue Wege des Umweltschutzes. Diese Frau schilderst Du als ganz gefühlvoll und weich. Sie wirkt beinahe schwach, wenn sie mit Tränen in den Augen von dem ölverschmierten Pinguin erzählt, den sie nach der Öltanker-Katastrophe am Strand gefunden hat. Aber sie heult nicht lange. Sie überlegt, trifft eine Entscheidung und handelt. Mit einer Konsequenz und einer Härte, die ich ihr anfangs gar nicht zugetraut habe. Da ist so eine packende Spannung zwischen ihrer Sensibilität und ihrer Stärke ...

Sabine Deitmer:

Das ist eigentlich genau das, was ich mir von viel mehr Frauen wünschen würde. Eine gewisse Härte und Konsequenz im Handeln. Wir sind alle immer noch viel zu brav. Bei mir ist das nicht anders. In einem Interview wurde ich einmal gefragt, was halten Sie von männerfreien Zonen? Einfach toll, habe ich spontan gesagt, der Freitagabend und die anschließende Nacht ohne Männer. Die Stadt gehört den Frauen, die Straßen, die Parks. Frauen können sich frei bewegen, ohne Angst vor einem Überfall oder einer Vergewaltigung. So etwas traue ich mich kaum laut in der Öffentlichkeit zu sagen, aus Angst, dann sofort als Männerhasserin oder hysterische Emanze abgestempelt zu werden. Dabei ist der eigentliche Skandal, daß Frauen sich mit Frauentaxis abspeisen lassen und nicht laut und grell Druck machen. Warum nicht die politische Forderung nach einer Ausgangssperre für Männer? Das würde die Diskussion um einiges munterer machen. Denn es ist wahr, wenn Männer zu Hause blieben, gäbe es keine Gewalt auf den Straßen.

Frauen zünden keine Ausländerinnen an. Sie schlagen keine wildfremden Menschen zusammen, brechen ihnen nicht die Knochen. Diese weibliche Schlaghemmung mag angeboren oder antrainiert sein. Sie ist auf jeden Fall die einzige weibliche Hemmung, die ich schätze.

Dagmar Scharsich:

Das war schon fast das Schlußwort. Ein sehr schönes Schlußwort, finde ich. Trotzdem, laß mich noch die Frage stellen, wie es für Dich weitergeht. Mit Beate Stein, und vielleicht mit ganz anderen Geschichten?

Sabine Deitmer:

Ich habe mir mindestens drei bis fünf Beate-Romane vorgenommen, unabhängig vom Erfolg oder Mißerfolg. Der dritte ist im Kopf bereits in Planung.

Und ... Männerleichen beginnen allmählich, mich zu langweilen. Ich betreibe das Männermorden nicht mehr mit dem alten Schwung. Eine Zeitlang habe ich damit geliebäugelt, Mütter zu morden, aber dann aus ideologischen Gründen wieder Abstand genommen.

Wer weiß, wie das Morden weitergeht? In einer Weihnachtsgeschichte habe ich meine erste Frau umgebracht. Und auch Beate wird im nächsten Fall nach ihrem ersten Frauenmörder fahnden ...

Nachdem ich mich am Feindbild Mann ausgetobt habe, geht mir die Mittäterschaft der Frauen zunehmend im Kopf um. 51 Prozent der Bevölkerung sind Frauen. Was wäre, wenn? sie sich nicht mehr mit Frauen-Tagen, Frauen-Häusern, Frauen-Beauftragten, Frauen-Töpfen abspeisen ließen ...

Eine beunruhigende Frage, die bei mir zunehmend an Boden gewinnt. Was wäre, wenn? alles so weitergeht wie bisher. Die Frauen weiterhin den Männern die Welt zum Ausschlachten überlassen. Ich glaube, ich könnte für nichts garantieren. Vielleicht würde ich aus lauter Frust anfangen, nur noch Frauen zu morden. Das ist durchaus drin.

Dagmar Scharsich:

Ja, das war das Schlußwort. Sabine, ich danke Dir für dieses »Gespräch«.

»Allein dort draußen, mit einem provozierenden Geschlecht am Leib ...«

Magazin

Heißer Winter im Juli: »Femibook« 1994

Else Laudan war auf der sechsten internationalen Frauenbuchmesse in Australien

Wie kaum ein anderes Ereignis des Literaturbetriebs schafft es die alle zwei Jahre an wechselndem Ort stattfindende *International Feminist Bookfair*, eine Stimmung begeisterten Überschwangs in mir hervorzukitzeln. Romantisch, ja. Das macht die einzigartige Mischung aus umfassend internationaler Frauenkultur und der von der Gewißheit geprägten Atmosphäre, daß jede Anwesende eine »Schwester im Geiste« ist. In diesen Tagen vergesse ich für ein Weilchen, wie abhängig wir von den Gesetzen des Marktes sind, wie angewiesen auf die Gunst der Medien und die Kooperation der Agenturen, ich denke nicht mehr an den Marathon, eine nur halb geglückte Übersetzung in letzter Minute ausbessern zu müssen, oder an den Streß, heikle Verhandlungen mit dickköpfigen Briten zu führen. Ein paar Tage lang zählt nur noch das Bewußtsein, daß Frauen von überall auf der Welt zusammenkommen, um sich über ihre Anliegen und Erkenntnisse, über kleine Siege und Niederlagen, über Veränderungen, Schwierigkeiten und Fortschritte feministischer Landgewinnung auszutauschen.

Die besondere Stimmung der »Femibook«, so zeigte sich in Melbourne, setzt sich auch dann durch, wenn die zahlenmäßige Präsenz anwesender Frauenverlage deutlich geringer ist als 1992 in Amsterdam. Zwar waren diesmal die Ausstellungsflure nicht so ausgedehnt, dafür war die Zahl der Besucherinnen erfreulich, und die parallel laufenden Veranstaltungen fanden besonders großen Anklang. Da gab es Seminare für Autorinnen und Kleinverlegerinnen, Podiumsdiskussionen, politische und fachliche Vorträge, Lesungen, Utopie- und Erzählrunden, Strategiegespräche und vieles mehr. Der thematische Schwerpunkt »einheimische, asiatische und pazifische Autorinnen und Verlage«, die Vielfalt der Themen insgesamt – feministische Politik, Public Relations, Lesben, Alter, Natur, Technik, Science-Fiction, Überlieferung, Krimis, Gewalt, Sprache, Rassismus, Ökonomie, Demokratie, Ökologie, Poesie, Medien, Film, Fotografie, Vertrieb,

Lehre – und das Engagement der Veranstalterinnen erfüllten Foyer und Galerie des *Royal Exhibition Building*, des großen Ausstellungspalastes von Melbourne, mit Leben.

Verglichen mit den international zusammengesetzten »Femibook«-Teilnehmerinnen der ersten Stunde (darunter übrigens Ex-Frauenvertriebschefin und *Virginia*-Macherin Anke Schäfer sowie Dagmar Schulz von *Orlanda* und die *Frauenoffensive*-Verlegerinnen) ist *Ariadne* noch ein echter Neuling (erst zum zweiten Mal so richtig dabei) – um so schöner vielleicht für mich die Erfahrung, am Frauenliteratur-Gemeinschaftsstand dabei sein zu können, wo wir Erfahrungen, Lieblingsbücher, Cappuchino, Grippebazillen (Klimaschock und Zugluft: Winter im Juli!) und Neuigkeiten austauschten. Überhaupt gehören die vielen Begegnungen für mich zum Schönsten auf dieser Messe. Bei asiatischen und pazifischen Autorinnen und Verlagen fand ich keine Krimis, dafür aber um so mehr Entschlossenheit, trotz widrigster Bedingungen in ihren Ländern einen Raum für Frauenkultur zu erstreiten. Aus den anglophonen Ländern traf ich alte Freundinnen wie Beth Dingman vom Stoner-Verlag *New Victoria* und Elizabeth Weiss von Australiens größtem unabhängigen Verlag *Allen & Unwin*, schloß aber auch ganz neue Bekanntschaften: Verlegerinnen wie Susan Hawthorne von *Spinifex*, Stefanie Johnston von *Wakefield* und viele andere, Autorinnen wie *Mississippi*-Verfasserin Jean Redmann oder die wirbelige australische Cartoonistin Judy Horacek. Jean, die in New Orleans bei einer privaten Aidshilfe mitarbeitet, wunderte sich über die Voten-Debatte am Schluß ihres Krimis: »Es hat mich schrecklich gefuchst, daß ich kein Wort verstand – ich kriegte nur mit, daß es irgendwie um mein Buch geht!« Judy Horacek sucht für ihre wunderbaren Cartoons noch einen deutschen Verlag – leider schafft *Ariadne* das nicht auch noch –, erlaubte uns aber, einige davon im *Forum* abzudrucken. Eine australische Autorin kündigte einen heißen Lesbenkrimi komplett in Gedichtform an ...

Es waren ungeheuer viele Eindrücke und Begegnungen für so wenige Tage. Von der Hafenstadt Melbourne bekam ich kaum etwas mit (obwohl ich, sehr zum Amüsement gewisser anwesender lesbischer Verlegerinnen, dort zum ersten Mal eine tasmanische Felsenauster aß). Mitbringen konnte ich, wie schon aus Amsterdam vor zwei Jahren, auch diesmal neben interessanten Buchtips und Verlagsprogrammen die – allen Widrigkeiten zum Trotz optimistisch stimmende – Erfahrung, daß Frauen aus aller Welt daran arbeiten, ihre Kulturen feministisch zu besetzen, und daß allmählich im internationalen Austausch ein Netzwerk zu entstehen beginnt, das eines Tages die vielfältigen und unterschiedlichen feministischen Impulse aus aller Welt verbinden kann. In diesem Sinne – freuen wir uns auf 1996.

Beth Dingman und die chinesisch-malayische Autorin und Wissenschaftlerin Shirley Geok-Lin Lim

Jean Redmann und Else Laudan

Anke Schäfer von *Virginia*

»Es ist eine andere Sprache, das ist alles.«

Else Laudan traf sich auf der anderen Seite des Planeten mit der Schriftstellerin Rosie Scott.

Rosie Scott, Autorin des Ariadne Krimis *Tage des Ruhms*, gehört in Neuseeland und Australien zu den literarischen Berühmtheiten. Eigentlich lebt sie in Sydney; den Winter (dort Juli/August!) verbrachte sie jedoch wegen eines Lehrauftrags in Hobart, dem Städtchen am Südzipfel der wilden Insel Tasmanien. Else Laudan, die Scotts Romane auch übersetzt, flog hin, um mit ihr zu sprechen. Rosie Scotts Begrüßung am Flughafen: »Willkommen am Ende der Welt.« Obwohl Tasmanien einen ganz eigenen, frostig-verschlafenen Reiz besitzt, hatte Rosie schreckliche Sehnsucht nach Sydneys sonnigen Straßen. Bei Außentemperaturen um 2°C in einer zugigen Holzhütte vors Kaminfeuer gekuschelt, fand das folgende Gespräch statt.

Else: Rosie, unsere Leserinnen kennen bisher nur *Tage des Ruhms*, weil es noch eine ganze Weile dauern wird, bis wir alle deine Romane veröffentlicht haben. Aber zumindest für sämtliche Redakteurinnen (die ja auch die Originaltexte kennen) gehörst du zu den erklärten Lieblingsautorinnen, wobei die Vielfalt deiner Themen und Hauptfiguren auffällt. Ich meine, *bist* du all diese verschiedenen Figuren, oder sind sie Bekannte von dir, oder wo nimmst du die Erfahrungen her? Nun wirst du sicher ständig nach dem autobiographischen Anteil deiner Romane gefragt, und es tut mir leid, daß ich schon wieder damit komme.

Rosie: Das ist völlig in Ordnung, ich beantworte das gern. Natürlich liegt allem, was du schreibst, irgendwie autobiographische Erfahrung zugrunde. Aber ich kann mit Gewißheit sagen, daß mit Ausnahme einiger weniger Texte, zumeist Kurzgeschichten, der allergrößte Teil meiner Arbeit keine autobiographischen Züge trägt. Dazu habe ich ein Zitat von Fellini, der sagte: »Alles und nichts in meiner Arbeit ist autobiographisch.« So ist es. Tatsächlich interessiert mich viel mehr, mir literarische Gestalten auszudenken; ich ziehe es vor, fiktive Rollen zu schreiben, eigene Szenarien zu erstellen und die Gegebenheiten neu zu entwerfen, wenn ich einen Roman schreibe. Mit Sicherheit nähren sich diese Entwürfe aus Selbsterlebtem, ich meine, ich habe schon ein sehr abenteuerreiches, ungewöhnliches Leben geführt, und daraus bildet sich eine Art Basis für mein Schreiben. Aber ich habe nie direkt über mich selbst und mein Leben geschrieben.

Else: Du hast eben gesagt, du hast ein abenteuerreiches Leben geführt?

Rosie: Na ja, also – eigentlich meine ich einfach nur sowas wie – daß ich sehr viel gereist bin und eben ganz verschiedene Dinge gemacht habe; zum Beispiel hab' ich bestimmt in zwanzig bis dreißig völlig unterschiedlichen Berufen gearbeitet, aber auch zwei Töchter großgezogen, irgendwie zumindest. Ich bin eine ziemlich rastlose und quirlige Person, und ich habe alles mögliche ausprobiert. Ich neige sehr dazu – ich meine, ich habe diesen Hang dazu, plötzlich etwas völlig anderes tun zu wollen, das passiert mir im Schnitt so alle vier, fünf Jahre, und dann muß ich einfach etwas ganz Neues anfangen. Von daher ... na ja. Frag mich lieber etwas Konkreteres, ich kann das unmöglich alles erzählen.

Else: Klar. Nur – es gibt so viel, was ich wissen möchte, ich weiß nicht, wo ich anfangen soll. Vielleicht nehme ich am besten *Tage des Ruhms*. Beim Lesen von *Tage des Ruhms* hat man doch ganz stark den Eindruck, daß du dich mit dem, worüber du schreibst, sehr genau auskennst, es sozusagen aus unmittelbarer Nähe schilderst. Ich meine vor allem die Lebensweise, die Bedingungen in den Vorstadtslums von Oakland, die Nachbarschaft und sogar Freundschaft mit Mitgliedern von gewalttätigen und kriminellen Straßengangs, all sowas. Hast du dir das vollständig ausgedacht?

Rosie: Also, ich nehme an, da gibt es drei verschiedene Elemente. Zunächst ist da die Vorstellungswelt, das Sich-Hineinversetzen. Ich hab' mich schon immer für Menschen interessiert, die gegen den Strom leben. Leute, die Grenzen überschreiten, die ihr eigenes Leben leben und ihre eigene Gesellschaft konstruieren. Solche Menschen interessieren mich am meisten, und über sie möchte ich schreiben. Ich bewundere sie auch in gewisser Weise, mich fesselt ihr Tun und ihr Schaffen und die Frage, warum sie so anders sind, auch das ganz eigene System der gegenseitigen Unterstützung und Bestätigung dort, wo sie leben. Damit ergibt sich so etwas wie eine aktive Vorstellungswelt, weil ich interessiert bin an und inspiriert werde durch solche Leute.

Das zweite ist: In den 60ern, in den Tagen der Hippies, lebten viele Menschen in alternativen Kommunen und Hausgemeinschaften, so auch ich, und ich lernte viele ungewöhnliche Leute kennen, reiste viel herum, lebte von ziemlich ungewöhnlichen Jobs. All das Extraordinäre, alles, was ich damals erlebte, habe ich gründlich verdaut, es wurde ein Teil von mir, und ich lernte damals eine Menge über die Welt außerhalb meiner eigenen kleinen Wirklichkeit. Auch das gehört zum Ganzen.

Das dritte schließlich war, daß ich längere Zeit Sozialarbeiterin gewesen bin. Als ganz junge Frau, unmittelbar nach der Uni, fuhr ich nach London und dann nach Sydney, wo ich eine Weile bei einer Zeitung arbeitete, dann kam ich nach Neuseeland zurück und war ein Jahr lang hauptberuflich Sozialarbeiterin. Die Leute, die ich da getroffen habe, und die Art Leben, die ich da gesehen habe, das hatte Einfluß auf mein ganzes Leben. Ich entdeckte, was Armut wirklich ist, was für ein grauenvolles Leben manche Leute führen. Das ist mir unter die Haut gegangen. Und was mich genauso stark beeindruckt hat: Die Leute, die ich kennenlernte, waren mit die feinsten Menschen, die ich jemals getroffen habe. Viele von ihnen lebten ihr Leben unter unglaublichen Bedingungen, und sie waren – ganz besonders die Frauen – dermaßen stark und abgeklärt und humorvoll, und irgendwie brachten sie es fertig, dieses Leben durchzustehen, und nutzten ihre Erfahrungen, um daran zu wachsen. Und ich als kleine Einundzwanzigjährige sollte nun eigentlich *ihnen* helfen, und ich fühlte mich in jeder Hinsicht winzig und unbrauchbar angesichts ihrer Fähigkeiten, weißt du, was ich meine? Mein erstes Theaterstück handelte dann auch davon, wie Sozialarbeiter – Mittelschichtleute, die oft sehr gute Absichten haben – schließlich feststellen, daß ihnen alles gesagt und gezeigt werden muß, weil sie einfach das Wissen nicht mitbringen.

Tage des Ruhms ist irgendwie eine Mischung, ein Eintopf aus all dem. Außerdem geht es mir darin auch um die Idee des schlechten Menschen. Der Katalysator der Story ist Roxy, und ihre Fähigkeit zu sinnloser Bösartigkeit, wie auch immer motiviert, ist etwas, das mich auch sehr interessiert. Etwas wie gefühllose Zerstörungswut? Es gibt Leute, die in dein Leben treten und die entsetzlichsten Sachen anstellen und sich einfach dessen nicht bewußt sind, anscheinend gar kein Gewissen haben. Auch das beschäftigt mich sehr. Es geht darum, wie man so

jemandem begegnen kann. Ich habe mit Leuten wie Roxy zu tun gehabt. Nun ja, ich nehme an, wir alle erleben ziemlich unmögliche Situationen – so, wie der Zustand Menschsein nun mal aussieht – und müssen uns damit auseinandersetzen, so gut wir können. Was mich beschäftigt, ist: Wie gehen wir damit um, wie gehen wir mit den Schwierigkeiten um, mit dem Elend, mit unserer Trauer oder unserem Schmerz. Ich glaube, in *Tage des Ruhms* wollte ich eine Frau zeigen, die alle ihre Erfahrungen irgendwie sinnvoll nutzt. Ich meine, sie ist ja nun keine, die man als harmlos oder gar als schlichtes Gemüt bezeichnen würde oder so, beileibe nicht, sondern eine Frau mit Erfahrungen, mit einem Leben, durch das sie gebeutelt und zweierlei geworden ist: eine außergewöhnliche Persönlichkeit und eine begnadete Künstlerin. Jedenfalls wollte ich mir anschauen, wie das geht, aber so ganz ist mir das nicht geglückt, denn als ich das Buch schrieb, bin ich so vollständig in ihre Welt und ihr Denken eingetaucht, daß ich zuzeiten dachte, ich lebte selbst so.

Else: Ach, doch?

Rosie: Nun ja, es gibt so oft – weißt du, es gibt so eine Art schriftstellerischen Dünkel, du findest eine Menge Herablassung in einschlägigen Kreisen gegenüber der sogenannten Unterklasse oder arbeitenden Bevölkerung. Man geht davon aus, daß sie einfach nicht so aufgeweckt seien wie der gebildete Mittelstand, nicht so weise und tiefsinnig und vielseitig. Aber ich stellte fest – nein, das wußte ich schon vorher, aber ich erkannte es nochmal neu, als ich daran schrieb –, daß das eine widerliche Verleumdung ist und einfach nicht stimmt. Also wollte ich davon völlig weg und mich gar nicht erst darauf einlassen.

Es ist eine andere Sprache, das ist alles. Und ich wollte diese Sprache lernen – und sie gebrauchen.

Else: Toll. Ich glaube, das ist es auch, was *Tage des Ruhms* so lebendig und intensiv macht. Wie ist es denn mit *Feral City*, das wir als nächstes veröffentlichen werden? Wie ich es verstanden habe, spielt der Roman zwischen heute und morgen, also sozusagen in nächster Zukunft, und ist, vielleicht könnte man sagen, eine zugespitzte Vision, mahnend, warnend, so etwas in der Art?

Rosie: Eine Warnung, ja. Darauf sind viele der Kritiken in den Medien eingegangen, und viele haben auch gesagt, daß es durchaus universell sei. Verallgemeinerbar in dem Sinne, daß es in so ziemlich jeder Stadt spielen könnte, und in jeder Gesellschaft. Ja, das wollte ich auch. *Feral City,* kann ich sagen, war wahrscheinlich von all meinen Büchern das am stärksten politisch motivierte, ein Schreiben für eine bessere Welt. Das kam durch ein vehementes Gefühl von Wut und Trauer über die Dinge, die ich in Neuseeland passieren sah. Ich nahm die Stadt in *Feral City* als Metapher für überhandnehmende Gier: ein Ort, wo Gier alles zerstört und dezimiert, was für Menschen unentbehrlich ist. Auch Institutionen, die wichtig sind, die über Generationen aufgebaut worden sind, wie zum Beispiel Büchereien, ein sehr starkes Symbol, sie sind – ich benutze den Begriff Zivilisation nicht gern, aber Büchereien sind eine Art von Einrichtung, die besonders wichtig ist für unsere Gesellschaft. Nun stell dir das heute vor – dieser Ansatz, daß jemand sich hinsetzt und sagt: Ich habe eine wirklich gute Idee, wir wollen ein großes Haus nehmen und es von oben bis unten mit Büchern füllen und die Menschen unentgeltlich lesen lassen – wie das anfing, kannst du dir heute kaum noch vorstellen, weil alles mit Geld zu tun hat und nur noch begonnen wird, was Profit macht. Aber Büchereien entstanden irgendwann aus einer schönen Idee. Und so entstand *Feral City*, ja, als Warnung, und auch als eine Art Wehklage über die Zerstörung solcher Dinge. Und andererseits ist es zugleich das Preisen der positiven Dinge, von denen ich vorhin sprach – der Inspiration von Leuten, die noch unter schlimmsten Bedingungen handlungsfähig sind, die noch in der übelsten Situation darüber schreiben können, die etwas tun – indem sie heilen und reparieren; indem sie in Aktion treten, um anderen zu helfen; es geht um Hilfe und Unterstützung und Altruismus. Auch wenn manche Leute dem Roman eine rein negative Botschaft zuschreiben, war es ganz sicher nicht so gemeint. Im Gegenteil. Meine Tochter hat mir neulich etwas erzählt, was mich enorm freute: Sie war auf einer Demonstration, und eine Frau, die sie flüchtig kannte, kam zu ihr und sagte, sie hätte sich entschieden mitzumachen, nachdem sie *Feral City* gelesen hatte – es hätte sie motiviert, selbst etwas zu tun. Ich war ganz glücklich, als sie mir das erzählte, weil es mir bestätigte, was ich denke: daß es durchaus eine positive Botschaft darin gibt.

Else: Und geht es darin nicht auch um zwei ganz verschiedene Ansätze, »selbst etwas zu tun«? Ich meine, beide Schwestern greifen in die Verhältnisse ein, sie gehen nur ganz unterschiedliche Wege.

Rosie: Genau, das ist es auch, was sie verknotet. Ich denke, jede Per-

Im Juli ist Winter in Australien. Trotzdem gute Stimmung beim Talk in der Stadt Hobart auf Tasmanien: Else und Rosie

son hat eine eigene Art zu handeln; es gibt nicht den einen, richtigen Weg, es gibt nicht nur eine einzige Weise, gegen Unrecht anzugehen. Jede hat ihren Weg, und wenn sie ihn geht, sollte das anerkannt und gewürdigt werden. Und jede der beiden bewirkt auf ihre Art gleichermaßen viel. Das hat auch etwas von der Martha-und-Maria-Geschichte. Es ist wichtig, daß Faith und Violet aufgrund ihrer Persönlichkeit unterschiedliche Rollen gewählt haben, und beide sind für mich gleich richtig und gültig.

Else: Mehr wie eine Fußnote fällt mir gerade noch eine Frage ein: In *Feral City* kommt auch Aids vor. Spielt das Thema Aids in Australien und Neuseeland eine große Rolle?

Rosie: Aids? Ich finde schon. Die Vorstellung eines neuen Virus, die undurchsichtige Haltung der Politik und die ungewisse Ablehnung dem gegenüber, es ist ganz ähnlich wie mit Drogen. Diese Themen sind absolut Teil der modernen Gesellschaft, deshalb halte ich es für wichtig, darüber zu schreiben. Nun ist Aids in *Feral City* nur ein Nebenthema, aber ich dachte wohl auch an die Möglichkeit, daß es nicht bei Aids bleibt, sondern bis dahin einen neuen Virus geben wird, der sich schnell verbreitet und genauso tödlich ist.

Else: Sag, könntest du in groben Umrissen benennen, was dich politisch bewegt und interessiert?

Rosie: Also – nun, ich schätze, wenn du Etikettierungen hören möchtest, bin ich vermutlich eine Sozialistin, und ich bin eine Feministin, und ich bin auch extrem besorgt um die Umwelt. Wenn du mir zehn Problematiken zum Ankreuzen gibst, würde ich wahrscheinlich alle nehmen. Ich glaube fest daran, daß die einzelnen noch Macht haben und noch immer etwas verändern können. Und es gibt viele Arten, das zu tun. Vielleicht infolge meines Engagements für Menschenrechte und soziale Gerechtigkeit finde ich es offensichtlich, daß an politischen Fragen gemeinsam gearbeitet werden muß, selbst wenn ich denke, daß auch einzelne etwas ausrichten können. So weiß ich wirklich nicht, als was du mich einordnen oder beschreiben könntest, aber sicherlich bin ich mein Leben lang politisch gewesen und habe versucht, meine politischen Ideen auch in Taten umzusetzen, aber immer in Form von Bündnissen über Themen. Ich gehöre bewußt keiner Partei an, wie denn auch? Aber mein gesamtes Schreiben hat eine politische Basis, weil es mir immer um etwas geht, das mich motiviert und bewegt.

Meiner Ansicht nach spielt moderne Literatur, spielt Literatur überhaupt eine wichtige Rolle bei der Ausbreitung von Ideen, wenn man politisch etwas verbessern will. Das allerdings ist ein schwieriges Gebiet, denn es ist so leicht, beim politischen Schreiben in Klischees und Propaganda zu verfallen. Als Schriftstellerin möchte ich politische Ideen neu betrachten und zur Disposition stellen. Zugleich möchte ich sie zu einem Teil des Gesamtaufbaus eines Romans werden lassen, statt sie dem literarischen Aufbau einfach unterzuordnen. Über den Roman *Nights with Grace* sagte mal eine Rezension, hier sei es mir geglückt, das Persönliche und das Politische zu vereinen – das trifft sehr gut den Kern dessen, was ich mit meinem Schreiben will. So daß, wenn Leute es lesen, es auch wirklich etwas mit ihnen zu tun hat ... Eine von Euch bei Ariadne hat mich einmal in einem Brief als Schriftstellerin der »romantischen Linken« angesprochen. Das hat mich sofort gepackt, ich dachte, ja, das bin ich wohl, das trifft es einfach. Ich bin eine Autorin der romantischen Linken. (Lacht.) Das paßt wirklich gut auf mich. Es gibt Schreibende, die das Denken der Menschen verändert haben. Es gibt auch die wohl in den 80ern geborene Einstellung, daß wahre Literatur mit dem, was in der Welt geschieht, eigentlich gar nichts zu tun hat, daß das alles beliebig ist und Literatur etwas Hehres, Losgelöstes sein soll, ein abgehobenes, sich selbst rechtfertigendes Etwas, das hauptsächlich mit mittelständischen Neigungen zu tun hat, weil angeblich sonst niemand liest. Ich meine aber, daß die beste Literatur anders ist und von mehr Leuten gelesen wird, weil die Menschen sich und ihre Bedürfnisse und Gefühle darin wiederfinden können. Das ist ein wichtiger Anteil an jeder Gesellschaft. Na ja. Die meisten Schriftsteller und Schriftstellerinnen haben mit politischer Prosa nichts am Hut; es muß aber auch welche geben, die es tun. In jedem Land, wo immer du auch hinkommst, ich hab' das zum Beispiel auf den Philippinen festgestellt, gibt es eine Gruppe von AutorInnen, die so etwas wie das Gedächtnis dieses Landes bilden, oder auch das Gewissen – sie stehen für das Bewußtsein der eigenen Vergangenheit und Gegenwart des Landes, in ihrem Schreiben steckt der Alltag, die Geburt des Landes; die Geburt der Demokratie, was auch immer – und dann stellst du fest, daß solche AutorInnen von den einfachsten Menschen zitiert werden, daß alle, die lesen können, über sie reden. Deshalb sind diese AutorInnen wirklich wichtig. Sie sind Teil der nationalen Psyche. Wie Henry Lawson*, der für die Geschichte des heutigen Australien steht. Er schrieb über ganz gewöhnliche Menschen und ihre ganz gewöhn-

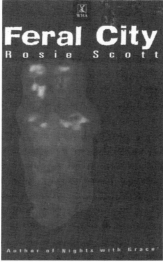

In Planung für die *edition ariadne*: Scotts Roman *Feral City*

lichen Schwierigkeiten; heute ist sein Werk gewissermaßen Legende. Diese Art von Literatur halte ich für ungeheuer wesentlich, und sie gefällt mir auch am besten.
Else: Das ist ja nun genau die Art von Literatur, die wir zu verlegen versuchen!
Rosie: Ja, ich weiß – ihr müßt auch diese Schwierigkeiten der Gratwanderung haben, daß Bücher weder beliebig noch propagandistisch sein dürfen. Aber es lohnt die Mühe. Nimm jemanden wie Dickens in England. Ich finde, Dickens ist ein gutes Beispiel für einen Schriftsteller, der sein

*Henry Lawson, 1867–1922, australischer Schriftsteller und Journalist. Lawson schrieb realistische Romane sowie sozialkritische Balladen u. Gedichte, er gilt als populärster Erzähler Australiens.

Herz und seinen Verstand und all seine Leidenschaft darein gesteckt hat, literarisch auf alle möglichen grauenhaften Umstände und Verhältnisse um sich herum aufmerksam zu machen, und das hat mit Sicherheit dazu beigetragen, die Dinge zu ändern. Es gibt in der Gegenwartsliteratur viele Frauen, die so schreiben, ich versuche es auch. Eine hiesige Schriftstellerin und Dichterin, Judith Wright – meiner Meinung nach schreibt sie Australiens beste Poesie –, verfaßt Gedichte über Verständigung und die Rechte der Aborigines, wunderschöne Gedichte. Sie ist eine außergewöhnliche Autorin, ich bewundere sie sehr, und ihre Gedichte haben definitiv dazu beigetragen, den Blutstrom in diesem Land zu beenden.
Else: Sag doch gleich noch, wen du überhaupt gern liest. Gibt es sowas wie große Vorbilder? Auf wen beziehst du dich als Schriftstellerin?
Rosie: Oh, Else, das ist eine riesige und äußerst vielfältige Auswahl. Es gibt wohl an die vierzig Schriftstellerinnen und Schriftsteller, die mich geprägt haben, und einige davon sind nicht unbedingt, was man politisch nennen würde, ich liebe zum Beispiel Jane Austen. Aus Neuseeland ist da Catherine Mansfield und eine ganz tolle Maori-Autorin, Patricia Graves. Dann Dichter wie Lorca und Neruda, die ich einfach gewaltig finde; ich liebe die Bücher von Sylvia Plath, sie schreibt ungewöhnlich und bewegt mich sehr, und all die russischen Schriftsteller, die haben mich sehr beeinflußt.
Else: Wie ist das, hast du eine Vorliebe für bestimmte Genres?
Rosie: Nein, das hängt ganz von den AutorInnen ab. Ich mag alles, was eindrücklich und leidenschaftlich geschrieben ist, sozusagen mit Herzblut. Ich bevorzuge AutorInnen mit starken Emotionen und Anliegen. Gabriel García Márquez ist noch ein Autor, den ich liebe. Leidenschaft ist eine sehr wichtige Komponente für mich beim Schreiben, und manche können ihre Leidenschaften und An-

liegen beim Genre-Schreiben einbringen, denke ich. Eine heftige, ungestüme, eigene und gern auch exzentrische, engagierte Sichtweise – das ist es, was ich am liebsten mag. Und grenzüberschreitendes Schreiben, über alle Schranken hinweg. Ich liebe AutorInnen, die die Regeln auf den Kopf stellen, die mit der Welt, in der sie leben, so richtig aufräumen und sie literarisch kräftig durchputzen.

Else: Was deine eigene Arbeit angeht, habe ich den Eindruck, daß du mit deinem Ortswechsel auch deine Romane hast »umziehen« lassen. Während die früheren in Neuseeland und auf umgebenden Archipels spielen, hast du den letzten nach Australien versetzt. Werden die nächsten auch in Australien angesiedelt sein?

Rosie: Sehr gute Frage. Ich bin mir dessen nicht sicher. Es hat Jahre und Jahre gedauert, bis ich imstande war, einen Roman zu schreiben, der in Australien spielt, weil ich noch lange das Gefühl hatte, das Land nicht gut genug zu kennen. Aber ich bin mir nicht sicher, wohin ich als nächstes gehen werde, das ist bei mir so schwer zu sagen. Jedenfalls sehe ich mich für längere Zeit nicht an einem Roman schreiben, der in Neuseeland spielt. So wird es wahrscheinlich eine Zeitlang Australien sein.

Else: Australien und Neuseeland sind beide so ungeheuer weit weg von Europa und uns deshalb nicht so präsent. Dir kommt es sicher banal, wenn nicht gar ignorant vor, was ich jetzt frage, aber für europäische LeserInnen ist es vielleicht interessant: Gibt es große Unterschiede zwischen Australien und Neuseeland?

Rosie: Es gibt eine Menge ins Auge springende Ähnlichkeiten. Beide sind Kolonialländer, wurden zu einer ähnlichen Zeit besiedelt, bestanden beide überwiegend aus Wildnis, als die Engländer ankamen, und beide gingen ziemlich erbarmungslos mit den ursprünglichen Bewohnern um, den Aborigines und Maoris. Und beide haben im wesentlichen das Prinzip westlicher Demokratien. Sie schauen auch aus einem ähnlichen Blickwinkel auf vieles, was in der Welt geschieht.

Aber Neuseeland ist viel englischer, und der nationale Charakter ist deshalb ganz anders als der von Australien. Letzterer wohl auch davon geprägt, daß es ursprünglich eine Sträflingskolonie war. Ich schätze, die Leute in Australien sind ein Volk mit wenig Ehrfurcht und viel Sinn für widerständiges Verhalten. Sie haben sich im Laufe ihrer Geschichte eine Art natürliche Abneigung gegen Autorität zugelegt. Sie haben einen trockenen Humor, den ich sehr genieße. Neuseeland ist seit einiger Zeit, vor allem während des letzten Jahrzehnts, politisch immer konservativer geworden. Es ist ein extremes Beispiel für eine freie Marktwirtschaft, und als Folge davon sind ein paar ziemlich grauenvolle Entwicklungen nicht ausgeblieben. Es gibt eine riesige Kluft zwischen Reich und Arm, sehr hohe Arbeitslosigkeit, und Rassismus ist ein großes Problem, da die Maoris zu einem viel höheren Prozentsatz arbeitslos sind. Die meisten dieser Probleme finden sich zwar auch in Australien, aber Australien hat wohl die tolerantere Politik, hier hat man sich nicht so frenetisch auf diesen Kurs geworfen, sondern ein paar soziale Elemente dringelassen. Insofern ist für mich Australien der Ort, wo es sich leichter leben läßt. Es ist auch kosmopolitischer durch die große Migrationswelle von Italienern und Griechen, Städte wie Melbourne und Sydney sind wirklich erstaunlich multikulturell. Inzwischen sind noch große vietnamesische und asiatische Migrationswellen dazugekommen, so sind die Städte voller Energie und Leben. Neuseeland wiederum ist eine vorwiegend pazifische Nation, Auckland hat den größten pazifischen Bevölkerungsanteil. Ein anderer Unterschied ist, daß in Neuseeland die Maoris und die Maori-Kultur weit mehr in die allgemeine Kultur integriert sind. Jede Schriftstellerin und Malerin und jeder Schriftsteller und Maler in Neuseeland ist von der Maori-Kultur beeinflußt worden. Es gibt eine Menge guter Maori-SchriftstellerInnen. Sie sind auch politisch viel organisierter als die Aborigines in Australien, die noch viel mehr in der Außenseiterrolle sind, sehr marginalisiert. Die Maoris stellen einen weit größeren Bevölkerungsanteil der Städte. Und gegenüber den Aborigines gibt es in Australien noch immer mehr Stigmatisierung und harten Rassismus. Ich denke, daß Australien erst jetzt langsam erkennt, wie vielschichtig und verzweigt und außergewöhnlich die Aborigine-Kultur ist. Die hiesige Kultur fängt gerade erst an, diesen Einfluß überhaupt zuzulassen, die australische Gesellschaft hat es bisher völlig versäumt, den Kulturschatz zu würdigen, über den Neuseeland schon eine ganze Weile verfügt. Es gibt also durchaus Unterschiede. Aber, wie du schon angedeutet hast – von Europa aus wirkt es wahrscheinlich wie ein und dasselbe Land, nicht?

Else: Na ja, das nun nicht ganz, aber sehr ähnlich. Noch etwas: Ich habe etwas über ein Phänomen in der australischen Kultur gelesen, das sich »Mateship« nennt. Was hat es damit auf sich?

Rosie: Mateship**, ja. Das hat mit der Tatsache zu tun, daß das Leben für die ersten Leute, die nach Australien kamen und im Outback lebten, extrem hart war. Das Outback, der australische Busch, ist tatsächlich wie ein anderer Planet. Das Leben ist da unglaublich mühselig gewesen, auch gefährlich, so daß die Männer aufeinander angewiesen waren – es gab viel mehr Männer als Frauen am Anfang –, Tausende von Meilen entfernt von jeder Stadt und jedem Versorgungssystem, und bei einer Dürre oder einem Buschfeuer oder einem Unfall war wirklich jeder auf jeden angewiesen, und genauso bei der Arbeit. Dieser Alltag im Outback hat das Prinzip der Mateship hervorgebracht, die Männer hielten zusammen und kümmerten sich umeinander und

---

**»Mateship« läßt sich in etwa mit »Gefährtenschaft«, Kameradschaft oder Kumpelei übersetzen.

tranken zusammen, Frauen waren lange nicht so wichtig innerhalb dieses Gefüges. Im Sport und solchen Zusammenhängen gibt es das noch immer, und im Outback-Alltag durchaus auch. Es ist aber eine Art nationaler Legende geworden, weißt du, Mateship, die »mates«, ein Männerbündnis. Wenn dich jemand *mate* nennt, ist das meist eine Anerkennung, ein Kompliment; es kann aber auch aggressiv verwendet werden wie in »watch out, mate« – paß bloß auf! –, dann ist es zweideutig.

Else: Wie steht es denn in Australien und Neuseeland um die Frauenfragen?

Rosie: Nun, Neuseeland ist da in einiger Hinsicht ein sehr bemerkenswertes Land, wenn man bedenkt, wie klein und entlegen es ist. Es gab eine Menge gesellschaftlicher Veränderungen und bis vor kurzem viel fortschrittliche Politik, und der Feminismus ist dort sehr lebendig und stark. So bewilligte die Regierung letztes Jahr anläßlich der Frauenwahlrechtfeiern den Frauenprojekten ein paar Millionen für ihre Etats. Es gibt eine ziemlich mächtige Frauenbewegung. Und im großen und ganzen würde ich sagen, in Australien ist es ähnlich. Es gibt eine Menge engagierte Frauen, die feministische und Gleichstellungspolitik erfolgreich bis in die Regierung tragen. Der australische Premier hat bei der letzten Wahl Frauenfragen zum Hauptthema gemacht, was ungewöhnlich ist. Aber irgendwie habe ich trotzdem den Eindruck, daß die australischen Männer, besonders in ländlichen Gegenden, zu mehr Sexismus tendieren. Ich weiß nicht, wie das kommt, aber es gibt viele solche Kleinigkeiten. Als ich nach Queensland kam, wurde ich ständig als *girl*, als »Mädchen« bezeichnet. Und es gab einzelne Szenen, die mir in Neuseeland nie passiert wären. Aber grundsätzlich sind Frauenthemen, Frauenrechte, Frauenprojekte in beiden Ländern stark. Es gibt eine interessante neuere Entwicklung, daß nämlich beide, die Aborigine-Frauen und die Maori-Frauen, in letzter Zeit verstärkt dabei sind und überall in vorderster Linie stehen – als Schriftstellerinnen und als politische Organisatorinnen. Die australischen Aborigine-Frauen gründen Projekte und machen Zentren auf und schicken Abordnungen zur Regierung. Das ist hauptsächlich eine Entwicklung der letzten fünf, sechs Jahre, und das stimmt optimistisch, denn davor waren *sie* es, auf denen die stärkste Diskriminierung lastete und die sich am wenigsten zur Wehr setzen konnten. Die Maori-Frauen sind auch noch stärker ge-

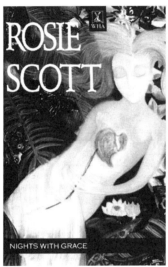

Auch *Nights with Grace* wird in der edition ariadne veröffentlicht werden

worden, aber sie waren schon sehr viel länger dabei.

Else: Gut, ich glaube, jetzt habe ich ein ungefähres Bild bekommen.

Rosie: Du kannst gern noch mehr Fragen stellen.

Else: Vielleicht gibt es auch etwas, was *du* anschneiden möchtest? Oder was du unsere Leserinnen wissen lassen möchtest? Ich hab' dir ja viel von ihren Briefen und Vorlieben erzählt.

Rosie: Ja, da gibt es schon etwas. Einfach etwas ganz Allgemeines: Es ist schon ein tolles und ganz warmes Gefühl, wenn ich daran denke, daß auf der anderen Seite des Planeten Menschen Bücher von mir lesen und vielleicht verstehen, worum es mir geht, und Vergnügen aus meinen Büchern ziehen. Für mich ist das erstaunlich, weil meine Romane doch verhältnismäßig regional sind, du weißt, was ich meine. Sie beziehen sich stark auf die hiesigen Gegebenheiten. Deswegen begeistert mich der Gedanke, daß ich da drüben bei euch gelesen werde.

Else: Aber du wirst nach Deutschland kommen, hast du mir versprochen.

Rosie: Ja, ganz sicher komme ich nach Deutschland, wenn ich das nächste Mal nach Europa fahre. Mit etwas Glück vielleicht schon nächstes Jahr, spätestens übernächstes – ich hoffe es sehr! Ich bin gespannt auf Deutschland, Frankreich kenne ich gut und liebe es sehr. Ich bin mit einem Filmemacher verheiratet, und als wir das letzte Mal anläßlich eines Filmfests in London nach Europa gereist sind, streiften wir eine Woche durch Italien. Wir sind aber beide erpicht darauf, ein Jahr oder so in Europa zu leben. Er ist derjenige, der bei uns immer kocht, und er ist hin und weg von der italienischen Küche. Und ich war ungeheuer beeindruckt von den Städten, die ich bisher gesehen habe. Es war wunderbar, durch Rom zu schlendern. Und auf einmal waren wir mitten in einer riesigen Demonstration, die den ganzen Verkehr lahmlegte, hauptsächlich junge Leute, eine Demonstration gegen Rassismus. Ach, es war einfach ringsrum schön, und ich freue mich aufs nächste Mal.

Else: Dann organisieren wir vielleicht ein paar Lesungen, wenn du kommst, was hältst du davon?

Rosie: Das würde mir sehr gefallen. Einer meiner vielen Berufe war Schauspielerin, das habe ich eine ganze Weile gemacht und sehr genossen. Ich liebe Lesungen. Ich habe überall in Australien gelesen und überall in Neuseeland.

Else: Großartig. Das machen wir.

Rosie: Gut! Ich freue mich darauf.

»Auch eine imaginäre Person prägt eben ...«

Marele Day im Gespräch mit Else Laudan in Sydney

Marele Days erster Krimi *Leben und Verbrechen des Harry Lavender* erschien im Januar 94 bei Ariadne, der zweite soll Sommer 95 folgen. Mit ihrem dritten gewann sie 1993 den international begehrten Krimipreis *Shamus-Award*. Dieser Anlaß führte sie in die USA, wo sie ein Interview mit Sue Grafton machte und weitere Genre-Größen traf. Doch ihre Krimis spielen mit Sicherheit auch weiterhin in Sydney, wo ich Zwischenstation machte, um Marele kennenzulernen.

Mein erster und nachhaltigster Eindruck von Sydney: die schönste Stadt, die ich kenne. Mit ihren unzähligen Buchten und Halbinseln liegt sie an Australiens Ostküste und ist fast immer in strahlenden Sonnenschein getaucht. Mitten im Winter (Juli, 6-8 Grad) blühen die Mimosenbäume und Massen von seltsamen, mir unbekannten Gewächsen in den Randbezirken, während in der City das multikulturelle Leben die Straßen mit Brausen erfüllt ... Die Autorin Marele Day ist hier zu Hause und kennt jeden Winkel, für unser Treffen an diesem bitterkalten Abend hat sie ein thailändisches Restaurant ausgesucht und erwartet mich bereits. Neben der zierlichen, beweglichen Frau mit den leuchtend roten Haaren komme ich mir wie eine Riesin vor (ich bin 1,69), aber ihre Stimme ist tief und beruhigend, mit dieser so angenehm intonierenden australischen Aussprache. Else? – Marele? – Okay, so that's settled. Als erstes bestellt sie uns je eine *Margarita*, die trotz Zuckersalzrand erfreulicherweise nicht süß, sondern erfrischend ist und mir die Zunge löst (warum bin ich bloß jedesmal so beklommen, wenn ich eine »meiner« Autorinnen kennenlerne?). Zwischen Cocktail und Speisekarte packe ich das Diktiergerät aus und überlasse meiner Gastgeberin die Essensauswahl. An den umliegenden Tischen wird parliert, gelacht und hörbar gefeiert, während Popmusik aus acht Lautsprechern dröhnt – o weh, mein armes Aufnahmegerät –, dann landen schon rohe Frühlingsröllchen und frische Garnelen mit scharfem Dip auf dem Tisch, und kauend beginnen wir unser Gespräch. Das Essen ist wunderbar, Marele ist *splendid* – glänzend, strahlend, souverän. Ihre lebhafte dunkle Stimme durchdringt den Lärm um uns mit Leichtigkeit, so kam auch die Aufzeichnung unversehrt in Hamburg an.

● **Else:** Ich bin sicher nicht die erste, die das fragt ... Marele – wie sind Sie darauf gekommen, ausgerechnet Krimis zu schreiben?

● **Marele:** Ja, die Frage ist mir schon ein paarmal gestellt worden, und ich habe auch eine Antwort darauf. Tatsächlich war ich an dem Genre gar nicht interessiert, bevor ich anfing, mein erstes Buch zu schreiben, nämlich *Leben und Verbrechen des Harry Lavender*. Mir ging es darum, über diese Stadt zu schreiben, über Sydney, und ich war auf der Suche nach einer geeigneten Form, um das zu transportieren. Mir kam der Gedanke, eine Detektivinnengestalt würde die erforderliche soziale und räumliche Mobilität haben, damit möglichst viele verschiedene Seiten und Gesichter der Stadt präsent würden. Denn eine solche Gestalt kann sich ganz folgerichtig in den unterschiedlichen Gegenden bewegen, kann Klassenschranken überschreiten, mal auf der Sonnenseite und mal auf der Schattenseite der Straße auftauchen. Dann wurde mir klar, daß gerade in der Tradition des amerikanischen hardboiled-Genres diese Anordnung, die sinnliche und soziale Wahrnehmung des Ortes, eine sehr wichtige Rolle spielt. Es waren zunächst nicht die Bücher, die mich auf diese Idee brachten, sondern lange vorher die Filme mit Humphrey Bogart, die mich schon immer begeistert haben. Ich liebe diese Szenarien, die harten Charaktere und düsteren Dialoge, diese »*noir*« language«. Das und die Bedeutung des Ortes führten dazu, daß mich das Genre gewissermaßen anzog, obwohl meine eigentliche Absicht war, über Sydney zu schreiben – wobei ich auch noch gar nicht wußte, was genau ich darüber erzählen wollte. Jetzt, drei Bücher später, kann ich sagen: Was mich interessiert, nicht nur in bezug auf diese Stadt, sondern überhaupt im Leben, ist die Diskrepanz zwischen Oberfläche und Darunterliegendem. Wenn Sie meine Bücher ansehen, gibt es immer das Element, daß nichts wirklich so ist, wie es von außen erscheint. Das fängt bei so einfachen Bildern an, wie wenn Claudia an einer Tür klingelt, um eine Person zu befragen, und die Tür geht auf und erlaubt den Blick in eine ganz neue eigene Welt – ich meine, von außen ist es ein gewöhnliches Haus wie jedes andere, aber wenn Sie drinnen sind, zeigt sich Ihnen plötzlich das ganze persönliche Leben der Leute, die dort wohnen. Und ich betrachte beispielsweise Korruption auch als eine Erscheinungsform des Unterschiedes zwischen Oberfläche und Darunterliegendem. Sehen Sie, Sydney ist eine optisch wunderschöne Stadt. Der faszinierende Hafen, das sonnige Wetter, all das Leben und Treiben – sie hat das Aussehen einer blühenden Stadt. Und doch, unten drunter, wie alle Städte hier, funktioniert sie nach den Spielregeln der Korruption. Vielleicht ist Sydney sogar noch mehr als andere Städte hier auf Grundmauern der Korruption errichtet, denn zu Beginn war es eine Sträflingskolonie, die Briten schickten ihre Lebenslänglichen hierher, und da hockten die Männer, die die Macht hatten, mit den Sträflingen zusammen und versuchten sich gegenseitig zu ihrem Vorteil auszunutzen. Die etwas besaßen, Land oder ein Geschäft, benutzten die Sträflinge als Arbeitskräfte, um billig zu Erfolg zu kommen. In diesem Klima blühten natürlich Korruption und Mißbrauch von Macht, und so sehen die Wurzeln von Sydney aus.

● Else: Ist Harry Lavender gewissermaßen eine Stellvertreterfigur für dieses Phänomen? Oder hatten Sie jemand Bestimmtes im Sinn, als Sie diese Gestalt erdachten?

● Marele: Nun, er ist schon eine fiktive Person, oder vielleicht besser eine fiktiv konstruierte Gestalt. Aber was ich in Harry Lavender verkörpern wollte, war die Kombination aus dem großen Unternehmer, dessen Geschäfte rechtlich in Ordnung sind und der mit seinem ganz legalen Unternehmertum das große Geld macht, und dem großen Gangster, der ebenfalls ein Unternehmer ist. Australien ist ein Land, das besiedelt wurde, damit Menschen aus anderen Ländern kamen und sich hier eine Existenz aufbauten, insofern ist es in gewisser Weise die ultimative Migrantengeschichte. Harry Lavender ist auch ein Produkt dieser Umstände: Er ist ein Mann europäischen Ursprungs, er kommt in dieses Land voller Möglichkeiten – und ich verwende die Bezeichnung Möglichkeiten in diesem Zusammenhang durch-

Original und Ariadne-Ausgabe

aus ironisch, denn er zieht wirklich jeden nur denkbaren Vorteil für sich aus diesen Möglichkeiten, ohne jede Beschränkung –, und er kann hier beides sein, der Mann, der dieses gigantische Medien-Imperium kontrolliert – ich nenne keine Namen –, und zugleich der Mann, der ein riesiges illegales Imperium hat, also Prostitution, Glücksspiel und so weiter. Ich hoffe, Harry Lavender ist die gelungene Verkörperung dieser beiden Unternehmertypen.

● Else: Aber Harry Lavender hat doch, zumindest in den Passagen, wo er den Erzählerstandpunkt kontrolliert, auch einen gewissen machoistischen, abgründigen Charme, oder? Ich meine, wenn er in einem Film eine körperlose Sprecherstimme wäre, stelle ich mir diese Stimme tief, sinnend und schmeichlerisch moduliert vor. Welchem von den beiden genannten Typen, die Sie in ihm versammeln, würden Sie diesen Charme eher zuordnen, dem Geschäftsmann oder dem Gangsterboß?

● Marele: Beiden. Der eine wie der andere ist doch auf ein gewisses Maß von Charme angewiesen. Ich meine, ein Söldner, ein gemieteter Schläger würde nicht unbedingt solchen Charme brauchen – außer, daß es ihm beim Überleben hilft, wenn er sich Freunde zu machen weiß. Aber ein skrupelloser Unternehmer – egal, ob er diesseits oder jenseits der Gesetze operiert – rafft Macht an sich und mißachtet die Rechte anderer und die Regeln guten Benehmens, also braucht er darüber hinaus noch etwas, womit er Leute manipulieren kann, damit sie sich nicht querstellen.

Wenn ich mir Harry Lavender vorstelle, habe ich eine Figur aus einem Film im Sinn, auch wenn ich ihn keineswegs dieser Figur nachempfunden habe, sondern diese imaginäre Ähnlichkeit mir erst später auffiel. Ich meine den Film *Angel Heart* mit Mickey Rourke als Detektiv. Darin spielt Robert de Niro den Teufel, und der ist in der Tat ein Charmeur. De Niro stellt den Teufel als charismatischen Verführer dar, ein plausibler Aspekt. Und obwohl Harry Lavender ja in dem Krimi selbst nie in Erscheinung tritt, wir ihm nie begegnen, stelle ich mir ihn ein bißchen wie de Niro als Teufel vor, wie er diese Eier verzehrt.

● Else: Es klingt vielleicht verrückt, aber irgendwie kommt das zwischen den Zeilen wohl rüber, jedenfalls hatte ich genau das gleiche Bild von ihm, ich dachte auch an de Niro in dieser Rolle.

● Marele: Tatsächlich? Das ist gut.
● Else: Sie scheinen Filme sehr zu mögen.
● Marele: Ja, das stimmt. Mehr, als gut ist. Ich liebe es, ins Kino zu gehen. Das ist auch der Reiz des gemeinsamen Erlebnisses. Für mich ist Kino irgendwie das Pendant zum Lagerfeuer, wo sich Leute zusammenfinden und Geschichten erzählen. Du sitzt im Dunkeln und starrst in die Flammen, während die Geschichte erzählt wird. Die Leinwand fühlt sich für mich ganz ähnlich an. Bücher sind anders – eine viel intimere, privatere Art, sich Geschichten erzählen zu lassen.
● Else: Apropos Bücher. Was lesen Sie denn überhaupt selbst gern? Haben Sie Lieblingsautorinnen oder -autoren? Was für Bücher, was für Geschichten begeistern Sie – beim Lesen und beim Schreiben?
● Marele: Oh, das kann ich unmöglich auf ein Genre festlegen. Es sind einzelne Bücher, die es mir spontan antun. Ich sitze dieses Jahr in der Jury einer Preisverleihung für Erstlingswerke, und ich habe gerade meine Beurteilungen fertiggeschrieben. Einige von den Manuskripten sind meiner Meinung nach wirklich aufregende Literatur.
So etwas finde ich sehr spannend, neue Talente entdecken, die Faszination und der Enthusiasmus im Frühwerk von jungen AutorInnen ganz am Anfang ihrer schriftstellerischen Laufbahn. Und sonst? Ach, es gibt tausende und abertausende von Büchern, und die meisten davon erzählen ein und dieselbe Geschichte – und das ist ja auch völlig in Ordnung. Die Amerikanerin Willa Cather hat mal gesagt, es gibt im Grunde nur zwei oder drei Geschichten auf der ganzen Welt, und diese erzählen wir einfach immer wieder neu, so eindringlich, als geschähe es zum ersten Mal. Derselbe Gesichtspunkt, von einer anderen Person erzählt, kann stets von neuem interessant sein – wie das Leben, ich meine, jeder Mensch hat ein Leben, und dieses Leben beginnt im wesentlichen immer gleich und endet immer gleich, aber es kommt auf das an, was zwischen Anfang und Ende stattfindet, und das ist bei jeder Person einmalig. Der grundliegende Plot braucht sich da kaum zu unterscheiden – na ja, erst sind wir klein, dann werden wir älter, und hoffentlich weiser, jedenfalls ist das in etwa der Ablauf.
Für mich ist das Besondere an einer Geschichte die persönliche Erfahrung, die die eigentliche Story ausmacht. Ich schreibe Kriminalliteratur, und wesentliches Kriterium bei Kriminalliteratur ist eine interessante Story. Du denkst dir eine Figur aus, die wir im wirklichen Leben vielleicht treffen könnten. Diese Figur erzählt nun ihre besondere Story; sie zeigt, wie es ist, in dieser Zeit an diesem Ort eine Frau mit diesem Hintergrund zu sein: in Sydney Ende des 20. Jahrhunderts, verstrickt in persönliche Kämpfe, ihr Verhältnis zu ihren Kindern, ihrem Ex-Mann, und so weiter und so fort – was das Leben eben so beschert. Das ist die Story.

»Eine optisch wunderschöne Stadt.« Marele Day über Sydney

● Else: Das hat ja wiederum ziemlich unmittelbar mit sozialen Verhältnissen und Zeitgeschehen zu tun. Was liegt Ihnen denn politisch am Herzen?
● Marele: Hm. Nun, ich bin nicht unbedingt eine Freundin von idealistischen Höhenflügen, ich würde mich eher als Pragmatikerin bezeichnen. Aber ich würde jederzeit für eine gleichberechtigte Welt eintreten, in der wirklich alle Leute die gleichen Chancen haben, etwas aus ihrem Leben zu machen – ganz gleich, was ihr Geschlecht, ihre Abstammung, ihr ethnischer Hintergrund oder ihr Alter ist, unabhängig von all diesen Dingen.
Ich nehme an, ich wünsche mir einfach ein harmonisches Leben voller Möglichkeiten – das habe ich schon ziemlich gut hingekriegt –, und ebenso wünsche ich mir eigentlich auch die Welt. Harmonisch. Andererseits haben Konflikte einen festen Platz darin – und zu einem gewissen Maß muß das wohl auch so sein, denn ohne jede Form von Konflikten wären wir alle einfach tot. Aber ich halte es für sehr wichtig, immer ein harmonisches Zusammenleben in dieser Welt anzustreben.
● Else: Also, bei unserem Verlagsprojekt Ariadne, »Bausteine für eine feministische Kultur«, geht es ja um würdevollen Lesegenuß von und für Frauen, um eine Kultur weiblichen Selbstbewußtseins, um die Verbesserung und Neubesetzung eines Genres, das eine starke und dumme sexistische Tradition hatte. Das »feministische« Element der Reihe füllen die Autorinnen ganz unterschiedlich, und das ist uns auch wichtig – manche von unseren Autorinnen würden sich selbst vermutlich nicht als Feministinnen sehen, auch wenn sie mit ihren Heldinnen ein Stück selbstbewußte Frauenkultur schreiben. Daher nun die Frage: Würden Sie sagen, daß Ihre

Bücher in einem solchen Sinne feministische Aspekte enthalten und daß Ihre Heldin Claudia Valentine zu einem feministischen Kulturanspruch beitragen soll?

● Marele: Ich bin froh, daß Sie mich das gleich so fragen, daß ich nicht einfach auf »ist Claudia beziehungsweise bin ich Feministin?« antworten muß. Denn dann hätte ich sagen müssen, erklär du mir, was eine Feministin ist, dann kann ich dir sagen, ob ich oder meine Protagonistin diese Kriterien erfüllen. Nun – zunächst muß ich mich abgrenzen, auch wenn meine Position seit dem Schreiben des ersten Buches 1988 eine Entwicklung durchgemacht hat. Beim Schreiben des ersten Buches schien es mir gar nicht so ungewöhnlich, daß meine Protagonistin eine Frau in einem typischen Männerjob ist. Ich wollte einfach eine Welt darstellen, in der das absolut denkbar und völlig akzeptiert ist. In diesem Sinne, denke ich, ist sie durchaus Feministin, denn mit ihr geht eine Welt der Gleichberechtigung einher. Allerdings steht sie auf keinem Rednerpult, sie predigt nichts. Sie betont auch nicht die Unterschiede – denn sicherlich ist die Realität wohl noch nicht ganz so weit, in Wirklichkeit ist die Gleichberechtigung nicht auf dem Stand, den wir gern hätten –, aber Claudia bewegt sich ganz selbstverständlich in ihrer Rolle, sie setzt ihre Geschlechtsrolle auch für ihre Zwecke ein, zum Beispiel sagt sie, daß die Leute Frauen mehr erzählen als Männern, einer Frau eher die Tür aufmachen und so was. Ich versuche, ihren Umgang mit ihrem Geschlecht weder zu propagieren noch zu rechtfertigen, sondern als *gegeben* zu zeigen. Sie macht diese Arbeit und fertig, und es *sollte* eigentlich nichts Ungewöhnliches daran sein. Ich wollte ideologisch plausibel schreiben und mich zugleich nicht auf Ideologie fixieren; sicher habe ich Wert darauf gelegt, einige typisch männliche Spezialitäten des Genres nicht zu brauchen, zum Beispiel die ausufernde Darstellung von Gewalt. Die meisten hardboiled-Helden müßten längst hirntot im Koma liegen, so wie sie ständig zusammengedroschen werden. Claudia hingegen bemerkt an einer Stelle in *Leben und Verbrechen des Harry Lavender* (Marele zitiert wörtlich aus dem Kopf): »Ich sah das Telefon an, und ich sah das Bett an. Das Bett gewann. Ich habe nie verstanden, wie Philip Marlowe und Konsorten ein ganzes Buch hindurch auf Achse sein können, sich anschießen, zusammenschlagen und gelegentlich vernaschen lassen,

Im Sommer '95 bei Ariadne: Der zweite Claudia-Valentine-Krimi. Geplanter Titel: *Das Rätsel der chinesischen Schachteln.*

ohne dabei je ins Bett zu gehen.« – Claudia gibt einfach zu, daß Weglaufen eine gute Verteidigung sein kann, daß eine nicht stets und ständig *tough* sein muß. Ich denke, es ist wichtig, daß Frauen zu eigenen Entscheidungen kommen. Was das Bekennen zum Feminismus angeht, habe ich Probleme mit einem gewissen Phänomen in der feministischen Bewegung, ich nenne das mal »Gedankenpolizei«. Es gibt diesen dogmatischen Anspruch, du sollst dich streng an eine Art Parteilinie halten und ja nicht davon abweichen. So ist Claudia Valentine ganz bewußt *nicht*. Sie trifft ihre eigenen Entscheidungen, zum Beispiel kleidet sie sich gern *femme*, und sie findet, daß Regeln zum Übertreten einladen, sie genießt es immer ein bißchen, Grenzen zu überschreiten. Ich finde es deprimierend, wenn Emanzipation darin bestehen soll, ein System von Beschränkungen einfach durch ein anderes auszutauschen. Vielleicht sollten wir grundsätzlich keinerlei Regeln akzeptieren, die nicht aufgrund eigener Erfahrung in unserem Sinne sind. Ich mag die Vorstellung, daß wir selbständig entscheiden, welche Verhaltensregeln wir uns als sinnvoll aneignen.

● Else: Inwiefern ist das Ihrer Meinung nach ein Widerspruch zum Feminismus? Könnte doch auch eine individualistische Form desselben Anliegens sein, oder?

● Marele: Ja, klar, deshalb bezeichne ich mich als politische Pragmatikerin, und wenn Sie so wollen, bin ich eine pragmatische Feministin. Ich behalte mir vor, zu jeder Frage einen eigenen Standpunkt zu haben – insofern würde ich nie sagen, ich bin in jedem Fall Feministin oder nicht Feministin. Ich muß immer erst rückfragen, was der oder die Fragende darunter versteht.

● Else: Das leuchtet mir schon ein. Trotzdem finde ich es nicht günstig, zu erlauben, daß Feminismus mit Dogmatismus gleichgesetzt wird. Weil es die reaktionären Haltungen stärkt, wenn jede sich abgrenzt, und weil es neues Schweigen über den laut gewordenen Frauenwiderstand gegen Ungleichheit legt. Ich persönlich sage aus diesem Grund immer zuerst ganz entschieden, ja, ich bin Feministin, und dann prüfe ich die Reaktion und erkläre gegebenenfalls mehr dazu.

● Marele: Ja, stimmt schon, das kann ich auch sehen. Die literarische Metapher dafür wäre vielleicht das Kinderbuch, wo es heißt, jedesmal, wenn ein Kind laut sagt, ich glaube nicht an Feen, stirbt eine Fee. Die Idee braucht tagtägliche Bekräftigung, um am Leben zu bleiben. Insofern sollte tatsächlich jede Frau, die für Chancengleichheit ist, sagen, ja, ich bin Feministin, und dann hinzufügen, was sie damit meint und was nicht.

Ich sehe dabei auch die Schwierigkeit von Generationswechseln. Frauenthemen brauchen für neue Generationen neue Aufmachungen, auch wenn das für die Vorgängerinnen vielleicht traurig ist. Aber eines ist klar: Wir müssen dafür sorgen, daß unsere Stimmen, die seit Anfang der 20er Jahre immer vernehmlicher geworden sind, auch weiterhin zu hören bleiben, und wenn dafür eine neue Aufmachung nötig ist, dann muß die eben her. – Ich persönlich würde es überhaupt begrüßen, wenn politische Definitionen regelmäßig zur Disposition gestellt und öffentlich neu diskutiert würden – alle Begriffe aus der Politik. Die Ideologien werden doch kaum vor dem Hintergrund der Zeit reflektiert, ich meine, wir gehen auf das 21. Jahrhundert zu, und man kann nicht stur in der Terminologie der industriellen Revolution bleiben, als hingen alle Fragen an der Dualität Arbeiter/Fabrikbesitzer, oder so tun, als sei links gleich Kommunismus gleich irgend so ein Blockparteien-Ding aus dem 19. Jahrhundert. Das glaubt doch kein Mensch.

● Else: In Europa schon.

● Marele: Im Ernst? Nun ja, ich nehme an, noch ist die Paranoia sehr viel größer als in Australien, weil Europa und insbesondere Deutschland jahrzehntelang Tür an Tür mit den kommunistisch definierten Regimes gelebt hat, so würde ich mir das erklären. Hier in Australien ist das weiter weg, es gab vor Jahren eine antikommunistische Periode, viele Leute waren wegen ihrer Überzeugungen Diskriminierung ausgesetzt, wenn auch nie so schlimm wie in Europa oder in den USA während der McCarthy-Ära. Aber die akute Paranoia haben wir in Australien hinter uns.

● Else: Erfrischender Standpunkt. Wo wir gerade bei Paranoia sind: Wie ist das eigentlich, haben Sie Ihrer Protagonistin Claudia Valentine Ihre eigenen Haltungen, Ängste und Wünsche mitgegeben? Oder ist sie ein völlig anders gestrickter Mensch als Sie selbst?

● Marele: (lacht) Autobiographische Anteile meiner Heldin, ja? Ich wünschte, ich bekäme jedesmal einen Dollar, wenn mir diese Frage gestellt wird! Nein, ich habe von Anfang an ganz klar entschieden, daß meine Protagonistin nicht mein, sondern ihr eigenes Leben führt. Wissen Sie was, Else, als man mich das zum ersten Mal fragte, war ich richtig gekränkt, weil ich dachte, trauen die mir nicht zu, daß ich mir eine Persönlichkeit *ausdenken* kann? Inzwischen weiß ich, daß es so nicht gemeint ist, keine Sorge. Aber obwohl Claudia Valentine ein ganz anderes Leben führt als ich, lebe ich nun schon sechs Jahre mit ihr, und da passiert es gelegentlich, daß ich plötzlich einen Satz sage, der von ihr stammt. Auch eine imaginäre Person prägt eben. Insofern identifiziere ich mich sicherlich ein wenig mit ihr. Nun hatte ich, als ich diese Figur konstruierte, keine klare Vorstellung, was das genau bedeuten würde, aber ich wollte unbedingt, daß sie ein ganzheitliches Leben führte – nicht so wie Agatha Christies Miss Marple, die lediglich als scharfer Verstand auftritt und abgesehen vom Lösen der Rätsel nicht viel treibt. Ich wollte, daß Claudia eine lebendige Frau wie aus Fleisch und Blut ist, und daß in ihrem Leben alle möglichen Dinge auftauchen, die zu heutigen Frauenleben gehören könnten – Kinder, Beziehungen, Krisen und Probleme und so fort. Ich habe das bei Typen, wie Humphrey Bogart sie spielte, immer vermißt, die hatten nie Kinder, Lebensgefährten, Mütter, Väter oder persönliche Schwierigkeiten. Es wäre natürlich einfacher gewesen, wenn ich eine Figur gebastelt hätte, die nichts anderes tut als zu ermitteln, die sonst kein eigenes Leben führt. Aber das wäre für mich keine ganze Persönlichkeit, keine ganze Frau. Claudia hat ihre eigene Geschichte, und sie gibt Kommentare ab über ihre Situation, über das, was sie privat und beruflich erlebt. Wir erfahren auch, wie sie Leuten gegenübertritt, wie sie sich auf andere Menschen bezieht und wie sie ist, wenn sie sich allein weiß. Ich weiß nicht, ob das überhaupt nur bei einer weiblichen Person gelingen kann, aber sie ist jedenfalls in meinen Augen eine ganze Frau mit allen Aspekten des Lebens, sie leiert nicht nur ihre Ermittlungen herunter. Sie ist nicht einfach noch ein weiterer männlicher Privatdetektiv, nur im Kleid.

● Else: Schön gesagt, und wie ich finde, auch im Krimi rundum gelungen. Nun haben wir gründlich über Claudia Valentine und das Schreiben gesprochen – darf ich zum Abschluß noch etwas Persönliches fragen? Was ist Ihr größter Wunsch?

● Marele: Nun, wenn Ihnen das nicht zu allgemein ist – mein allergrößter Wunsch war immer und ist ein vielseitiges und erfülltes Leben, wobei ich froh feststellen darf, daß ich das schon habe. Also – wenn ich weiterhin kriegen kann, was ich jetzt habe, wäre das schon ganz prima. Wobei das nicht heißt, daß sich nichts ändern soll! Okay?

● Else: Vielen Dank, Marele Day!

Die Frau, die Anna O. eine Stimme gab

Sarah Schulman, amerikanische Schriftstellerin und Aktivistin, kam im Sommer 93 auf Lesetournee nach Deutschland, um ihr hiesiges Publikum kennenzulernen und ihren gerade erschienenen Roman *Einfühlung* vorzustellen. Die radikale, innovative Autorin hatte es mit ihren politischen und literarischen Anliegen hier nicht immer leicht ... Martina Sander war als Dolmetscherin und Tourpartnerin mit unterwegs und schrieb uns einen Bericht.

Zur Lesetour mit Sarah Schulman hatte ich im Vorfeld offengestanden ziemlich gemischte Gefühle. Denn was mir bevorstand, waren 14 Tage mit einer Autorin, die gerade von einer chaotisch organisierten Lesereise aus Großbritannien und Irland kam, Gespräche und Interviews mit Hunderten von Leuten geführt hatte und nichts anderes wollte, als ihre Ruhe haben.

Unsere erste Begegnung verlief entsprechend kühl. Mein freundliches »Nice to meet you« wurde mit einem knappen »Hi« beantwortet. Die bei AmerikanerInnen sonst so gängige Floskel »How are you« verkniff ich mir daraufhin lieber. Kaum waren organisatorische Einzelheiten besprochen und jene Passagen aus *Leben am Rand* und *Einfühlung* festgelegt, die in den nächsten Wochen gelesen werden sollten, schulterte Sarah ihren Rucksack und machte sich davon.

Ähnlich kurz und nüchtern verliefen unsere nächsten Begegnungen in den Räumen des Argument Verlags. Interviews mit diversen Zeitschriften und Radiosendern waren zu absolvieren, und sowie ihre Aufgabe erledigt war, hörten wir ein kurzes »Bye« und eine Tür klappen, und weg war sie.

Mein Mut sank. Ich sah die nächsten zwei Wochen in immer trüberem Licht. Die erste Lesung im Hamburger Literaturhaus steigerte kaum meine Lust, zwei Wochen Sarah Schulmans Dolmetscherin zu spielen: Sie sprach zu schnell, ich verstand sie nicht, das Publikum verstand mich nicht, und ich verstand das Publikum nicht – weder akustisch noch inhaltlich. Kurz gesagt: Irgendwie hatten wir uns das alle – die Frauen vom Argument Verlag, Sarah und ich – ganz anders vorgestellt. Bereits nach fünfzehn Minuten beendete Sarah unmutig die Diskussion. Ein schwieriger Auftakt ...

Oldenburg war dann der eigentliche Beginn der Tour durch die BRD, die uns in den nächsten zwei Wochen per Bahn in Groß- und Kleinstädte führte. Plötzlich aufgekratzt, eröffnete sie die Diskussion in der Oldenburger Kulturetage mit den Worten: »Kann ich ein Bier haben?«

Ich rätsele bis heute, was den jähen Stimmungsumschwung bewirkt haben könnte. Vielleicht waren es die Probleme der VeranstalterInnen mit der Lichttechnik: »Soll ich's mal probieren?« hörte ich mehr feststellend als fragend von Sarah, die bereits auf dem Weg zur Beleuchtungs-Installation war und unseren Tisch und Stühle ins rechte Licht rückte. – Vielleicht war es aber auch die Ankündigung eines Kiss-Ins im Oldenburger Rocktheater, die die Aktivistin in Sarah weckte: Listig lächelnd zückte sie ein Flugblatt der *Lesbian Avengers* (einer neuen aktionistischen Lesbenbewegung, die vor allem gegen die homophobe Rechte in den Staaten kämpft) und verkündete: Wer dabei mitmacht, bekommt von mir unser Manifest.

Auf Oldenburg folgte Göttingen, auf Göttingen Bielefeld, und so ging es weiter mit der Bundesbahn durch deutsche Lande. Und ich lernte eine ganz andere Sarah Schulman kennen, als es zunächst zu vermuten gewesen war: scharfsichtig, genau beobachtend, neugierig, witzig, polemisch – und immer sehnsüchtig die Tage bis zum Rückflug nach New York zählend. Daß Lesereisen nicht gerade zu Sarahs Lieblingsbeschäftigungen gehören, war bereits in Oldenburg nicht mehr zu spüren. Sie ist einfach zu sehr »political animal«, als daß sie sich die Chance entgehen ließe, mit Menschen ihre eigenen und deren Standpunkte zu diskutieren. Dabei ging es während der Tournee auch meist um ganz andere Dinge als im Literaturhaus (wo sie allenfalls gefragt worden war, welche Identität sich bei ihr zuerst entwickelt habe, jene als Schriftstellerin oder jene als Lesbe). Im Mittelpunkt der Gespräche standen vielmehr die Themen ihrer Bücher: das Verhältnis zwischen Schwulen und Lesben in den Staaten, die Aids-Politik hier wie in den USA, das zunehmend diskutierte Thema Frauen/Lesben und Aids, Fragen nach einem lesbischen Selbstverständnis, aber auch Fragen nach den Bedingungen des Schreibens und ihrem Erfolg. Schon dieses Spektrum zeigt, daß sich Sarah Schulmans Bücher weder auf politischen Aktionismus noch auf rein literarische Aspekte reduzieren lassen. Sie stehen in einem politischen *und* in einem literarischen Zusammenhang.

Obwohl die Lesungen von den unterschiedlichsten VeranstalterInnen – Act-up Gruppen, Frauen- und/oder Schwulenbuchläden oder andere Schwulen- und Lesbengruppen – organisiert waren und an den verschiedensten Orten stattfanden, stellte sich in den Diskussionen eine erstaunliche Kontinuität der Fragen und Themen ein. Egal ob in den kleineren Städten oder in Großstädten wie München und Berlin, eine Frage – provoziert durch jene Passagen aus *Leben am Rand*, in denen die Zusammenarbeit von Schwulen und Lesben bei Act-up liebevoll karikiert wird – wurde früher oder später immer gestellt: »Stimmt es, daß in den USA Schwule und Lesben politisch eng zusammenarbeiten?« Der ungläubige Ton verwies auf die Situation der Fragenden, auf den Separatismus zwischen Schwulen und Lesben in der BRD. Und nicht nur zur Situation in den USA nahm Sarah Stellung. In den folgenden zwei Wochen entwickelte sie ihre eigene Sicht der deutschen Situation. In den USA ist die Schwulen- und Lesbenszene durch die Aids-Krise geprägt worden; 200.000 Menschen starben seit Anfang der achtziger Jahre, der größte Teil davon schwule Männer. Diese Erfahrung, wie sich die unterschwellige Homophobie in der Gesellschaft angesichts von Aids in offene Ausgrenzung und Ignoranz verwandelte (zentrales Thema in *Leben am Rand*), hat dazu beigetragen, daß es heute eine gemischte Schwulen- und Lesbenbewegung gibt. Nachdem Sarah auf fast jeder ihrer Lesungen nach dem Verhältnis von Schwulen und Lesben in den USA gefragt wurde, schrieb sie für eine der letzten Lesungen auf der Berliner Volksuni einen Kurzvortrag, in dem sie die Entwicklung der lesbisch-schwulen Bewegung in den USA zusammenfaßte:

»In den USA hat man Schwule in großer Anzahl sterben lassen, weil sie schwul sind, nicht weil sie Männer sind. Weil Menschen mit Aids allein gelassen wurden, hat die Schwulen-Lesben-Gemeinde sich ihnen gegenüber als Familie verhalten, nicht nur, indem sie ständig für Versorgungs-

einrichtungen und Forschung kämpft, sondern sich auch auf emotionaler Ebene und in der praktischen Pflege und Versorgung der Kranken als Familie verhält. Die Beziehungen zwischen Lesben und Schwulen sind dort, wo Aids allgegenwärtig ist, nicht von Ideologie bestimmt, sondern es sind emotionale und persönliche Beziehungen. Das ist keine vollkommene Beziehung, aber welche ist das schon?«

Hinzu kam, so Sarah, daß es angesichts des Rechtsrucks in der amerikanischen Gesellschaft unter der Reagan-Administration und angesichts der Homophobie heterosexueller Frauen eine aktionspolitisch aktive Frauenbewegung nicht mehr gebe. »Wir haben heute in den USA eine gemischte Bewegung. Du findest im wesentlichen keine Frauenzentren mehr, sondern Schwulen-Lesben-Zentren, keine Frauenbuchläden, sondern schwullesbische Buchläden.«

Die simple Übertragung der US-amerikanischen Situation auf Deutschland greift jedoch zu kurz und wäre zynisch. Als New Yorkerin betrachtete Sarah die deutschen Städte und Menschen mit anderem Blick. Manche deutsche Alltäglichkeit erschien ihr dabei alles andere als selbstverständlich. »Den Menschen hier geht es besser. Sie sind sozial besser abgesichert. Das Brot ist besser, die Parks und Straßen sauberer. Ich empfinde Deutschland als ein sehr homogenes Land. Du siehst überwiegend Weiße.« In den Staaten und vor allem in New York mit seiner kulturellen und ethnischen Vielfalt definieren sich Lesben und Schwule nicht nur aufgrund ihrer sexuellen Orientierung als Minderheit. »In Deutschland dagegen scheint Homosexualität beinahe der einzige sichtbare Konflikt mit der herrschenden Gesellschaft zu sein.« Dieser Unterschied spiele eine besonders große Rolle, denn dadurch stünden vor allem die Differenzen und nicht die Gemeinsamkeiten in der Unterdrückung durch die herrschende Gesellschaft im Vordergrund und erschwerten die Solidarität, die für eine politische Zusammenarbeit nötig wäre.

Sarahs Kritik richtete sich dabei nicht nur gegen die vornehmlich heterosexuelle Ignoranz in bezug auf Aids, sondern auch gegen lesbische Widerstände. »Frauen kämpfen in jeder Befreiungsbewegung der Welt, ohne je ihre eigenen Interessen in den Vordergrund zu rücken. Nur wenns um *schwule* Männer geht, sträuben sie sich!« stellte sie ein ums andere Mal provokant in den Raum. Im Widerspruch dazu sei hier hinzugefügt, daß es vor allem Frauen/Lesben waren, die zu ihren Lesungen erschienen, und nicht schwule Männer (natürlich gab es Ausnahmen, z.B. das Magnus in Bielefeld, die Lesung in München, und Berlin), von Heteromännern ganz zu schweigen. So viel zum schwullesbischen und lesbisch-schwulen Separatismus. Und dennoch war ihr Zorn und ihre Ungeduld, die in solchen Polemiken zum Ausdruck kamen, verständlich. Es ist eben nicht nur die Einsicht in die politische Notwendigkeit, sondern die eigene Verlusterfahrung und Betroffenheit, die jene Solidarität zwischen Lesben und Schwulen mit geschaffen hat. »Aus meinem Bekanntenkreis sind seit Beginn der Aids-Krise an die zweihundert überwiegend schwule Männer gestorben.« Fragen wie »Warum schreibst du überhaupt über schwule Männer, und nicht über Frauen und Aids?« sind da sicher schwer zu ertragen.

Dabei ist *Leben am Rand* eine der wenigen literarischen Auseinandersetzungen mit diesem Thema: »Schockierenderweise taucht Aids in der amerikanischen Literatur nicht auf, nicht einmal nach 200.000 Toten. Natürlich treibt das Thema Aids schwule Schriftsteller um. Sie thematisieren es entweder direkt oder vermeiden es genauso absichtsvoll und bewußt. Mehr und mehr beziehen lesbische Schriftstellerinnen in ihren Werken Stoff ein, der mit der Aidskrise zu tun hat. Die meisten schwulen Schriftsteller allerdings, die den Virus bisher direkt konfrontiert haben, sind tot oder HIV-infiziert. Nach einem oder zwei Büchern gibt es keine Kontinuität mehr. Oftmals sind die Bücher zu hastig geschrieben, während die Uhr tickt – aber vielleicht ist es das, was Aids-Literatur bedeutet: die halbfertige Geschichte.«

Auch wenn das Thema Frauen und Aids, das einige Frauen vergeblich in Sarah Schulmans Büchern gesucht haben, nicht im Zentrum von *Leben am Rand* steht, bedeutet das nicht, daß sie nicht auch hierzu eine dezidierte Position vertritt. Waren es am Anfang vor allem Schwule, die der tödlichen Gleichgültigkeit der heterosexuell dominierten Gesellschaft ausgesetzt waren, so trifft diese Gleichgültigkeit zunehmend Frauen, die einen immer größer werdenden Teil der HIV-Positiven darstellen. Dennoch betrachtete Sarah die in Deutschland gerade einsetzende Diskussion über Safer Sex für Lesben skeptisch. Jedes Mal, wenn die Stichworte Safer Sex und Dental Dams fielen, ging ein Rucken durch Sarah, als krempele sie sich innerlich die Ärmel hoch. Dann setzte sie zu einem Kurzvortrag über Übertragungswege an, berichtete über jene Fälle, in denen Frauen behaupteten, sich beim Sex mit einer anderen Frau angesteckt zu haben, und erklärte, daß in allen diesen Fällen andere Übertragungswege möglich gewesen wären, sei es, daß eine Frau/Lesbe auch Sex mit Männern gehabt hat, sei es, daß sie in einer Beziehung mit einer Drogenabhängigen lebte. »Die Diskussion über Lesben und Safer Sex hatten wir vor fünf Jahren. Aber müßten wir als Lesben es nicht am besten wissen, wenn wir dem gleichen Risiko ausgesetzt wären?« Genau so, fügt sie hinzu, wie es die Schwulengemeinde selbst war, die das damals noch mysteriöse Sterben von Freunden und Bekannten als erste wahrnahm – und lange vergeblich versuchte, eine größere Öffentlichkeit herzustellen. Hinter der ganzen Diskussion um Safer Sex für Lesben stehe vielmehr die Bereitschaft von Frauen, sich in ihrer Sexualität Behinderungen und Einschränkungen gefallen zu lassen. Eine entschieden pragmatische Position vertritt sie hinsichtlich des Gebrauchs von Dental Dams: »Es funktioniert nicht. Du kannst damit einfach nicht kommen.« Nicht alle Frauen jedoch waren von ihrer Position zu überzeugen. Einige Male kamen Frauen nach der Lesung zu Sarah und berichteten über Bekannte und Freundinnen, die HIV-positiv seien, sich aber nicht beim Sex mit Männern, durch infizierte Nadeln oder Bluttransfusionen angesteckt hätten, sondern beim

Amerika heute

»Daddy, ich hab' Angst – unter meinem Bett ist ein Roter.«
»Sei nicht albern, Sohn – die gibt's doch längst nicht mehr.«

»Bestimmt ist es ein Künstler oder ein Schwuler.«

Sex mit einer anderen Frau.

Auch in ihrem neuesten Buch *Einfühlung* hat das Thema Aids seinen Platz, wird hier die nunmehr fast 15-jährige Aids-Krise reflektiert: »Bei Jacks Trauerfeier heute morgen ist mir klar geworden, daß ich im ersten Begreifen der Ungeheuerlichkeit, die mit meinen Leuten geschah, nur antizipierte, daß ich viele verlieren würde. Aber ich verstand nicht, daß die von uns, die übrigbleiben, auch die Fähigkeit verlieren würden, richtig zu trauern. Ich habe das Gefühl, daß ich von der Quantität des Todes entmenschlicht worden bin, und daß ich jetzt nicht mehr jeden einzelnen Menschen richtig beweinen kann.« Dies sagt Anna O., die Protagonistin in *Einfühlung*. Ein Buch, in dem es um vieles geht und das in verschiedenen Ländern die unterschiedlichsten Lesarten erfährt: »In den USA handelt es vom Zerfall des amerikanischen Traums, in England gilt es als Auseinandersetzung um lesbische Identität und in Deutschland als Spiel mit der Psychoanalyse.« Für Sarah selbst steht die Frage nach den Bedingungen und Möglichkeiten lesbischer Identität im Mittelpunkt: »Lesbischsein ist im 20. Jahrhundert auf zwei Arten definiert worden. Die erste Definition besagt, daß Lesben Männer hassen, und die zweite, daß Lesben Männer sein wollen. Das heißt, du kannst nur in Beziehung zum Mann existieren. Es ist, als ob du nicht Lesbe und gleichzeitig Frau sein kannst.« Und so arbeitet sich Anna O. an der bekannten Definition Freuds über das Lesbischsein ab, die dem Roman als Zitat vorangestellt ist: »... Seit jener ersten Züchtigung wegen einer allzu zärtlichen Annäherung an eine Frau wußte sie, womit sie den Vater kränken und wie sie sich an ihm rächen konnte. Sie blieb jetzt homosexuell aus Trotz gegen den Vater.«

Dabei versucht *Einfühlung* einen anderen Weg lesbischer Identität zu erforschen, die den eigenen Erfahrungen wahrhaftiger entspricht als die in der lesbischen Literatur sonst so gängige Coming-out-Formel *Frau trifft Frau, Frau verliebt sich in Frau, Frau hat Coming-out, Ende der Geschichte*. »Dies entspricht einfach nicht meiner Erfahrung. Coming-out ist ein absoluter Zusammenprall von Systemen, eine Erfahrung, die in dieser Kultur keinen Raum hat. Coming-out ist ein lebenslanger Prozeß und kein einmaliges Ereignis, das sich in eine linear erzählte Geschichte verpacken ließe. – Ich behandle Coming-out nicht anekdotisch, sondern auf formale Weise. Denn es geht um die Veränderung von Struktu-

ren, und deswegen benutze ich das, was man postmoderne Techniken nennt, um diese emotionale Gespaltenheit auszuloten über das, was es bedeutet, lesbisch zu sein und Frau zu sein.«

Und so findet sich in *Einfühlung* ein Konglomerat von scheinbar Unzusammenhängendem: Kochrezepte, Mini-Dramen, die schlaglichtartig den jüdischen Familienhintergrund ausleuchten, Erinnerungen an ehemalige Geliebte und Szenen, die lesbische Sexualität und Nähe auf andere Weise beschreiben. »Was ich in *Einfühlung* versucht habe, ist, Gefühle nicht zu beschreiben, sondern im Schreiben zu reproduzieren. Die Wahrnehmung ändert sich, wenn du von Leidenschaft gepackt wirst, sie wird sehr intensiv, die Umwelt und Gegenstände erscheinen ausschnittartig vergrößert.« Was Sarah während der Diskussionen so klar und eindeutig als literarisches Konzept formulierte, war ihr jedoch lange Zeit selbst nicht klar. »Ich wußte lange Zeit selbst nicht, worum es mir eigentlich ging. Ich habe zwölf Fassungen von *Einfühlung* über einen Zeitraum von zwei Jahren geschrieben.« Auch der Name der Protagonistin, Anna O., war bis zur letzten Fassung nicht gefunden. Anna O. ist das Pseudonym, hinter dem sich Berta Pappenheim verbirgt, eine der jüdischen Führerinnen der ersten Frauenbewegung. Als Anna O. gelangte sie in einer der Fallbeschreibungen Sigmund Freuds über Hysterie zu Weltruhm, als Berta Pappenheim ist sie fast in Vergessenheit geraten. »Anna O. hatte niemals selbst Gelegenheit, zu den Ausführungen Freuds Stellung zu nehmen. Ich wollte ihr eine Stimme geben, sie auf Freud antworten lassen.«

Auch wenn sie sich ein anderes Leben als das einer Schriftstellerin nicht vorstellen kann, so hat sich doch Sarahs Motivation mit den Jahren geändert. »Als ich mit dem Schreiben anfing, wollte ich vor allen Dingen für Lesben, die dies nicht offen leben konnten, schreiben, damit sie nach der Arbeit etwas zu lesen hätten. Heute fühle ich mich nicht mehr im selben Maße der engeren Szene verpflichtet. Lesbische und schwule Literatur ist eben einfach nicht mehr die Einöde, die es einmal war. Das gibt SchriftstellerInnen eine sehr viel größere Freiheit.« Und trotz der größeren Bandbreite schwuler und lesbischer Literatur und der zunehmenden Öffentlichkeit auch außerhalb der eigenen Szene kann von einem selbstverständlichen Umgang mit der Literatur von Schwulen und Lesben nicht die Rede sein. Auch wenn sie in großen Verlagen veröffentlicht wird, zielen diese bei der Vermarktung klar auf die homosexuelle Szene der Großstädte, in Katalogen und

Buchhandlungen muß sich Literatur von schwulen und lesbischen AutorInnen unter der Rubrik »besondere Interessen« einordnen lassen. Gegen eine solche Etikettierung als Randgruppenschriftstellerin allerdings wehrt sich Sarah Schulman vehement. »Die meisten meiner Charaktere sind ganz normale Menschen, wie du sie jeden Tag auf der Straße triffst, Menschen, die nur eben in der Literatur nie beschrieben wurden.« Dafür wird in der Beschreibung des Alltäglichen die Normalität als etwas merkwürdiges und auch faszinierendes Fremdes sichtbar, statt »neutral und objektiv« zu sein wie in den Schilderungen weißer heterosexueller männlicher Autoren.

Sarah kritisiert aber nicht nur die Vermarktungsstrategien des amerikanischen Literaturbetriebs, sondern auch die Vereinnahmung durch die eigene Szene. Auf einer der Lesungen, die nur für Frauen bestimmt waren, brach es aus ihr heraus: »Ich habe manchmal das Gefühl, daß meine eigene Szene bestimmen will, für wen meine Bücher sind, als ob ich nur *entweder* lesbisch *oder* intellektuell, aber nicht beides sein kann. Aber ich als Literatin will, daß meine Bücher von allen gelesen werden. Von Lesben, Schwulen, Heteros und Heteras.«

Nur ein einziges Mal blieb die Diskussion nicht auf jene eben schon beschriebenen Aspekte beschränkt, für die Sarah besonders in der Szene geschätzt wird – sei es die Auseinandersetzung mit lesbischer Identität oder die mit der Aids-Problematik. *Einfühlung* handelt auch von der eigenen Ohnmacht und MittäterInnenschaft angesichts politischer Ereignisse wie dem Golfkrieg – oder der Änderung des Asylgesetzes und den Brandanschlägen von Solingen, die beide während der Lesereise geschahen. Nur einmal jedoch provozierte die Golfkrieg-Passage aus *Einfühlung* im Publikum ein Gespräch über das, was im Sommer 93 in Deutschland vorging. Der Ort war – merkwürdig (in des Wortes doppelter Bedeutung) genug – Leipzig.

Über vieles könnte noch berichtet werden: über Frauen, die zu »An der schönen blauen Donau« Walzer tanzten; über Gespräche nach den Lesungen beim Bier, Sarah mit einer Zigarette im Mund, die unangezündet blieb, weil sie sich gerade das Rauchen abgewöhnt hatte; über die letzte U-Bahn-Fahrt in Berlin, als uns sechs Kontrolleure umzingelten, unsere Fahrkarten verlangten (die wir nicht hatten) und uns um 40 DM erleichterten; über »butches«, »femmes« und andere Rollenmuster ...

Am Tag nach der letzten Lesung wanderten wir abends durch Berlin. Unser Ziel war das *Café Anal* in Kreuzberg, das für das steht, was Sarah in Deutschland vor allem vermißte: ein gemeinsamer Ort für Schwule, Lesben und »straight people«.

Tourbegleiterin Martina Sander

»Hey ...«
»Läuft nicht! Nicht mal, wenn du der letzte Fisch auf Erden wärst!«

»Nein, ähm, ich meine, ich bin gefangen, kannst du mir vielleicht helfen?«
»Oh. Ja, klar.« – (wie peinlich!)

Einige Begriffserläuterungen zu HIV/AIDS

ACT UP: Abkürzung für engl. AIDS Coalition to Unleash Power; dt. etwa: AIDS-Koalition, um Energie freizusetzen (to act up = Ärger machen, sich schlecht benehmen); eine Gruppe von sehr unterschiedlichen Personen, deren Gemeinsamkeit in der Wut über die Aids-Krise liegt und die sich entschlossen haben, durch direkte Aktionen die Aids-Krise zu beenden. Im März 1987 schlossen sich in New York Menschen, die sich über die katastrophale Aids-Politik der Regierung empörten, zu einer Gruppe zusammen und gründeten ACT UP. Inzwischen ist daraus eine weltweite Bewegung geworden, in Deutschland gibt es z.Zt. Gruppen in acht Städten.

AIDS: Abkürzung für Acquired Immune Deficiency Syndrome (engl.); eine erworbene Abwehrschwäche, ein Immundefekt. Bei einem Immundefekt vermindert sich die Fähigkeit des Körpers, Krankheitserreger abzuwehren. Es wird vermutet, daß Aids durch das Virus HIV verursacht wird und die Infektion mit HIV das Immunsystem so schwächen kann, daß eine Reihe von Infektionen mit anderen Viren, Bakterien ect. nicht mehr abgewehrt werden können und es deswegen zu lebensbedrohenden Erkrankungen kommt.

AZT = Azidothymidin: Antiretrovirales Medikament, das die Bildung der reversen Transkriptase und damit die Neuinfizierung von Zellen hemmen soll. Es ist zur Behandlung von ARC und Aids zugelassen. Darüber, ob es sinnvoll ist, es bei asymptomatischen Patienten in frühen Stadien der HIV-Infektion anzuwenden, wird in der Forschung derzeit gestritten. Kombinationstherapien mit anderen Hemmern der reversen Transkriptase können evtl. wirksamer und besser verträglich sein und werden in klinischen Studien erprobt, ebenso die Anwendung von AZT bei Kindern. AZT wird in Kapseln eingenommen; Nebenwirkungen: Übelkeit, Erbrechen, Kopfschmerzen, Schlaflosigkeit, Fieber, können mit Therapiepause und niedrigerer Dosierung gemindert werden. Kommt es zu Blutarmut, sind Transfusionen nötig. Ein zentrales Problem: Die Wirksamkeit scheint nur für einen begrenzten Zeitraum zu bestehen, auch kommt es zu Resistenzbildungen.

HIV: Abkürzung für engl.: Human Immunodeficiency Virus; dt.: Humanes Immunschwäche-Virus. 1983 wurde HIV-1 entdeckt, 1986 HIV-2, das HIV-1 ähnelt. HIV gilt als Verursacher von Aids.

HIV-Antikörpertest: eine Blutuntersuchung, um durch den Nachweis von Antikörpern gegen HIV eine Infektion mit dem HI-Virus nachzuweisen; HIV-Antikörper bilden sich in der Regel vier Wochen bis ca. drei Monate nach der Infizierung. Ein HIV-Antikörpertest ist nur nach ausführlicher persönlicher Beratung durchzuführen, Voraussetzung ist die Einwilligung in den Test; eine Testung gegen den Willen der Person erfüllt den Tatbestand der Körperverletzung.

HIV-positiv: sind Personen, in deren Blut beim HIV-Antikörpertest Antikörper gehen das HI-Virus nachgewiesen werden konnten. Viele HIV-Positive sind gesund und haben keine Symptome, und es ist nicht bekannt, wieviele von ihnen erkranken werden. HIV-Positive können aber das Virus durch den Austausch von Körperflüssigkeiten an andere Personen weitergeben.

Immunschwäche (Immundefizienz): angeborene oder erworbene Abwehrschwäche. Die Fähigkeit des Körpers, auf fremde Stoffe mit einer erfolgreichen Immunantwort zu reagieren und z.B. Antikörper zu bilden, ist verloren, und es kommt zu Erkrankungen.

Kofaktoren: sind bei HIV-Infektionen Faktoren, die die Geschwindigkeit beeinflussen, mit der sich der Immundefekt entwickelt. Faktoren, die die Verschlechterung des Immunstatus beschleunigen können, z.B. andere Erreger, psychische Belastungen, Mangelernährung, allgemein schlechter Gesundheitszustand, unbehandelte Geschlechtskrankheiten usw.

Latenzzeit: der Zeitraum, in dem ein Krankheitserreger im Körper ist, aber noch keine Symptome verursacht. Die Latenzzeit bei der HIV-Infektion kann mehrere Monate und oft auch Jahre (8-10 Jahre) dauern.

PWA: Abkürzung für engl.: People with Aids, dt.: Menschen mit Aids. PWA bezeichnen sich selbst und selbstbewußt als solche, um nicht auf das Dasein als »Patientin«, »Klientin« oder »Opfer« reduziert zu werden. PWA kann auch der Name einer Selbsthilfegruppe oder Organisation von PWA sein, z.B. PWA Schweiz, PWA Vancouver (frz.: PVA: personnes vivant avec le sida).

Reverse Transkriptase: ein Bestandteil des HIV, das die Erbinformation des Virus so umschreiben kann, daß die befallenen Zellen sie »verstehen« und somit die Vermehrung des Virus ermöglicht wird. (HIV ist ohne Wirtszellen nicht in der Lage, sich zu vermehren.) Die antiretroviralen Medikamente, die z.Zt. zugelassen sind, funktionieren so, daß sie die R. T. hemmen, um die Virusvermehrung zu vermindern.

Safer sex: Sex, bei dem das Risiko einer HIV-Übertragung quasi ausgeschlossen ist. Dazu gehören z.B. Massage, Masturbation, Voyeurismus, Exhibitionismus, Phantasien, Telefonsex.

Quelle: The Act Up/New York Women & AIDS Book Group: Frauen und AIDS rororo Sachbuch 9635, DM 18,90

Vom Aktionismus zur Publikation oder Die Chance heißt: Go mainstream

Die Zeichen mehren sich: Wir erleben anscheinend eine Ära steigender Hürden für kulturelle wie politische Frauenprojekte. Auch wenn in der Hektik des Hamburger Verlagsbetriebs nur Bruchstücke davon ankommen, ist der kalte Wind doch fühlbar, der vor allem Non-Profit-Projekten im Fraueninteresse mit erneuerter Härte entgegenbläst. Die Feminale wäre unter den Budgetkürzungen fast zusammengebrochen, viele Projekte verschwinden in der Versenkung. In oder neben den Kein-Geld-da-Aussagen seitens der Zuschußgeber wird die Tendenz spürbar: Frauenfragen sind (noch? wieder? schon immer?) Wohlstandsluxus, dafür ist jetzt keine Zeit/kein Geld übrig – jawohl, *übrig*.

Als eine der Forumsredakteurinnen anläßlich des neu erschienenen Sachbuchs zum Thema *Frauen + Aids* mit den Herausgeberinnen sprach, wurde deutlich, daß auch dieses Buch als Projekt begann, das den kalten Wind zu spüren bekam – in offiziellen wie in politisch alternativen Zusammenhängen –, wobei eine große Anzahl der hochmotivierten Akteurinnen früher oder später auf der Strecke blieb. Daß trotz aller Hindernisse am Ende ein inhaltlich relativ kompromißloses Buch (vgl. die Besprechung in der Rubrik Sachbuch) herauskam, sollte letztlich unbedingt ermutigen – aber zugleich die Sinne schärfen gegenüber der verbreiteten Einstellung, Frauenfragen seien im Verhältnis zu Menschheitsinteressen etwa so wichtig wie extraweiches WC-Papier gegenüber Lebensmitteln. – Aids geht alle an, ein vertrautes Motto. Viel zu banal wäre doch dagegen: Frauen gehen alle an – oder?

Wir danken Petra Knust und Nicole D. Schmidt für den folgenden Beitrag.

Die Entstehungsgeschichte unseres Buches *Frauen + Aids* kann ehrlicherweise nur mit dem Eingeständnis begonnen werden, daß wir überhaupt nicht planten, ein Buch zu diesem Thema zu veröffentlichen. Diese paradox klingende Aussage zweier Buchautorinnen ist erläuterungsbedürftig; mindestens zwei Gründe müssen hier angeführt werden: 1. Als wir entdeckten, daß auch in der Aids-Bewegung Frauen nicht »vorkamen«, wollten wir diesen Mißstand für uns aufklären und dann in Aktionen, Flugblättern etc. öffentlich machen. 2. Als die Idee eines Buches entstand, sahen wir uns als Initiatorinnen für eine Aufgabe, die nicht die unsere war; staatliche (sowie staatlich geförderte) Stellen hatten schließlich die Aufgabe der Aids-Information übernommen. Außerdem hatten sich inzwischen WissenschaftlerInnen verschiedenster Disziplinen publizistisch zum Thema hervorgetan. Wir sahen uns nur als Ideengeberinnen an. Aber es kam alles ganz anders.

Vorgeschichte: Frauen sind unsichtbar!

»ACT UP ist eine Bewegung, die sich weltweit für Menschen mit HIV und Aids einsetzt« ist

auch das Motto der deutschen ACT UP-Gruppen. Wir Frauen benötigten einige Zeit und einige schmerzhafte Erfahrungen, um zu realisieren, daß die bekannte feministische Einsicht »Mensch = Mann« auch für diese Bewegung zutreffend ist. Das Resultat war die Gründung einer ACT UP-Frauengruppe. Zunächst tauschten wir uns über unsere Erfahrungen in der schwul dominierten Aids-Bewegung aus. Wir waren als Unterstützerinnen zwar geduldet, aber als Frauen mit eigenen Ansprüchen, Ideen und Forderungen schienen wir eher ein Problem zu sein. (Positive Ausnahmen bestätigen nur die Regel.) Frauen mit HIV und Aids waren bis zur Gruppengründung kein Thema der deutschen ACT UP-Gruppen, und ab Sommer 1991 waren wir, die Frauen+Aids-Gruppe im ACT UP-Zusammenhang »hauptamtlich« für Frauenfragen zuständig. Es zeigte sich rasch, daß damit die »Frauenecke« wieder einmal ein Sonderbereich war, um den mann sich nicht zu kümmern brauchte, und damit einher ging wohl die Erwartung, daß wir in »Dienstleistungsfunktion« treten würden, um die Anfragen nach Info-Materialien und Einzelauskünften zu befriedigen.

Das allgemeine öffentliche Bewußtsein und die Medien wiederum sahen Frauen damals nicht so sehr als dienstleistende Unterstützerinnen aidserkrankter Menschen an, sondern eher als »Aids-Vektoren«: Prostituierte und Mädchen bzw. Frauen auf dem Drogenstrich, bildeten die Zielscheibe für Angriffe und Schuldzuschreibungen. Obwohl HIV als ein u.a. sexuell übertragbares Virus gilt, und sich daher prinzipiell jede Person, die überhaupt Sex hat, anstecken kann, hatte sich die anti-aufklärerische Rede von den »Risikogruppen« der bundesdeutschen Aids-Politik rasch durchgesetzt und das hieß: sogenannte »normale«, d.h. nicht-drogengebrauchende und nicht sich prostituierende Frauen fühlten sich gar nicht betroffen und nicht gefährdet. HIV-positive und aidserkrankte Frauen wurden hingegen passiv oder aktiv ausgegrenzt und entwürdigt. Im Bewußtsein der durchschnittlichen heterosexuellen sowie lesbischen Frau war HIV/Aids ein »Risikogruppen-«, sprich »Randgruppenphänomen«. Und diese fatale Einschätzung ist zum großen Teil auf die ignorante, diskriminierende und realitätsfremde Aids-Politik der zuständigen Bundesbehörden zurückzuführen. Eine kritische Diskussion fand nicht statt.

Ein Feuerwerk von Fragen

Die Diagnose unserer ACT UP-Frauengruppe war eindeutig: So geht es nicht. Es muß endlich etwas für Frauen in der Aids-Krise passieren! Es gibt Frauen mit HIV und Aids, die sich in diesem feindlichen sozialen Klima verstecken müssen, und es muß dringend etwas dafür getan werden, daß es nicht immer mehr werden, die sich infizieren. Als wir versuchten, das Problemfeld *Frauen + Aids* abzustecken, wurde klar, wie wenig wir wußten! *Welche Probleme haben Frauen mit HIV/Aids? Was brauchen sie? Was können wir für sie fordern? Welche Ak-*

tionen sollen wir machen? Welche Gruppen werden sich mit uns solidarisieren? Woher können wir unser Wissen beziehen? Wie wirkt die Krankheit bei Frauen? Wie infizieren sich Frauen? Wie sieht die Prävention aus? Was wären

angemessene, kulturell sensible, frauenspezifische Präventionsformen? Wie wirkt das Standardmedikament AZT auf Frauen? Was wissen Frauen überhaupt; glauben sie das Märchen der Risikogruppen? Was wissen Frauenärzte über HIV/Aids, und wie gehen sie mit Frauen in der Aids-Krise um? – Dies sind nur einige Fragen unseres damaligen Interessenspektrums. Wir waren voller Tatendrang, aber auch stark beeindruckt von der Menge der Arbeit, die uns erwartete, wenn wir diese Fragenkomplexe nur ansatzweise für uns beantworten wollten. Es war deutlich, daß wir uns zunächst einmal das Wissen erarbeiten mußten, das uns in die Position setzen würde, Forderungen zu stellen und diese in Aktionen phantasievoll umzusetzen! Als entscheidende Wissensquelle, zumindest für die englischsprechenden Frauen, diente uns, neben anderen u.s.amerikanischen Materialien, das Buch *Women, AIDS & Activism* der ACT UP New York Women & AIDS Book Group (Boston 1990).

Ein Arbeitswochenende im Januar 1992 markiert den Beginn des Buchprojektes *Frauen + Aids*. Als Arbeitsresultat formulierten wir unseren Wunsch und zugleich unsere Forderung: »Recht auf umfassende Information für alle Frauen, damit sie selbst entscheiden können, wie sie sich verhalten, d.h. schützen oder heilen/behandeln lassen wollen!«

Zwei Beschlüsse wurden gefaßt: 1. Wir als Frauen+Aids-Gruppe bemühen uns darum, daß *Women, Aids & Activism* ins Deutsche übersetzt und günstig an Frauen abgegeben wird. Wir konnten einen Konsens darüber erzielen, daß diese Anthologie hierzulande für Frauen motivierend und anregend wirken würde. Treffend sagte eine der Berliner ACT UP-Frauen: Dieses Buch wird einen Sprungbrettcharakter haben; schon bald werden Frauen hier ein eigenes Frauen-und-Aids-Buch auf die Beine stellen wollen. 2. Wir erstellen ein ausführliches Glossar als Wissensbasis für uns. Wir nehmen Stichworte von »Aids-Aktivismus«, über »Rassismus«, »Sozialhilfe« bis zu »Zytomegalievirus« auf, sammeln Zitate, Quellen, Informationen, Fragen und kommentieren alles aus einer feministischen Perspektive. Im Hintergrund blitzte die verlockende Idee auf, daß daraus später einmal ein Ratgeber für Frauen entstehen könnte.

Politisches Engagement ist Luxus oder »Ihre Idee ist toll, aber ...«

Unsere Überlegungen zur Finanzierung und Organisation einer Buchveröffentlichung waren vermutlich sachlich richtig, aber politisch naiv. Wir gingen davon aus, daß die staatlichen Institutionen, die Haushaltstitel oder -mittel für Aids-Prävention bekommen, die richtigen Adressaten unserer Forderung sein müßten. Unserer Argumentation für eine deutschsprachige Buchveröffentlichung lag die zentrale Annahme zugrunde, daß es einerseits keine Informationsmaterialien für die verschiedenen Frauen in ihren unterschiedlichen sozialen und kulturellen Kontexten gibt, weil die vorhandenen »Was-Sie-über-Aids-wissen-müssen«-Heftchen von exorbitanter Sterilität sind und Frauen nicht erreichen, und daß andererseits die Präventionspflicht des Staates darin bestehen muß, die Ausbreitung von Krankheiten zu verhindern, *bevor* sie eintreten. Die merkwürdigen Reaktionen zu schildern, die wir im Laufe der nächsten Monate von seiten der staatlichen Stellen geboten bekamen, würde den Rahmen dieses Erfahrungsberichtes sprengen. Bündeln wir also die Reaktionsformen. Es gab Antworten vom Typus »Abwehr« sowie Reaktionen vom Typus »halbherziges Eingeständnis«. Während erstere oft dem Schema folgen »Bei uns gibt es doch kaum Frauen mit Aids, so ein Buch lohnt sich nicht« und damit dem Sinn von Prävention komplett widersprachen, folgten viele andere Personen/Institutionen dem Muster: »Ist ja toll, was Sie da vorhaben, aber....«. An die Leerstelle des Satzes kann eingesetzt werden: »wir haben keine Mittel« , »wir sind nicht zuständig«, »wir sind nur für den Stadtstaat Hamburg zuständig, dies wäre ja ein bundesweites Vorhaben«, »das Buch ist zu amerikanisch«, »hier gibt es ja gar keine afro-amerikanischen Frauen« und so weiter.

Diese Reaktionen, die uns damals ärgerten und sehr kraftraubend waren, schätzen wir heute als moralisch motivierte Abwehrstrategien ein. Das heißt, daß unsere Forderung nach einem guten Informationsbuch für Frauen wohl durchaus das moralische Empfinden vieler angesprochener Personen berührte und implizit als sinnvoll und notwendig erachtet wurde. Denn vermutlich kann niemand, der oder die im Bereich Gesundheitsaufklärung zuständig ist, ernstlich das Finanz- oder Zuständigkeitsargument für zugkräftig halten, wenn es darum geht, der Präventionsaufgabe nachzukommen. Schließlich heißt das ja konkret, weitere Infektionen zu verhindern und Leben zu retten. Daher kann nur eine *untergründige Anerkennung* unserer Forderung, Frauen endlich realistische Informationen zu Schutz- und Behandlungsmöglichkeiten zu bieten, zu den Abwehrformen führen. Als eine Entlastungsstrategie, die gleichwohl auch eine Verschiebung darstellt, ist auch der stete Hinweis auf staatlich institutionalisierte Formen des sozialen Engagements zu werten: Es gibt doch die Aids-Hilfen und deren Dachverband, die D.A.H.. Die müssen das regeln! Ansonsten fand man uns wohl ganz rührend in unserem Engagement (Motto: »Daß es das heute noch gibt«) oder war erstaunt über unsere Vehemenz *und* sachliche Kompetenz.

Von der Randgruppe der »Risikogruppen«

Die Idee, die Deutsche AIDS-Hilfe (D.A.H.) für die Veröffentlichung von *Women, Aids & Activism* zu gewinnen, verfolgten wir dann tatsächlich. Nachdem wir die D.A.H. für das Projekt interessieren konnten, folgte ein achtmonatiges Ringen um Umfang und Finanzierung der Veröffentlichung. Eine Veröffentlichung in der D.A.H.-Buchreihe *AIDS-Forum* hätte zu ei-

Petra Knust und Nicole D. Schmidt übersetzten und bearbeiteten das »Frauen und AIDS« Buch. Beide sind AIDS-Aktivistinnen.

ner Kürzung von über 2/3 des Originals geführt. Unsere Idee eines Doppelbandes, der uns immerhin mit 280 Seiten nahe an den Umfang des Originals gebracht hätte, wurde abgelehnt. Und nach dem Behördengerangel wußten wir bereits, was dem Kapitel »Race, Women and AIDS«, das sich mit dem Rassismus in der Aids-Politik befaßt, drohen würde: ersatzlose Streichung! Gerade angesichts des fremdenfeindlichen und rassistischen Klimas in unserem Land konnten wir dies nicht akzeptieren. Auch wenn hier keine afro-karibischen oder Latina-Communities existieren, so gibt es doch genügend Frauen aus anderen Teilen der Welt, die als Minoritäten strukturell mit ähnlichen Problemen kämpfen wie Latinas oder afro-karibische Frauen in den USA. Wir waren und sind überzeugt davon, daß die entsprechenden Kapitel, die in der jetzt vorliegenden Fassung des Buches unter dem Obertitel »Viele Kulturen, viele Perspektiven« stehen, ausgesprochen hilfreich und informativ sind und das Selbstbewußtsein sowie die Selbstbestimmung stärken können. Wir begannen, wie Löwenmütter um ihre Jungen zu kämpfen, um diese Kapitel hier veröffentlichen zu können. Wir trauen Frauen und ihren Communities eine phantasievolle Übertragung auf ihre/unsere jeweiligen Verhältnisse zu. Wir glauben, daß Frauen in Selbsthilfegruppen oder im Gesundheits- und Beratungsbereich sich von der Kraft und Inspiration begeistern und anstecken lassen können.

Frauen gemeinsam sind stark, reich und haben Zeit oder Ehrenamtliche Forschung kommt gut

Oft wurden wir mit der flammend vorgetragenen Idee konfrontiert, statt einer Übersetzung von *Women, AIDS & Activism* doch ein eigenes Aids-Buch für deutsche Frauen zu machen oder wenigstens, so die Maßgabe der Deutschen Aids-Hilfe, das Buch der »deutschen Situation« anzupassen. Naiverweise wurde angenommen, daß wir innerhalb kurzer Zeit nicht nur die spannende Frage klären, »wie Frauen mit HIV/Aids in der Bundesrepublik und den neuen Ländern leben und umgehen«, sondern daß wir zudem aus diesen Informationen dem US-amerikanischen Original vergleichbare, gute Texte herstellen. Dabei war die Informationsgewinnung gerade das große Problem: Dies wäre ein Projekt gewesen, für das mindestens zwei Frauen ein Jahr konzentrierter Arbeit und emsiger Reisetätigkeit benötigt hätten. Es wäre keineswegs damit getan gewesen, wenn kritische, nicht-positivistische Forscherinnen Statistiken zusammenstellen und Zahlen zu Neuinfektionen bei Frauen interpretieren. Wer die Thematik »Leben mit HIV/Aids« ernsthaft bearbeiten will, wird Frauen in ihren verschiedenen Lebensformen und Handlungsstrategien in bezug auf die Infektion und Krankheit in den Mittelpunkt der Aufmerksamkeit stellen. Ein zweiter Schwerpunkt wäre der individuelle oder communityspezifische Umgang mit Prävention und Safer sex. Neben den positiven Frauen sind aus feministischer Sichtweise aber auch Frauen betroffen, die als Begleitende, Angehörige, Geliebte oder Aids-»Arbeiterinnen«

(Pflege, Medizin, Pädagogik) mit HIV und Aids leben. Außerdem wären die Aktivitäten im Bereich »Selbsthilfe- und Aktionsgruppen« sowie »Beratung und Betreuung« zu erkunden gewesen. Ein enormes Paket! Wir fanden daher die Idee gar nicht so zündend und schrieben an die D.A.H.: »Wir halten eine deutsche Übersetzung zum derzeitigen Zeitpunkt für sinnvoll, weil wir nicht glauben, daß in diesem Land zur Zeit das Netzwerk besteht, auf das die New Yorker-Bookgroup zurückgreifen konnte. Die nötige komplexe Recherche wäre wohl sehr zeit- und kostenaufwendig, es fehlen die Vorarbeiten und die Vernetzungsstrukturen für eine angemessene Berichterstattung "der deutschen Situation"«.

Unser Resümee können wir unter dem Stichwort »Beweglichkeit« ziehen: Wir hatten uns an die Unbeweglichen gewandt, um ein fundiertes Sachbuch für Frauen zu bekommen. Wir selbst mußten extrem beweglich sein, um die Masse der Papierflut zum Thema Aids hinsichtlich der relevanten Frauenthemen zu sichten und zu beurteilen. Dabei hat es zwar immer wieder einzelne Personen gegeben, die sich, ungeachtet institutioneller Borniertheit und Starrheit, unterstützend für uns und das Projekt einsetzten. Aber insgesamt gesehen, büßten wir einiges an Mut und Kraft ein und faßten daher die Buchveröffentlichung durch einen Verlag stärker ins Auge.

Frauen gehen alle an

Waren nicht »Frauenverlage/feministische Verlage« natürlicherweise unsere Verbündeten? Zwar hatten wir die behördliche Resonanz, daß das Thema Aids für Frauen ein Minderheitenthema sei und keine staatlich finanzierte Buchveröffentlichung rechtfertige, wie erwähnt als Abwehrtaktik entlarvt, die Anlaß für massive ACT UP-Aktionen hätte sein können, aber wir wollten unsere Energie produktiv auf die Verwirklichung des Buchprojektes konzentrieren. Daher berieten wir über die Möglichkeit eines Selbstverlages oder mögliche Formen, mit feministischen Verlagen zu kooperieren.

Die Verlegerin eines kleinen Verlages hatte uns Nicht-Fachfrauen in die Geheimnisse von Druckkostenzuschüssen, Übersetzungsfinanzierungen und die Finanzprobleme feministischer Verlage eingeweiht. Wie auch immer, für eine eigene oder eine feministische Verlags-Veröffentlichung mußten große Mengen von Geld organisiert werden. Wir waren sowohl publizistisch als auch im Fund-Raising völlig unerfahren und hatten nun neben dem Wissenserwerb in Sachen frauenspezifischer Probleme von Aids zwei weitere, mächtige Aufgaben »am Hals«. Was außerdem als zu lösende Aufgabe im Raume stand, selbst wenn wir einen feministischen Verlag für unser Projekt hätten begeistern können, war die Frage: Welche Frauen haben die Kompetenz, das Buch angemessen zu übersetzen? Neben dem aids-relevanten medizinischen Wissen wird die Übersetzerin in die Themen feministischer Theorie, Political Rights-Movement, Selbsthilfe-Bewegung in Sachen Gesundheit, Safer Sex-Education und Aids-Aktivismus eingeweiht sein müssen. Auf eine Vernetzung von Frauen, die sie mit Informationen unterstützt, wird sie nicht zurückgreifen können, weil diese einerseits das Motiv für die Veröffentlichung »unseres« Buches, andererseits das erhoffte »Wunschziel« als Ergebnis der Lektüre einer kompetenten Übersetzung von *Women, Aids & Activism* war.

Eine bekannte feministische Übersetzerin und Lektorin ermutigte uns, auf einen großen »mainstream-Verlag« zuzugehen, der es sich leisten kann, ein zunächst als »Orchideen-Thema« eingeschätztes Buch in sein Programm aufzunehmen, kompetent zu betreuen, gut zu bewerben und dann auch wirklich an die Frau zu bringen. Ebenso wie Orchideen können auch Buchprojekte sein: teuer, aber letztlich wertvoll. Weil wir nun darauf vertrauen könnten, daß auch einige große Verlage eine politische Orientierung haben, die gesellschaftliche Aufklärung mit Kritik verbindet und nicht nur Profitinteressen folgt, daher wäre es denkbar, daß sie unser Buch herausbringen, obwohl es vielleicht nicht gerade ein Best-Seller wird.

Die internen Diskussionen darum, ob das Buch bei einem kapitalistischen Verlag erscheinen dürfe, oder ob frau damit »die politische Sache« verrät, war nicht dazu angetan, uns Aids-Aktivistinnen zu stärken. Einige Frauen stiegen nach handfestem Streit, andere stillschweigend und einige mit klarem Abschied aus der Bucharbeit aus.

Wir waren fast zermürbt durch die Auseinandersetzungen, die intern und extern zu führen waren. Aber wir drei verbliebenen Buchfrauen aktivierten trotzdem die letzten Kräfte und den Restbestand an Mut, der deutlicher denn je gespeist wurde durch die Überzeugung, wir Frauen brauchen dieses Buch: jetzt und mit der Fülle des Themenspektrums. Kein Buch auf dem deutschen Markt erfüllte das auch nur annähernd, was dieses Buch leistet. Daher wandten wir uns im Oktober 1992 an Heike Wilhelmi beim Rowohlt-Verlag, die uns als zuständige Sachbuch-Lektorin nachhaltig empfohlen worden war.

Nach dem ersten Gespräch war klar, daß das zähe Ringen ein Ende gefunden hatte. Die Zauberformel war aufgegangen: »Du brauchst das Glück, im richtigen Moment die richtige Person kennenzulernen, und dann sei einfach überzeugend«. Das Buch würde mit sachlich motivierten Kürzungen (sowie Ergänzungen) in der Sachbuchreihe zu einem für uns akzeptablen Preis erscheinen, und wir würden die Übersetzung und Bearbeitung selbst vornehmen. Der Rest war Arbeit, Arbeit, Arbeit und mancher interne Kampf um den besten Weg, das relevante Wissen um die Sache und die Mißstände im Aids-Kontext an die Frau zu bringen. »Unsere« Lektorin hat diese Auseinandersetzungen zum großen Teil auffangen und versachlichen können; wir hatten endlich die notwendige Rückenstärkung und Anerkennung, um als frischgebackene Buchautorinnen unsere Form des Aids-Aktivismus in Theorie und Praxis zu entwickeln.

Petra Knust & Nicole D. Schmidt
Mai 1994

»Erzählen Sie uns von der schweren Kindheit Ihres Mannes.«

Ihr Südstaatenakzent hält sich in Grenzen, und ihre Haare sind nicht von Natur aus so ...

Joan Hess hat in der letzten Zeit eine Menge Leute von der Bildfläche verschwinden lassen. Da die Krimischreiberin dies aber sauber und ohne Blutvergießen tut und ihre Verbrechen am Computer begeht, konnte sie sich bisher allen Ärger vom Halse halten.

Obwohl Hess ihre Krimis mit einem gehörigen Maß Humor versieht, ist Mord für sie kein Thema, das leicht genommen werden darf.

»Ich kann Komödie spielen, solange ich keinen Unfug mit wichtigen Angelegenheiten treibe. Mord hingegen ist eine ernste Sache«, erklärt die Autorin.

Fayetteville und Farberville

In den meisten Krimiserien, die im ländlichen Milieu angesiedelt sind, spielen Schauplatz und ErmittlerIn eine zentrale Rolle. Das gilt besonders für die Krimis von Joan Hess.

Wer mit dem hinterwäldlerischen Maggody, wo Sheriff Arly Hanks für Ordnung sorgt, und der kleinen Universitätsstadt Farberville, wo die alleinerziehende Mutter und Buchhändlerin Claire Malloy ihre Fälle löst, vertraut ist, wird nicht weiter erstaunt darüber sein, daß Joan Hess genauso in ihrer Heimatstadt verwurzelt ist wie ihre beiden Heldinnen.

»Meine Familie lebt bereits in der fünften Generation hier in Fayetteville«, erzählt die Autorin ihrer Interviewpartnerin, als sie sie vom Flughafen abholt. Die blonde (»Mein Haar ist nicht von Natur aus so«, steht im letzten Satz von Hess' Vita) geschiedene Mutter von zwei fast erwachsenen Kindern trägt schwarze Jeans, einen Pullover, ausgelatschte Birkenstocksandalen und strahlt eine beeindruckende Präsenz aus, während sie auf einer Rundfahrt mit dem Auto ihrer Gesprächspartnerin ihre Heimatstadt zeigt. Die kleine Universitätsstadt Fayetteville scheint Modell gestanden zu haben für Farberville.

An jeder Ecke verweist Joan Hess auf Gebäude oder Orte aus ihrer Kindheit oder ihren Büchern. Da ist die Grundschule, die sie besucht hat, und dort ein weißes Doppelhaus: »Im zweiten Stock wohnen Claire und ihre Tochter Caron.«

Das Original von Rufmord (Ariadne Krimi 1024)

Als sie gefragt wird, ob sich die Vermischung zwischen persönlichen und literarischen Angelegenheiten auf ihr tägliches Leben auswirke, schüttelt Hess den Kopf. »Nur wenige Bewohner von Fayetteville wissen, wie populär meine Bücher inzwischen sind. Außerdem neigen LeserInnen dazu, sich mit dem gutaussehenden Helden statt mit dem Bösewicht zu identifizieren.«

So sehr Farberville und Fayetteville sich auch ähneln, die freimütige Autorin scheint mehr mit Arly Hanks gemeinsam zu haben als mit Claire Malloy. Auch Joan Hess hat eine Zeitlang in New York gelebt, ehe sie zu ihren Wurzeln, sprich nach Fayetteville, zurückkehrte.

Wie es begann

Nach ihrer Ausbildung unterrichtete Joan Hess Kunst an privaten Vorschulen, bis sie sich 1984 entschloß, Krimis nicht nur zu lesen, sondern auch selbst zu schreiben. 1986 erschien ihr erster Krimi *Strangled Prose* (dt. *Rufmord*). »Meine Agentur brauchte vier Monate, um mein erstes Manuskript zu lesen. Als sie damit durch waren, hatte ich mein zweites bereits begonnen. Das war im Frühling, und ich beschloß, im Falle einer Ablehnung wieder zu unterrichten. Mein erstes Buch wurde angenommen, und auch mein zweites, das inzwischen fertig war.«

Bevor sie ihre Arly-Hanks-Reihe startete, klapperte sie alle Kleinstädte im Umkreis von 20 Kilometern und deren jeweilige Polizeiwachen ab. Dort erzählte sie den Polzisten, daß sie eine Folge von Krimis mit einer Polizistin als Hauptfigur plane, und fragte sie über ihren Berufsalltag aus.

Die Idee zu dem Namen der Stadt kam ihr auf einer Familienreise nach Jamaika. »Auf einer Zugfahrt ins Landesinnere fuhren wir an einer Reihe von Baracken vorbei, über denen das Schild *Maggotty* (maggoty: Schrulle, Grille, launischer Einfall; auch: voller Maden, madig) hing. Ich mußte den Namen glätten, wie ich auch die erste Maggody-Geschichte geglättet habe.«

Worin sie sich noch engagiert

Obwohl Joan Hess erst seit knapp zehn Jahren Krimis schreibt, hat sie sich bereits eine exponierte Stellung in diesem Genre erobert. Sie war 1992 Jurorin im sogenannten *Edgar Committee for Best Novel* und ist Mitglied in den Vereinigungen *Mystery Writers of America, Sisters in Crime, The Authors Guild and Novelists Inc.* Darüber hinaus ist sie eine der MitbegründerInnen der *Whimsey Foundation*, einer neuen und exklusiven Gruppe, die sich zum Ziel gesetzt hat, AutorInnen von Krimikomödien zu fördern.

Gerade die Namen aus der Garde der Krimikomödien-Schreiberinnen tauchen immer wieder in Hess' Ausführungen auf, so z.B. Barbara Mertz, Charlotte McLeod, Dorothy Cannell, Margaret Maron, Sharyn McCrumb und Carolyn Hart.

»Einige von uns, alle etwa gleich alt, wurden fast gleichzeitig Mitte der Achtziger bekannt, mit Barbara und Charlotte als eine Art Vorreiterinnen. Wir unterstützen uns gegenseitig und helfen einander mit Ratschlägen etc.«

Im Frühling 1993 gab es Pläne für eine Fernsehverfilmung mit Kate Jackson als Arly und Polly Bergen als Ruby Bee in den Hauptrollen, aber die Filmgesellschaft lehnte in letzter Minute ab, er-

zählt Hess. »Ich war furchtbar enttäuscht, aber auf die Weise blieb mir der Ärger mit den Dreharbeiten erspart.«

Wie ihre Krimis entstehen

Joan Hess hat offenbar keine Schwierigkeiten, ihre beiden Heldinnen Arly und Claire am Leben zu halten. Die einschüchternde Bilanz von zwei Buchveröffentlichungen jährlich läßt sie kalt: »An einem guten Tag bringe ich fünfzehn Seiten ausgefeilte Prosa zu Papier.«

Und an eine Schaffenspause denkt sie auch nicht. Im Gegenteil, sie ist gerade dabei, eine neue Heldin oder einen neuen Helden zu entwerfen.

Sie beschreibt ihre Krimis als »behaglich« oder »gemütlich«, weil sie die Gewalt von der Leserin fernhalten will. »Meine Krimis sind eher intelligente Puzzles oder Rätsel der Art: 'Wie kommt die Leiche in die Bibliothek?'«

Gefragt, woher sie die Ideen für ihre Krimis nimmt, antwortet Hess: »Ich lese zwei Zeitungen täglich, außerdem einige Zeitschriften pro Woche.«

Sobald die Idee zu einem Plot ausgereift ist, beginnt sie damit, die Details zu recherchieren. Hess meint, daß das Recherchieren einen großen Teil der Freude am Schreiben ausmacht.

»Ich überlege mir, wo ich die nötigen Informationen bekommen kann, und dann geht's ans Telefonieren. Bis jetzt hat sich noch niemand geweigert, mit mir zu reden.«

Sie erinnert sich an eine Episode ihrer Arbeit an *Mischief in Maggody* (dt. *Die 755 Seelen von Maggody*). Da in Maggodys Wäldchen Marihuana angebaut werden sollte, benötigte sie einige Informationen über dessen Anbauweise und wandte sich mit diesem Problem an den Washington County Sheriff Bud Dennis und an Randy Johnson, den Verantwortlichen für Jagd und Fischerei in Arkansas. Die beiden waren ihr sehr behilflich, so daß sie ihnen in dem Buch eine Danksagung widmete.

Andere Recherchen führten Joan Hess in einen Aerobic-Kurs von Fayettevilles Schlankheitsstudio oder in die Fayetteville High School, wo sie im Lehrerzimmer und im Hausmeisterkabuff herumschnüffelte.

Hess erzählt, daß sie manchmal gefragt werde, ob ihre Figuren nicht stereotyp seien; worauf sie antworte: »Natürlich sind meine Figuren stereotyp. In meinen Geschichten gibt es selbstgerechte Kirchenfrauen und verklemmte Pfarrer, die kleine Bourbonflaschen unter ihrem Autositz verstecken.« Oder altjüngferliche Lehrerin-

Ihre Maggody-Krimis drehen sich um Polizeichefin Arly Hanks und das wilde Leben in dem Dorf, in dem nie etwas geschieht.
Auf dem Foto: Joan Hess im Einsatz.

nen oder pubertierende Jugendliche oder …

»Es macht ungeheuer viel Spaß!«

Die Autorin arbeitet an einem IBM-Computer, der — wie alle anderen notwendigen Arbeitsutensilien, einschließlich eines Faxgerätes — im Schlafzimmer, nur ein oder zwei Schritte von ihrem Bett entfernt, steht. An den Wänden stehen Bücherregale, die vollgestopft sind mit Krimis, allein zweihundertzweiundneunzig davon sind Nominierungen für die letzten *Edgar committee*-Preise. »Inzwischen denke ich, daß es schön wäre, ein Büro zu haben«, bemerkt Hess dazu. Daß sie bislang ohne ausgekommen ist, unterstreicht die absolute Priorität, die das Schreiben bei ihr genießt.

Wenn Joan Hess nicht gerade mit ihrem Computerprogramm kämpft, für eines ihrer Bücher recherchiert oder am Schreibtisch sitzt, pflegt sie Kontakte zu anderen AutorInnen. Der Austausch mit Kolleginnen und Kollegen halte sie bei Gesundheit, sagt Hess. »Es besteht die Gefahr, sich zu isolieren.« Sobald sie bei der Arbeit auf ein schwieriges Problem oder ein Informationsdefizit stößt, klingelt sie bei KollegInnen um Hilfe an.

»Auf diese Weise kommen zwar horrende Telefonrechnungen zustande«, fügt sie mit gequältem

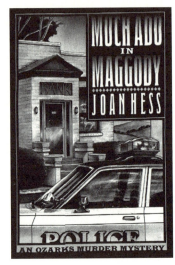

Blick hinzu, aber alles in allem könne sie sich nichts anderes als das Schreiben vorstellen. »Es macht ungeheuer viel Spaß.«

Sie erinnert sich an eine Veranstaltung, an der sie gemeinsam mit einem anderen Krimiautoren teilnahm. Als Hess' Kollege gefragt wurde, ob er erst ein Konzept erarbeite, bevor er mit dem eigentlichen Schreiben beginne, legte er ausführlich dar, daß er seinen Plot so sorgfältig strukturiert wie ein Strafverteidiger sein Plädoyer. »Als er geantwortet hatte, schaute mich das Publikum erwartungsvoll an«, erinnert sich Joan Hess lachend. »Ich zuckte die Achseln und sagte: 'Ich schreibe einfach drauflos.'«

Eines der vielen Gesichter der Joan Hess

Dieser Artikel wurde zusammengestellt von Gabriele Arendt aus Interviews im *Publishers Weekly* und *Fayetteville AR. Northwest Arkansas Times*.

erfind … erfind … erfind …

Alles ist Metapher und auch nicht

Märchen, Jugendbuch oder Entwicklungsroman? Gabriele Gelien, Autorin von Ariadne Krimi 1039 (*Eine Lesbe macht noch keinen Sommer*), schrieb mit *Der Güldne Baum* ein Buch, das sich in vorhandene Kategorien nicht einordnet. Redakteurinnen und Leserinnen aus dem Ariadne-Umfeld diskutierten ihre Lesweisen des Romans und versuchten herauszuarbeiten, was sie so beeindruckt hat.

Ein brüllend heißer Mittwochabend, 18 Uhr, im Konferenzraum des Argument Verlags: Zehn Frauen treffen sich und wollen Gabriele Geliens *Güldnen Baum* diskutieren. Es wird durcheinander geredet, schon mal vordiskutiert, gestöhnt über die stickige Luft und das bevorstehende, als schwierig erwartete Gespräch. Irgendwann fangen wir doch an, um sofort wieder eine Ausrede zur Unterbrechung zu finden: Die Ecke Rentzelstraße/Grindelallee tost vor Autoverkehr, wir verstehen der anderen Worte nicht. Wir ziehen um in eins der Büros nach hinten raus, quetschen uns in drei mal drei Meter. Und jetzt kann es endlich wirklich losgehen mit der Diskussion, das Band läuft. Da ist dieses Buch, das der Verlag schon im Programm (edition ariadne) hat – ungewöhnlicherweise, denn es handelt sich nicht um einen feministischen Roman, aber Gabriele Gelien wird als Hausautorin, als Entdeckung des Verlags verstanden – und das immer noch Anlaß zu Fragen und Debatten gibt. So auch an diesem Abend – und wir hoffen, damit die Diskussion für alle zu eröffnen, die dieses Buch lesen werden und Lust haben, uns und den *Forums*-Leserinnen ihre Eindrücke mitzuteilen.

Der Einstieg: Worum geht es?

Fünf Kinder – Jule, Siko, Sejla, Liev und Wulle – aus unterschiedlichen Zeiten, Gesellschaften und Landstrichen treffen in der Wildnis, Teil einer Welt zwischen Traum und Wirklichkeit, aufeinander. Gemeinsam wandern sie, getrieben von einer unbestimmten inneren Sehnsucht, zu der in der Ferne aufragenden Burg, die in ihrer Mitte den Güldnen Baum birgt. Lars und Lena, zwei alte Menschen, unterstützen sie auf ihrer Reise. Erinnernd entwickeln die Kinder, jedes für sich und gemeinsam, die Fähigkeit, ihren ureigenen Verletzungen und Ängsten zu begegnen und sich bei abenteuerlichen Reisen in äußere und innere Welten zu bewähren.

Erste Schwierigkeit: Wie ist *Der Güldne Baum* einzuordnen und an wen richtet es sich?

Gleich zu Beginn der Diskussion die Schwierigkeit, Gabriele Geliens Buch in Genre, Inhalt und Zielpublikum einzuordnen. Ist *Der Güldne Baum* ein Roman? Ein Märchen? Ist das Buch nur für Erwachsene geschrieben? Oder können auch Kinder oder Jugendliche es verstehen? Versuche schwirren durch den Raum, jede von uns setzt eigene Schwerpunkte, sieht andere Verortungsmöglichkeiten. Die Erzählung mit ihren Action-Passagen und den Abenteuern der Kinder – eine fühlt sich an ein Videospiel erinnert, in dem jede bestandene Aufgabe den Zugang zur nächsthöheren Ebene eröffnet – hat etwas von einem Abenteuerroman, von einem Märchen vielleicht auch. Dieser Ansatz wird gleich wieder in Frage gestellt, denn das Märchenhafte in den Orten und Handlungen wird ergänzt durch abstrakte Diskussionen zwischen dem alten Liebespaar Lars und Lena, die eher auf ein Buch für Erwachsene hinzudeuten scheinen. Über die Ausgewogenheit von Erzähl- und Reflexionspassagen sind wir uns uneinig: Die einen fühlen sich in ihrem Lesevergnügen durch die Diskussionen gestört, die ihnen zu abstrakt, zu dozierend sind. In den Erzählteilen können sie ihre Kinderseelen lesen lassen,

Gabriele Gelien
Der Güldne Baum

edition ariadne

sie genießen sie als »zum Anfassen«. Wozu, so fragen sie, dienen die Erwachsenenfiguren Lena und Lars, wo sie doch keine Erklärungen und Antworten zu geben vermögen, die wirklich zutreffen. Die anderen empfinden die Diskussion als überhaupt nicht dozierend, gerade weil hier keine eindeutigen Antworten gegeben werden, wie sie Erwachsene so gerne zu geben bereit sind, sondern auch der Zweifel am eigenen Tun zum Ausdruck kommt. Da selbst die inneren Konflikte der Kinder auf der Abenteuerebene ausagiert werden, sind einige von uns mit den Reflexionen einverstanden oder zumindest versöhnt.

Obwohl fünf der sieben Hauptpersonen Kinder sind, plädiert keine von uns dafür, den *Güldnen Baum* als Kinderbuch zu kategorisieren. Aufgrund der Härte und Grausamkeit der seelischen und körperlichen Verletzungen, die hier thematisiert werden, und der Komplexität der behandelten Fragen einigen wir uns auf die Zielgruppe »Menschen ab 14«.

Was für Kinder sind die ProtagonistInnen im *Güldnen Baum*? Welche Verletzungen haben sie erfahren?

Wir fragen uns, wo die Kinder herkommen, welcher Zeit, welcher gesellschaftlichen Schicht sie entstammen, welche Form von Gewalt sie erlebt haben, worin ihr Trauma besteht.

Da ist Jule, die vom Bäcker mißbraucht wird. Sie ist Opfer vor allem körperlicher, aber auch seelischer Gewalt. Liev gehört als Waisenkind zu einer gesellschaftlichen Randgruppe, ist ausgestoßen und hat damit innere Gewalt erlitten. Wie Sejla, die Zigeunerin ist und damit auch eine gesellschaftlich Ausgegrenzte, und die darüber hinaus körperliche Gewalt erfährt. Siko ist in seinem naturwissenschaftlichen Wissensdrang ein typisches Kind des 19. Jahrhunderts, dessen autoritärer Vater auf subtile Weise verhindert, daß er ein Ich entwickelt, das er ihm entgegensetzen könnte. Wulles Verletzung ist ähnlich, nur daß er als Kind des 20. Jahrhunderts keine autoritären Eltern hat. Jedoch fördern auch seine Eltern seine Entwicklung nicht, denn sie sind nicht in der Lage, ihn zu verstehen, sind seinem Wesen gegenüber gleichgültig.

Die Verletzung Wulles bleibt als einzige nicht richtig greifbar, und wir fragen uns, ob es ein Manko oder eine Stärke ist, wenn ausgerechnet das »Problem des 20. Jahrhunderts«, das uns zeitlich am nächsten ist, gleichsam ausgespart bleibt. Was aber ist dieses Problem genau? Gibt es nicht sehr viele Kinder, die erwachsen werden und sich nicht wohlfühlen, krank sind, ohne zu wissen, warum? Ist es nicht gut, daß auch Personen auftreten, die kein »Riesenerlebnis« haben und doch verletzt sind, so wie die Mehrzahl der Menschen, bei denen erst bei näherer Betrachtung

Diskutierten den *Güldnen Baum*:
Gabi, Anja, Martina, Regina, Iris, Uta (hintere Reihe)
Nicola, Elisabeth, Else (vordere Reihe)

deutlich wird, woher ihre Verletzungen rühren? Gabriele Gelien hat Erfahrungen mit Kindern, die – wie Wulle – in psychiatrischen Kliniken leben, weil ihre Eltern Kommunikationsprobleme haben und letztlich aufgeben, sich gegen die Kinder gleichgültig *machen*. Die Kinder wiederum finden keine Erklärung dafür, verstehen nicht, warum ihre Eltern sie nicht verstehen. Wulle ist also durchaus ein typisches Kind unserer Zeit mit dem typischen Trauma des Nicht-Verstandenseins und dem Nicht-Verstehen, mit dem er darauf reagiert. Gabriele Gelien will keine Ausnahmebiographien vorführen, sondern »allerwelthafte« Kinder zeigen, die so ausgefüllt werden, daß sie doch je etwas sehr Eigenes haben.

Finden wir eine Schlüsselfrage, auf die sich das Buch baut?

Dieses Allerwelthafte der Kinderfiguren geht einher mit der Zeitlosigkeit der Frage, die alle Kinder in jedem Jahrhundert aufwerfen durch das, wie sie behandelt werden, was ihnen angetan wird: Inwieweit ist Kindsein überhaupt möglich, egal in welcher Gesellschaft, in welchem Jahrhundert du Kind bist?

Welche Wertigkeit haben Kinder? Welcher Platz wird ihnen jeweils zugewiesen? Gabriele Geliens Antwort lautet, daß Kinder in ihrem Kindsein nicht ernstgenommen, nicht als Personen mit eigener Identität, eigenen Ansprüchen und Bedürfnissen wahrgenommen werden. Und diese Ignoranz gegenüber Kindern zieht sich durch die Jahrhunderte und hinterläßt immer und überall »kranke« Erwachsene.

Gabriele Gelien fragt, wie wir zu diesen Kranken werden, und auch, wie es uns möglich ist, mit unseren je eigenen Traumata umzugehen. Indem wir die Mauer, die wir schützend um uns errichten, nicht ganz zumauern, sondern Ein- und Ausgänge lassen, um in der Dynamik des In-uns-Gehens und des Aus-uns-Heraustretens mit den fertigzuwerden, was ganz früh in unserem Leben an Verletzung anfängt. So ist alles in diesem Buch Metapher und auch wieder nicht. Die Burg zum Beispiel ist ein konkreter Ort, der in der Ferne zu sehen ist und auf den die Kinder zuwandern, den sie betreten und in dem sie etwas erleben, durchleiden. Die Burg ist aber auch Symbol einer inneren Welt, Symbol all dessen, was wir fühlen, träumen, erleben, denken, was wir einmal gewesen sind und was wir in der Welt entdeckt haben.

Die Dynamik zwischen Innen und Außen: Propagiert Gelien die Innerlichkeit?

Wir kommen darauf, daß einige von uns grundsätzlich eine Abneigung haben gegenüber der einseitigen Propagierung einer Innerlichkeit und von Büchern erwarten, daß sie etwas über Gesellschaft aussagen. Der *Güldne Baum* hat aber auch diese Skeptikerinnen dazu verführt, die nach innen gerichtete Aufmerksamkeit mitzumachen. Denn bei Gabriele Gelien stellt sich nicht die Frage: »Sollten wir nicht alle wieder Kind sein?«, ihre Kinder sind nicht klischiert unschuldig. Die Erwachsene Lena hat als Kind Tiere getötet und danach unter ihrer Grausamkeit gelitten, bis sie sich davon überzeugen konnte, daß diese Tat sie nicht zu einem zutiefst grausamen Menschen stempelt, sondern sich darin ein in ihr lastender Druck manifestiert. Dieser Druck wiederum verweist auf die gesellschaftlichen Bedingungen des Kindseins und ist damit politisch.

Lena erinnerte sich Unendlichkeiten zurück an ihre eigene Kindheit. »Ja«, murmelte sie nickend, »ich war ein Verbrecherkind!«

Einmal hatte sie die Goldfische, die die Eltern im Aquarium hielten, eingefangen und auf ein Holzbrett gelegt; sie hatte zugesehen, wie sie auf dem Trockenen zappelten, und ganz genau gewußt, daß Fische im Wasser bleiben müssen, weil sie sonst starben. Und dann hatte sie den scharfgezackten Fleischklopfer geschwungen und sie erschlagen. Nacheinander, alle elf. Und das Schlimmste, das Allerschlimmste daran war gewesen: Sie selbst, die kleine Lena, hatte sich diese Goldfische zum Geburtstag gewünscht, sie hatten ihr gehört und Namen bekommen. Lena hatte sie sogar unterscheiden können, obwohl sie einander sehr ähnlich gewesen waren. Ihre Eltern hatten lange gezögert, ihren Wunsch zu erfüllen...

Gräßlich, dachte die alte Lena, ich mag nichts mehr davon wissen, ich will meine Ruhe haben! In all den Jahren in der Burg hatte sie die Erinnerung, wie es weitergegangen war, niemals wiedergefunden. Sie wußte bis heute nicht, wie die Eltern auf das leere Aquarium reagiert hatten. Die Fische, das war Lena vor ein paar Jahren wieder eingefallen, hatte sie säuberlich vom Brett gekratzt und die Toilette heruntergespült. Ja, dachte Lena wütend, ich weiß heute, daß ich trotzdem kein böses Kind war. Ich war verzweifelt, einsam und wollte oder mußte vielmehr einmal einen Bruchteil von dem, was mir angetan wurde, zurückgeben. Und da gab es nur die Fische, es waren die einzigen Lebewesen um mich herum, die schwächer waren; sich noch weniger wehren konnten als ich – und wehren mußte ich mich! Aber ich habe Jahre in den Verliesen des Burgherzens zugebracht und bin wieder und wieder in den abgrundtiefen Keller gestürzt, weil mir alle erzählt haben, daß ich ein gehässiges, böses, gemeines, lügendes und mordendes Kind bin! Nur – WARUM ich so war, darüber haben sie sich kaum Gedanken gemacht!

Immer wieder geht es im *Güldnen Baum* darum, daß nicht der eingleisige Weg nach innen uns hilft, unsere Wunden zu heilen, sondern daß der Weg nach außen jederzeit offen bleiben und auch beschritten werden muß. Von neuer Innerlichkeit kann also keine Rede sein.

Welche Funktion haben die Erwachsenenfiguren Lars und Lena?

Lena und Lars sind die beiden Alten, die den Kindern an verschiedenen Stellen der Erzählung begegnen, sie führen, begleiten,

Schrieb den *Güldnen Baum*: Gabriele Gelien

auch wenn immer deutlich ist, daß die Kinder sich letztlich nur selbst helfen können. Und sehr wichtige Erkenntnisse und »Fortschritte« machen die Kinder während ihrer Gespräche und Erlebnisse miteinander, ohne die Alten. Niemals ist die Beziehung zwischen den Kindern und den Alten hierarchisch, denn jede einzelne Person hat etwas beizusteuern, ohne das die anderen nicht auskommen, nicht weiterkommen könnten. Die Kinder sind jedoch in ihrer Welt nicht alleingelassen, sondern ihnen stehen die Alten zur Verfügung, um Fragen zu beantworten, ihre eigenen Erfahrungen mitzuteilen, ohne den Anspruch zu erheben, daß ihre Antworten die einzig richtigen, ihre Erfahrungen allgemein übertragbar wären. Haben die beiden also in gewisser Weise eine TherapeutInnen-Funktion? Lena und Lars führen eine *Möglichkeit* des Antwortens vor, die die Kinder in ihren Fragen ernst nimmt und die Vorläufigkeit der eigenen Antworten zugibt – sicherlich etwas Lernwürdiges für erwachsene LeserInnen. Aber noch etwas anderes sehr Wichtiges verkörpern diese beiden alten Menschen: Offenheit und Toleranz gegenüber den je eigenen Stärken und Schwächen, Erfahrungen und Charakterzügen der Kinder. Die abstrakten Diskussionen über Liebe, die sie immer wieder führen, nehmen in ihnen menschliche Gestalt an, werden in ihnen lebendig: Ihr Liebesbegriff und die Liebe, die sie leben, basiert auf Zärtlichkeit und Nähe, Vertrauen, Verstehen und der Bereitschaft, jeder und jedem das eigene Selbst, die eigene Entwicklung zu lassen. Dabei sind sie keine eindimensional »guten« Charaktere, sie haben ihre Ecken und Kanten, ihre Fehler und Schwächen, die sie aber kennen und mit denen sie umzugehen gelernt haben, indem sie ihre Burg immer wieder verlassen und zu ihr zurückkehren.

Finden wir ein gemeinsames Fazit?

Die Vielschichtigkeit, Konkretheit und Symbolhaftigkeit jedes Elements der Erzählung macht vielleicht die Faszination und Verwirrung aus, die jede von uns beim Lesen allein erlebt hat und in der Auseinandersetzung mit den anderen zum Ausdruck bringt. Eindeutigkeit haben wir am Ende der Diskussion nicht erzielt, weder in bezug auf die Interpretation noch in bezug auf das Genre, auch wenn wir die entsprechenden Anhaltspunkte, die der Text selbst bietet, herausarbeiten konnten. Eindeutigkeit ist sicherlich auch nicht im Sinne der Autorin. Ihr Schreiben läßt beim Lesen Freiräume, die dazu zwingen, daß die Leserin mitdenkt und mitkonstruiert. Die Verwirrung jeder einzelnen von uns und gemeinsam, so sind wir uns schließlich einig, ist produktiv. Denn wesentlich scheint uns nicht herauszufiltern, was *die* Aussage des Buches ist, sondern daß jede von uns *ihre* Aussage darin finden kann. Daß wir als Leserinnen uns erinnern und in dieser Erinnerung die eigenen Wunden erkennen und vielleicht aufreißen. Daß wir in dieser Konfrontation in unsere eigene Burg eindringen und beim Heraustreten etwas wie eine Heilung erfahren können.

Bei aller Uneinigkeit – über eins sind wir uns großräumig einig: Die Diskussionen und die Symbolik der Erzählung weisen einen Weg der Aufarbeitung von Verletzungen, die jeder und jedem von uns im Laufe unserer Kindheit zugefügt worden sind. Und dies ist es, was uns alle, jede auf ihre Art, am *Güldnen Baum* fesselt: die Erinnerung im Lesen an eigene Erfahrungen, Verletzungen und die Schmerzhaftigkeit ihrer »Verarbeitung«. Einer Verarbeitung, an die wir uns annähern können, die aber nie abgeschlossen sein wird.

Iris Konopik

»Da ergriff der edle Ritter sein schnurloses Telefon, sein tragbares Fax und sein Laptop und brach auf, um den feuerspeienden Drachen zu suchen.«

»Es ist weg!«
»Komm, wir gehen zum Strand und holen es wieder.«

Lesen

Bücher

Sachbücher
Romane
Krimis

witzig · aufregend · gruselig · herb · Kurzweil · phantastisch · albern · Erzählungen · verrückt · Thriller · ernsthaft · Langweil · moralisch · Kurzgeschichten · liebevoll · Unterhaltung · Bildend · Belehrend · Begeisternd · Anödend

Kurzweil · Erzählungen · Thriller · Langweil · Kurzgeschichten · Unterhaltung · Bildung · Belehrung

Nervenkitzel · Spannung · Lust · Liebe · Kopfgeburten

Kurzweil · Erzählungen · Thriller · Langweil · Kurzgeschichten · Unterhaltung · Bildend · Belehrend · Begeisternd · Anödend

Krimis

Sabine Deitmer: Dominante Damen
Fischer 1994; DM 14,90

Sabine Deitmers meist weiblicher Mord-Lust gewidmete Kurzgeschichten kannte ich; nun war ich gespannt auf ihre Kriminal-Romane. *Dominante Damen* ist nach *Kalte Küsse* der zweite Auftritt ihrer Berufsermittlerin, und die Autorin, schon immer gut zu lesen, hat sich für mein Empfinden unerhört gesteigert.

Dominante Damen ist ein höllisch souveräner, relativ harter Krimi. Es gibt zwei Erzählstränge, deren Verbindung zunächst nicht ersichtlich ist. Am Anfang steht, fast wie gewohnt, eine Männerleiche – doch an der ist einiges ziemlich ungewöhnlich ... Dabei macht der Mordfall an sich nur einen Teil des Spannungsbogens aus – eines Spannungsbogens, der den berühmtesten amerikanischen KollegInnen problemlos das Wasser reichen kann! Dazu scharfe und glaubwürdige Milieustudien, ein unaufdringlich engagierter Blick auf die Verhältnisse, suspense-fördernde Widersprüche, klare, »aufs Maul geschaute« Dialoge, eine aufrechte Krimiheldin – ja überhaupt die Heldin ...

Beate Stein von der Kripo ist keine Tatortkommissarin, sie ist auch keine Schreibtischtäterin, kein dogmatischer Racheengel, keine, die im biederdeutschen Ambiente Verbrechensopfer bemuttert oder den Anstand des Reviers wahrt. Eher erinnert sie mich in diesem neuen Fall an eine zynisch-forsche, weniger scheue Kate Delafield – allerdings steht Beate Stein auf Männer, lebt im Ruhrpott und schlägt sich zwischen Mord und Fall mit dem ganz alltäglichen deutschen Machismus ihrer Kollegen herum. Auch wenn sie sich in ihrer Erzählposition ein wenig bedeckt hält, manchmal eher als kühle Beobachterin auftritt, habe ich doch genug über sie erfahren, um diesen Kennen-Effekt zu haben, dieses Gefühl: Das ist eine, der ich begegnet bin, von der ich weiß, das und das mag sie, das trinkt sie,

Ariadne Forum 3

69

so kabbelt sie sich mit ihrem (ziemlich nervtötenden) Chef, so handhabt sie ihren (ziemlich normalen) Kollegen, ihre Mutter macht immer die und die Bemerkung, ihre Abgebrühtheit geht nur soundso weit, in bestimmten Situationen wird sie kiebig. Ich weiß nicht, ob das alles spektakulär ist, aber es ist ungemein sympathisch.

Auch andere Charaktere haben es in sich. Vor allem Vera, die nicht das Klischee der Hure mit dem goldenen Herzen verkörpert, sondern zunächst mal eine Frau mit einem Alltag ist – nein, nicht ganz: eine Frau mit zwei Alltagen. Und die Nebenrollen überzeugen ebenfalls: die Frau in der Beratungsstelle für Stricherinnen, die Blinde auf dem Berg, die Kleine, der so viel versprochen wurde ...

Vom Plot möchte ich eigentlich nichts weiter verraten, das würde nur die Spannung mindern – beim Selberlesen. Denn das sollte jede tun, die gute Frauenkrimis mag.

Ich finde, Sabine Deitmer ist eine der (noch) wenigen wirklich pfiffigen, engagierten und einfach neidlos guten deutschen Frauenkrimiautorinnen. Eine Frau, die einerseits ihr Genre-spezifisches Handwerk höchst genußreich beherrscht und andererseits mit dieser gewissen Radikalität – wie sie dem selbst erlebten Alltag entspringen kann, wenn eine nicht klein beigibt – auf die uns umgebende »Normalität« blickt. Dies und die große Spannung beim Lesen, das Tempo, die klare, temperamentvoll-treffsichere Sprache machen mich schon jetzt ganz ungeduldig auf Beate Steins nächsten Fall.   Else Laudan

Susan Wolfe:
Das letzte Honorar
Piper 1993; DM 14,90

Es ist sicher nicht unrecht, wenn KrimiautorInnen ihre Stories in ihrer eigenen Berufswelt ansiedeln, dann wissen sie wenigstens, wovon sie reden. Aber sie vergessen leicht, daß nicht die gesamte Leserschaft ihr Informationsniveau hat. Wer weiß, was »generationsüberspringende Treuhandverträge« sind? Wer will es überhaupt wissen? Ich nicht, vor allem, wenn es für die Geschichte völlig bedeutungslos ist.

Susan Wolfe, Anwältin von Beruf, führt uns in die »heißeste aufstrebende Anwaltskanzlei im ganzen Silicon Valley«, deren einziges erklärtes Anliegen das Geldscheffeln ist. Als einer der Mitinhaber ermordet wird, machen sich nicht die »energische Polizeidetektivin Sarah Nelson *und* der Jung-Anwalt Howard Rickover« an die Aufklärung des Falles, wie es uns der Verlagsprospekt weismachen will. Die Erzählperspektive ist eindeutig die Howards, der sich mit Sarah erst auf Seite 128 zusammentut.

Der Prospekt verheißt weiter, die beiden seien witzig – das war aber das einzige, worüber ich lachen mußte. Obwohl ihnen einige originelle Eigenschaften beigegeben sind (Howard ist leidenschaftlicher Hobbykoch, Sarah bringt nicht mal ein Käsetoastbrot zustande), bleiben die beiden doch recht trocken, was eventuell auch an der Übersetzung liegen mag.   Marie-Luise Strömer-Orrù

Nikki Baker:
Chikago Blues
Frauenoffensive 1993; DM 19,80

Wenn die beste Freundin, normalerweise ein »kleines ästhetisches Weltwunder«, mit abgebrochenem Nagel und dunklen Ringen unter den Augen neben dir an der Theke sitzt, darf wohl mit Recht angenommen werden: »She's got the Blues«.

Alles deutet auf ernste Schwierigkeiten hin, die wohl nur teilweise in der Untreue der Geliebten zu finden sind. Ginny, als Zuhörerin dringend gebraucht, steht nicht zur Verfügung: Die Ich-Erzählerin sitzt zwar neben der verzweifelten Bev, sie ist jedoch völlig betrunken. Eine Tatsache, die sich auf den weiteren, spannenden Verlauf der Handlung fatal auswirkt.

Chikago Blues von Nikki Baker ist mehr als nur ein Krimi aus dem Lesbenmilieu einer Millionenstadt. Es ist auch die Schilderung des Lebenskampfes der Frauen, die in der Werteskala weit unten stehen: schwarzer Lesben. Nikki Baker versteht es glänzend, durch ihre Hauptperson Ginny, deren Ansichten, Taten, Situationsschilderungen und nicht zuletzt deren Gefühle, ein Bild der Frauen in Chikago entstehen zu lassen, die doppelt soviel Courage und Selbstbewußtsein wie ihre weißen Geschlechtsgenossinnen brauchen, um ihren Platz in der Gesellschaft zu behaupten. Selbst innerhalb der Lesbenkultur gibt es Rassismus. Der Blues, seit jeher Ausdrucksmittel unterdrückter Minderheiten, gab dem Buch nicht umsonst den Namen. Eindringlich und doch nicht ohne Humor und Lebensfreude geschrieben, erbringt es wieder einmal den Beweis, daß Frauenkrimis eben doch nicht »nur« von Mord handeln.
Alice Block-Lindmüller

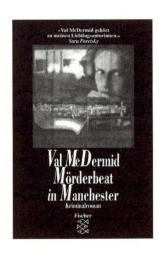

Val McDermid:
Mörderbeat in Manchester
Fischer 1994; DM 12,90

Val McDermid kommt mit einer neuen »Heldin«. Kate Brannigan heißt sie und ist ein wandelndes Beispiel für die moderne Frau der neunziger Jahre. Die Privatdetektivin ist eigenständig (der Lover darf in ihrem Wintergarten wohnen), versteht sich auf Computer und andere technische Hilfsmittel, ist in ihrem Job erfolgreich, jung, tolerant und beschäftigt sich vorwiegend mit Wirtschaftskriminalität. Daß es bei der Wirtschaftskriminalität nicht bleibt und sie gegen ihren Willen in eine Mordermittlung gerät, macht das ansonsten eher trockene Material dann doch spannend. Lesevergnügen bereitet aber vor allem die Sprache. Kate ist flapsig, frech und schlagfertig, dabei selbstkritisch und einfach ein Genuß. In England liegt der zweite Band mit Kate Brannigan bereits vor, so daß wir uns hier wohl auch auf ein Wiedersehen freuen dürfen.

Kerstin Schröder

Carolyn Wheat: Rechne nicht mit dem Richter
Piper 1993; DM 13,90

Cassandra Jameson ist Anwältin bei einem New Yorker Rechtshilfebüro, d.h. Pflichtverteidigerin für Straftäter, die sich keinen privaten Anwalt leisten können, genau wie die Autorin Carolyn Wheat es war. Wir werden also fachkundig informiert. Da die »normale« deutsche Leserin aber keine Expertin für die juristischen Prozeduren im Staat New York ist, dauert es eine Weile, sich einzulesen. Aber hängt die Leserin erst einmal am Haken, dann kommt sie nicht mehr los. Wer gern Gerichtsfilme sieht, ist hier richtig.

Cassandras Freund und Kollege wird auf bestialische Weise ermordet, alles deutet auf einen Racheakt aus dem Homosexuellenmilieu hin. Sie weigert sich, diese Interpretation zu akzeptieren. Obwohl sie im Laufe ihrer Ermittlungen erkennen muß, daß ihr Freund tatsächlich bisexuell war, sträubt sie sich weiterhin, das Motiv für den Mord in seiner Veranlagung zu sehen. Die Geschichte führt uns tief in die korrupten Verstrickungen von Justiz und Politik in New York und zeigt die Ohnmacht derer auf, die bei ihrer Arbeit von ethischen Grundsätzen geleitet werden und bei Recht auch an Gerechtigkeit denken. Der Schluß ist zynisch, der Schuldige wird zwar bestraft – aber von der Straße, auf extralegalem Wege, nicht von der Justiz.

Da Cassandra ihre Nachforschungen neben ihrer eigentlichen Arbeit durchführt, fallen nebenher noch einige Stories über ihre Klienten ab: Handtaschendiebe, Einbrecher, kleine Dealer etc., die im krassen Gegensatz zu den »großen Tieren« stehen, die die eigentlichen Verbrecher sind.

Die weibliche Hauptperson ist nur mit wenigen Strichen gezeichnet, trotzdem wirkt sie überzeugend. Angenehmerweise hat sie keinen Fitneßtick, endlich mal eine, die nicht joggt, und Autofahren muß sie auch nicht, da sie sich nur in Manhattan aufhält. Ihr Hobby ist die Fotografie, was insofern in die Geschichte eingebracht wird, als sie alles um sich herum mit fotografischem Scharfblick erfaßt. Sie ist eine unabhängige Singlefrau und hat diese Lebensweise offensichtlich problemlos verinnerlicht, jedenfalls muß sie sich (und uns) nicht dauernd etwas beweisen.

Was selten vorkommt: Ich finde den deutschen Titel passender als den des Originals (Dead Man's Thoughts). Auch ein Kompliment an die Übersetzerin Mechthild Sandberg: Nichts zu bemäkeln! Ein Text ist dann gut übersetzt, wenn er sich so liest, als sei er es gar nicht. Das ist hier der Fall. Und wer solche schönen deutschen Wörter wie »Muffensausen« und »Kabuff« passend verwenden kann, kriegt ein Extralob.

Marie-Luise Strömer-Orrù

Lauren Wright Douglas: Herz der Tigerin
Frauenoffensive 1993; DM 19,80

Kinder, sind das nicht die fröhlichen, kleinen Wesen, die unseren Alltag mit ihrer Lebenslust ausfüllen und bereichern? Die schüchterne, ernste Zehnjährige, die anstelle ihrer Mutter das Flugzeug verläßt, ist weit von jenem Bild entfernt. Dennoch verändert sie Leben und Gefühle der selbstbewußten Privatdetektivin Caitleen Reece, die in der Tochter ihrer besten Schulfreundin schmerzhaft an die Vergangenheit erinnert wird. Viel schmerzhafter und grausamer ist allerdings die Gegenwart, als Caitleen den Auftrag der Zehnjährigen, den Mord an der Mutter aufzuklären, annimmt. Das Kind hat die brutale Tat gesehen und kennt den Mörder: ihr eigener Vater. Die Ermittlungen bringen noch viel mehr ans Tageslicht, als die Privatdetektivin, die als einzige dem Kind glaubt, zu befürchten wagt.

Das *Herz der Tigerin* von Lauren Wright Douglas ist ein Buch über den Mut und die Kraft, die Mädchen und Frauen brauchen, um NEIN zu sagen. NEIN zum Dasein des Opfers, ein Aufbegehren gegen den sexuellen Mißbrauch, der so oft bagatellisiert, verschwiegen und vertuscht wird. Der Frauen hinterläßt, die ein Leben lang leiden, ein Leben lang sich schuldig fühlen. Mit viel Sensibilität werden das Schicksal des Mädchens, aber auch das einer jungen Frau beschrieben. Das Wegsehen, die Inkonsequenz und Hörigkeit, das Ansehen der bekannten, reichen Familie, in der es »so etwas« schlichtweg nicht gibt, das Versagen auch der eigenen Mutter, ihre Flucht in die Sucht, all das führt zwangsläufig zum innerlichen Tod. Aufstehen, NEIN-Sagen, das können Frauen, sie besitzen durchaus das *Herz einer Tigerin*. Sie selbst bleiben, konsequent den eigenen, beschwerlichen Weg gehen – dazu ruft dieses Buch auf. Ohne moralischen Zeigefinger, ohne Besserwisserei oder Aggression, aber nicht minder eindringlich. Spannend von der ersten bis zur letzten Seite, fesselnd, ohne unrealistisch zu werden, weist dieser Roman auch auf die intuitiven, die »übersinnlichen« weiblichen Kräfte hin.

Alice Block-Lindmüller

Anm. d. Red.: *Ariadne* lehnte den Krimi klar ab, obwohl er so spannend ist. Grund: LWD scheint uns endgültig Richtung »Fantasy für feministische Reps« abzudriften! Wir glauben immer noch nicht an Telepathie & Todesstrafe.

Jennifer Rowe:
Tödliche Ernte
Piper 1993; DM 14,90

Meine ersten und nachhaltigsten Kenntnisse von Australien bekam ich durch Arthur W. Upfield und seinen Helden Napoleon Bonaparte. Von der Australierin Jennifer Rowe erwartete ich einen weiblichen Blick auf das Land und seine Bewohner und deren Eigenarten und Probleme. Jedoch, Australien findet man nicht in *Tödliche Ernte*.

Statt dessen läßt Agatha Christie herzlich grüßen. Fast alle ihrer ständig wiederholten Ingredienzen sind vorhanden: ein abgelegenes altes Haus, in dem sich aus einem bestimmten Anlaß (hier eine Apfelernte) eine Gruppe von Menschen aufhält. Ein Hauch abgestandene Altmodischkeit liegt über dem Treffen, abends am Kamin sticken die Frauen und unterhalten sich über Stickmotive. (Das Original erschien 1988!) Ein Mensch wird ermordet, es hätte genausogut ein anderer sein können, da die Gruppe nicht nur durch familiäre und freundschaftliche Beziehungen miteinander verbunden ist, sondern auch durch Macht, Haß, Neid, Eifersucht etc. Das macht auch die Person des Mörders beliebig, da fast jede(r) ein Motiv gehabt hätte. So werden der Reihe nach alle abgeklopft, bei jedem neuen Aspekt wiederholt sich das Ritual.

Die im Vorspann vom Verlag angekündigte Amateurdetektivin wird erst nach einem Drittel des Buches richtig eingeführt, und dann trägt sie die Handlung nicht, sondern arbeitet lediglich dem ermittelnden Polizeibeamten zu.

Der Verlag teilt mit, daß es sich um einen »fein konstruierten, klassischen Whodunit« handele. Aber warum eine Kopie lesen, wenn ich das (bessere) Original haben kann? Ich werde mir mal wieder Old Agatha vornehmen.

Marie-Luise Strömer-Orrù

Frances Fyfield:
Nachtangst
Hoffmann & Campe 1993; DM 37,-

Nachtangst – die Angst vor dem Dunkeln verbindet die Charaktere in Frances Fyfields neuestem Krimi. Es ist ihr vierter Krimi mit der Londoner Staatsanwältin Helen West, und auch hier, wie bereits in den drei vorangegangenen, bestechen die genauen psychologischen Schilderungen der Figuren. Da ist es weniger wichtig, wer der Täter ist, als die Frage, ob er (rechtzeitig) gestoppt werden kann.

Die Spannung entsteht durch den Vorsprung, den die Leserin gegenüber den Figuren hat. Sie sieht wie Selbstschutz, Egoismus, Antipathien oder auch schlichtes Desinteresse die Figuren immer wieder Hinweise übersehen lassen, die längst zur Klärung hätten führen können. Am Ende müssen die Figuren erkennen: hätte ich doch früher ... Mit solchem Verhalten verbindet Frances Fyfield immer drückende gesellschaftliche Themen, wie Jugendkriminalität, die Folgen eines zerrütteten Elternhauses oder, wie hier in *Nachtangst*, Kindesmißbrauch; alles Dinge, die ihr aus ihrer eigenen Praxis als Staatsanwältin nur allzu vertraut sein dürften.

So psychologisch genau wie alle Figuren wird auch Helen West beschrieben. Sie ist eine Figur, die sich von Roman zu Roman weiterentwickelt, gute und schlechte Erfahrungen macht und mehr oder weniger daraus lernt. Auch hier ist es das realistische, die genaue Beobachtung von ganz alltäglichen Situationen und die ach so menschlichen Reaktionen, die so überzeugend sind. Ein treffendes Bild der Gesellschaft der neunziger Jahre, verbunden mit einer unter die Haut gehenden Spannung.

Kerstin Schröder

Edith Kneifl:
Zwischen zwei Nächten
Haffmans Kriminalromane bei Heyne 1994; DM 29,- (ausgezeichnet mit dem Glauser)

Was kann *zwischen zwei Nächten* geschehen? Alles und nichts. Im vorliegenden Fall haben wir es mit letzterem zu tun, aber das 167 Seiten lang.

Es dauert eine Weile, bis das klar ist, da der Text modisch aufgepeppt daherkommt – keine Kapiteleinteilung, Gegenwart und Vergangenheit ohne Vorwarnung kühn gemischt, dazu heißen die beiden Hauptfiguren auch noch leicht verwechselbar Anna und Ann-Marie.

Anna ist in Wien durch einen Sturz vom Balkon zu Tode gekommen und ihre Freundin Ann-Marie aus New York zur Beerdigung eingeflogen. Sie bezweifelt, daß es sich um Selbstmord handelt, und verdächtigt den Ehemann, einen Fiesling wie aus dem Bilderbuch.

Die Zeit zwischen Ankunft und Abflug vergeht mit Unterhaltungen, Befragungen, Reflexionen und Erinnerungen an die gemeinsam verbrachte Zeit. Irgendwann wird erwähnt, daß aus der lebenslangen Freundschaft ein Liebesverhältnis geworden ist. »Sie schaute tief in meine Augen, wenn ich redete, als würde sie meine Worte in ihnen lesen können. Ihre Küsse brachten mich zum Weinen. Sie sagte, daß sie nie aufhören würde, mich zu lieben, daß sie mich lieben würde bis zu ihrem Tod.«

Ich meine, Kitsch bleibt Kitsch, egal, wer mit wem rummacht. Zum Schluß interessierte mich nicht mehr, wie und warum Anna vom Balkon gefallen war, sondern nur noch, nach welchen Kriterien der Glauser verliehen wird.

Marie-Luise Strömer-Orrù

Romane

Margaret Atwood: Die Räuberbraut
S. Fischer Verlag 1994; DM 48,-

Drei Mottos hat Margaret Atwood ihrem Roman vorangestellt. Eines stammt von Günter Grass: »Nur was gänzlich verloren ist, fordert mit Leidenschaft endlose Benennungen heraus, die Manie, den entschwundenen Gegenstand so lange beim Namen zu rufen, bis er sich meldet.«

Die Räuberbraut ist nur vordergründig der Roman eines Kampfes unter Frauen – die Geschichte, aus sieben symmetrisch aufeinander bezogenen Kapiteln bestehend, ist weniger die Geschichte der *Räuberbraut* Zenia als vielmehr eine Geschichte weiblicher Spiegelungen.

Zenia ist Polarisations- und Projektionsfläche der geheimen Phantasien und Ängste von Tony, Charis und Roz, den drei Frauen im Kanada der 90er Jahre. Alle drei haben durch sie gelitten.

Zenia, dem männlichen Kontext entsprungene *femme fatal*, deutet auf die Problematik fremdbestimmter Weiblichkeit. Tonys letzte Gedanken über sie sind folgerichtig: »War sie auf irgendeine Weise wie wir. Oder, anders herum: Sind wir auf irgendeine Weise wie sie?«

Sina Jarvis

Doris Dörrie: Bin ich schön?
Diogenes 1994; DM 39,-

Doris Dörrie, die den meisten als Regisseurin des Films *Männer* bekannt sein wird, schreibt wunderbare Erzählungen, soviel sei von vornherein gesagt.

Ihre Geschichten drehen sich um Alltäglichkeiten wie das Aufwachen an einem Sonntagmorgen mit einem Kind in der Trotzphase (»Manna«) oder über die Schwierigkeit, einen Goldfisch am Leben zu halten (»Der Goldfisch«) und von besonderen Erlebnissen: Da findet eine Autofahrerin eine alte Frau auf einem Rastplatz an der Autobahn (»Wer sind Sie?«); da ergibt sich durch einen Zufall eine witzige Begegnung zwischen zwei Frauen, die sich sonst nie getroffen hätten (»Die Braut«). Dörrie verarbeitet typische Szenen aus dem Leben der linken Intellektuellen, zum Beispiel das Therapiewochenende in der Toskana; die engagierte Mutter, die versucht, ein Kindermädchem zu finden, das in Nullkommanix in die Vorzüge einer gesunden Ernährung und das Verbot von Plastikspielzeug einzuweisen ist. In »Trinidad« beschreibt das Au-pair-Mädchen Jeannie, eben aus Trinidad, aus ihrer Perspektive die deutschen Verhältnisse: Wie der »alternative« Vater einen Schuhkarton mit Plastikspielzeug und Bonbons findet, den die vierjährige Tochter vor ihm in der Scheune versteckt hat, weil diese Dinge in seinem ökologischen Haushalt strikt verboten sind, und damit eine mittlere Familienkrise auslöst.

Dörrie beschreibt diese verstaubten Alt-68er auf eine Art und Weise, daß die Leserin nicht weiß, ob sie sich vor Lachen ausschütten oder weinen soll. Unsentimental und manchmal sarkastisch beschreibt sie komplizierte und gelangweilte Beziehungen, Ehen und Familien, Freundschaften, Menschen, vor allem Frauen, die Verbindlichkeiten eingegangen sind, die sie längst langweilen. Manchmal stellt sich ein Gefühl des Mitleids ein, meistens eher der Wunsch nach Distanz, mit solchen Leuten bloß nichts zu tun haben zu wollen.

Neben denen stehen die flüchtigen, zufälligen, hochinteressanten Begegnungen, in denen sich Momente von schonungsloser Ehrlichkeit oder Wahrheit ereignen, stellenweise voll Herz.

Die Originalität vieler Beschreibungen lebt von den Details, einer Plastiktüte auf dem Kopf mit dem Aufdruck »Aus deutschen Landen frisch auf den Tisch«. Die Geschichten sind tragisch, traurig, selbstironisch, spannend und amüsant zu lesen.

Mein absoluter Favorit ist die Erzählung »Im Reich der Sinne«. Wer schon immer wissen wollte, welche Veränderungen der Genuß von Schokolade hervorruft, was Androstenol ist und sich für den Zusammenhang zwischen vierzigjährigen Frauen,

Bücher

Trüffeln und Ebern interessiert, kommt hier voll auf ihre Kosten.

Es handelt sich bei diesem Buch übrigens nicht um den ersten Band mit Erzählungen, den Dörrie geschrieben hat; vier weitere Titel liegen vor (alle bei Diogenes), teilweise schon als Taschenbücher, was angesichts des Hardcover-Preises eine höchst erfreuliche Nachricht ist. Regina Weber

Cristina Garcia: Träumen auf kubanisch
S. Fischer Verlag 1994; DM 39,80

Ein sinnenfroher Roman ist Cristina Garcia mit ihrem ersten Werk *Träumen auf kubanisch* gelungen. In Havanna geboren, wanderte die Autorin als Kind mit den Eltern nach New York aus und lebt heute in Los Angeles. Ihrer tiefen Verbundenheit mit den Menschen, die dort leben, von wo sie einst wegging, setzt sie mit diesem Roman ein bewegendes Denkmal.

Vier Frauen aus drei Generationen stehen im Zentrum der wechselvollen Geschichte einer zersplitterten Familie. Großmutter, Töchter und Enkelin hegen sehr unterschiedliche Gefühle für Kuba und für den Mann, der vor, während und nach der kubanischen Revolution in aller Munde ist und allgegenwärtig scheint: „El Lider", Fidel Castro, Dämon, Rebell und Landesvater zugleich.

Celia, die Großmutter in Havanna, vergöttert Castro seit früher Jugend, während ihre Tochter Lourdes ihm und dem Kommunismus insgesamt voll unversöhnlicher, gehässiger Abneigung gegenübersteht, und Felicia, die zweite Tochter, die in El Lider nur einen Tyrannen unter vielen sieht. Felicia, exzentrisch, schön und geheimnisvoll, schwebt ein wenig im Grenzbereich des Daseins. Ihren gewalttätigen Ehemann hat sie erfolgreich mit seinen eigenen Waffen bekämpft, und nun weiß sie genau, was sie will: einen neuen Mann.

Lourdes, Celias älteste Tochter, hat Kuba vor langer Zeit verlassen, um mit ihrem Mann Rufino und der kleinen Tochter Pilar in New York eine Bäckerei zu eröffnen. Nach traumatischen Kindheits- und Jugenderlebnissen ermöglicht ihr die Auswanderung ein neues Selbstverständnis. Kuba vermißt sie nicht, und es ist ihr völlig gleichgültig, daß ihr Mann sich in der von Plastik, Fastfood, Lärm und Gestank geprägten Umgebung nicht einlebt, daß die heranwachsende Pilar sich noch immer in Sehnsucht nach der Großmutter auf Kuba verzehrt.

Auch Celia vermißt die Enkeltochter schmerzhaft. Während sie abends auf der Terrasse im Schaukelstuhl sitzt und in die verschiedenen Grau-, Blau- und Grüntöne des glitzernden Meers hineinträumt, läuft in ihrem Innern ihr ganzes Leben ab, erträgt sie noch einmal die ihr zugefügten Verletzungen.

Cristina Garcia vermittelt in ihrer Beschreibung des Lebens auf einer von politischen Unruhen zerquälten Insel, bei deren Namen die Leserin in erster Linie an Fidel Castro und Che Guevara, an Revolutionen, Guerillakämpfe und fanatischen Kommunismus denkt, Einblicke hinter einen lange Zeit für undurchdringlich gehaltenen Vorhang. Ihr spannender, faszinierend erzählter Roman ist gleichermaßen von realistischer Härte wie von betörender Romantik – eine rundum zu empfehlende, niveauvolle Lektüre.

Inge Zenker-Baltes

Elinor Rigby
Eine Amerikanerin in Paris

Aus dem Italienischen von Maja Pflug, 248 Seiten, DM 29,80 / SFr 29,80 / öS 233,–

»Man meint, in einem jener hinreißenden alten amerikanischen Filme zu sitzen, mit Joan Crawford oder Doris Day, nur daß die Welt der Rigby ausschließlich von Frauen bevölkert ist. Das Schöne ist, daß man die Abwesenheit von Männern nicht einmal bemerkt, außer dann und wann einen Schatten.«
La Repubblica

Verlag Antje Kunstmann

Ntozake Shange: Schwarze Schwestern
rororo neue frau 1984; DM 9,80

Frau nehme vier Afroamerikanerinnen mit unterschiedlichen Charakteren und unterschiedlichen künstlerischen Begabungen und zeige sie auf ihrem ganz eigenen Weg und der individuellen Auseinandersetzung mit ihrer Lebensgestaltung, ihrer Kunst, ihren (Liebes-)Beziehungen und ihrer ethnischen Geschichte und Kultur.

Ein Ergebnis dieses Rezepts ist *Schwarze Schwestern*.

Die Leserinnen begleiten die drei Schwestern Indigo, Sassafrass und Cypress ein Stück auf ihrem Lebensweg und erfahren, wie die drei mit den oben genannten Themen umgehen:

Wie Indigo, die jüngste, das Puppenspielen aufgibt und dafür zur Geige greift. Das Ende ihrer Adoleszenz ist die Entscheidung, bei ihrer Tante in Difuskie, einer kleinen Westindischen Insel, Hebamme zu werden (eine Geige spielende natürlich).

Wie Sassafrass es schafft, mit ihrem derzeitigen Lebensgefährten ihren Traum zu verwirklichen: in ein Künstlerkollektiv zu ziehen, um eine neue Lebensweise der Afroamerikanerinnen umzusetzen. Wir verlassen sie am Beginn eines neuen Lebensabschnittes, als sie (ohne Lebensgefährten) zu ihrer Mutter zurückkehrt, um ihr Kind zur Welt zu bringen.

Wie Cypress endlich Beziehungen eingeht (zuerst mit einer Frau, dann mit einem Mann) und wie sie sich von der Vorstellung europäischen Balletts verabschiedet und ihren eigenen, afroamerikanischen kulturintegren Stil findet. Schließlich unterstützt sie mit ihrer Kunst u.a. die Bürgerrechtsbewegung.

Über die Mutter der drei, die noch viel näher am früheren Sklavendasein und dem »alten« kulturellen Raum der Afroamerikanerinnen lebt, erfahren wir nur etwas während einer gemeinsamen Weihnachtsfeier der Familie, und dann, zwischen die Kapitel gestreut, aus den Briefen, die sie an die Töchter schreibt und deren Leben(s-Ereignisse) kommentiert.

Das Buch hat eine Leichtigkeit, die ich unterhaltsam finde, ohne oberflächlich zu sein. Die Auseinandersetzungen der Protagonistinnen mit Kunst und Lebenskunst wirken anregend, da vielgestaltig, und bieten kleine, überraschende Wendungen. Auflockerungen bringen z.B. eingestreute Koch- und magische Rezepte, Darstellungen von Ankündigungen und Tagebuchauszüge.

Leserinnen, die neugierig sind auf Sichtweisen von Afroamerikanerinnen, auf Künstlerinnenlebensweisen und nicht zu langatmige Bücher, kann ich *Schwarze Schwestern* als gute und kurzweilige Unterhaltung nur empfehlen.

Elisabeth Hoerner

Rita Mae Brown: Venusneid
Rowohlt 1993; DM 36,-

Venusneid ist prachtvoll unterhaltsam. Am allerbesten gefällt mir die Ausgangsidee und wie die Autorin das umgesetzt hat. Eine knallharte, kettenrauchende Klischee-Karrierebraut, mit Erfolg statt Ethik und Geld statt FreundInnen, gerät aufs Sterbebett, zieht Bilanz und ist bereut. Abschiedsbriefe als letzte Beichte – mit einem wunderschönen Füllfederhalter bringt sie zu Papier, was nie ausgesprochen wurde. Wie Phoenix aus der Asche steigt am Tropf ihr wahres Selbst empor: eine dickköpfig-angepaßte, nutzlose Schöne und Reiche, hinter sich ein verlogenes Leben voll der Spielchen der oberen Zehntausend, vor sich gähnende Leere – bis sich herausstellt, daß die Diagnose verwechselt wurde. Doch die Briefe sind schon im Kasten ...

Der Versuch, den Alltag wieder aufzunehmen, ohne hinter das einmal Ausgesprochene zurück zu können, das Dasein als Tabubrecherin und damit verbundene Entdeckungen, füllen den Roman bis kurz vor Schluß flüssig, interessant und unterhaltsam. Aufrechte, lebendige Frauen, läppische und fiese Personen beiderlei Geschlechts, sympathische Nieten und amerikanische Prototypen bevölkern das Szenario; die kleinen und großen Sorgen kleinstädtischer Ober- und Mittelschicht halten den Plot am Laufen.

Das olympische Ende mag Geschmackssache sein, mir scheint es irgendwie deplaziert, nicht dazugehörig: als hätte die Autorin noch einen Schnipsel herumliegen gehabt, der irgendwo hin wollte, und ihn kurzerhand hier angepappt. Ein niedlich geschriebener Schnipsel, ohne Frage, aber in meinen Augen schlichtweg albern (das ist noch das Netteste, was ich dazu sagen kann).

Von der das Buch ausläutenden zuckrigen Götterspeise abgesehen, ist *Venusneid* angenehme Lektüre: ein temperamentvoller, runder Roman um eine gut umgesetzte Idee; annehmbares Futter für die Leselust.

Else Laudan

Petra Reski: Rita Atria – Eine Frau gegen die Mafia
Hoffmann und Campe 1994; DM 36,-

Rita Atria ist keine geborene Heldin. Sie wächst in einem kleinen sizilianischen Dorf auf. Ungeliebt und mißhandelt wie auch Schwester und Bruder, erlebt sie eine Kindheit, in der die Mafia, Vendetta und Morde zum normalen Alltag gehören und auch akzeptiert werden. Der Vater

Bücher

wird erschossen, er hat sich der »ehrenwerten« Gesellschaft gegenüber zu hochmütig verhalten. Der Sohn versucht sich als Killer des Mörders, er bleibt selbst auf der Strecke. So weit, so normal – wäre da nicht Piera, die Schwägerin, die genug hat, die den Mord und die Mafia nicht schweigend hinnehmen will. Sie redet – und führt fortan das Leben der Geächteten, Verfolgten in Rom. Rita sieht die Alternative zum Schweigen – trotz ihrer nur siebzehn Jahre beschließt sie zu reden. Zum Erstaunen der Justiz weiß sie sehr viel. Aber auch ihr Leben ändert sich radikal.

Die Tatsache, daß die Autorin des Buches, Petra Reski, kein Heldenleben, sondern behutsam und ganz detailliert das Leben einer Frau in der mafiosen Männerwelt Siziliens beschreibt, macht dieses Buch so spannend, daß es am besten in einem gelesen werden sollte/muß! Was es heißt, eine Frau in Sizilien HEUTE zu sein: Anhängsel, Besitz und vor allem schweigsam – lediglich bei der Totenklage laut, duldsam, fügsam, dem Manne und der Mafia untertan – das geht an die Nieren. Die brutalen Tode der Mafia-Gegner Falcone und Borsellino erhalten eine beklemmende Bedeutung für die Leserinnen: Für Rita sind sie der Todesstoß.

Klar, ohne Umschweife oder Beschönigung wird hier ein Frauenschicksal unserer Tage aufgezeigt, das Mut macht. Frauen sind es, wird immer wiederholt, die ein Vorgehen gegen die Mafia überhaupt möglich machen, die riskieren und kämpfen bis zum bitteren Ende. In allen Funktionen, an allen Hebelstellen sind Frauen tätig. Unbedingt lesen: ein Buch über Frauenstärke, ein Frauenbuch! Alice Block-Lindmüller

Angeles Mastretta:
Frauen mit großen Augen
Suhrkamp 1994; DM 16,80

Große Augen muß man schon haben, wenn man die von Witz und Lebensfreude sprudelnden Geschichten der Angeles Mastretta liest. Geschildert wird der Alltag mexikanischer Frauen in den dreißiger Jahren. Kinder, Küche, Kirche ist jetzt vielleicht die erste Assoziation, Zwangsheirat und Eheunglück die zweite. Richtig und doch weit gefehlt. Von Zwang und Unglück kann bei diesen Frauen keine Rede sein. Da ist zum Beispiel Tante Leo-

nor mit ihrer Heirat aus Vernunftgründen und dem vollkommensten Nabel der Welt. Der und ihr Cousin Sergio bewahren sie vor jeder Langeweile. Denn nur Sergio bringt ihren Nabel zum Erzittern – auf den Obstbäumen im Garten der Großmutter. Oder Tante Valeria, trotz durchschnittlichem Mann und vielen Kindern, kein bißchen frustriert. Schließlich kann man einfach die Augen schließen, und schon hält man die Hand vom Gouverneur oder liegt im Bett mit Humphrey Bogart oder dem Zucchiniverkäufer von der Ecke. Oder Elena, die endlich aus dem katholischen Internat auf die heimatliche Hacienda zurückgekehrt ist und dort von der Revolution überrascht wird. Widerstandslos überläßt ihr Vater den Aufständischen den ganzen Besitz, um dann in einer tollkühnen Nacht-und-Nebel-Aktion seinen Wein zu retten. So kommt sie frühzeitig zu dem lebensbegleitenden Wissen, daß auch der vernünftigste Mann machmal nicht ganz richtig im Kopf ist. So setzen sich alle diese Frauen mit ihrer Kraft und Phantasie über die äußeren Umstände hinweg und schaffen sich mit Witz und Geistesgegenwart ein unabhängiges und fröhliches Leben. Beim Lesen bleibt die einzige Sorge, trotz weit aufgerissener Augen, eines der liebenswert-überraschdenden Details übersehen zu haben. Da bleibt nur eins: noch einmal lesen und so das ohnehin zu schnell vergangene Lesevergnügen angenehm verlängern.
Imke Elliesen-Kliefoth

Erica Fischer:
Aimée und Jaguar
Kiepenheuer und Witsch 1994; DM 39,80

Das Buch schildert die authentische Liebesgeschichte von Elisabeth Wust (Aimée), einer Nazigattin mit Mutterkreuz und vier Söhnen, die sich während des Dritten Reiches in die Jüdin Felice Schragenheim (Jaguar) verliebt. Die beiden leben etwa ein Jahr zusammen, bevor Felice ins KZ verschleppt wird und dort kurz vor der Befreiung stirbt.

Erica Fischer läßt die Personen so viel wie möglich selbst erzählen und füllt nur hier und da das Bild auf. So spricht Felice durch ihre Gedichte, Notizen und Briefe; Elisabeth erzählt aus ihren Erinnerungen, wie auch ihre Söhne und andere Beteiligte.

Die Geschichte der beiden Frauen ist so außergewöhnlich wie eindrucksvoll, wenn es auch der Leserin durch den brüchigen Stil nicht ganz leicht gemacht wird, sich zwischen den intimen Liebesbriefen und sich teilweise widersprechenden Erinnerungen der Beteiligten in die Geschichte einzufühlen.

Trotzdem ein wichtiges Buch über eine weitgehend ignorierte Minderheit und ihre Leiden im Dritten Reich. Kerstin Schröder

Diane Salvatore:
In Liebe, Deine Sina
Frauenoffensive 1993; DM 19,80

In Liebe, Deine Sina. Diese vier Worte verändern die Welt

für Joyce Ecco radikal. Die Journalistin steht am Beginn ihrer Karriere, als sich ihr *die* Chance bietet: ein Interview mit der berühmten, bewunderten Sina Beth Frazer, der bekanntesten lesbischen Schriftstellerin der USA schlechthin. Der Einstieg in die »große Welt« geschieht aber nicht über den Journalismus – Joyce verliebt sich rettungslos in die berühmte Frau, eine Affäre beginnt. Doch immer mehr beginnen sich die Rollen zu teilen. Joyce, die Stellung, Freundin und Stadtleben aufgibt; Sina, die ihre Zuneigung eher im Ausnutzen dieser Liebe zu erklären scheint. Es dauert lange, bis unter einem Brief statt des Namens »in Liebe, Deine Sina« steht. Zu lange.

In Liebe, Deine Sina von Diane Salvatore ist nicht einfach ein Roman um Liebe und Leidenschaft, der im Lesbenmilieu spielt. Es ist vielmehr der Roman einer sehr persönlichen Entwicklung. Joyce, Ich-Erzählerin und Hauptperson, erlebt Gefühle, die ihr unbekannt sind, Leidenschaften, die sie teilweise in ihrer Intensität erschrecken, weil sie abhängig machen. Nicht blind zu folgen, sie selbst zu bleiben – ein harter Kampf, der Rückschläge beinhaltet. Was diesen Roman lesenswert macht, ist die Ehrlichkeit, die Nachvollziehbarkeit. Keine glatten Enden, keine abgeschlossenen und vernünftig gezogenen Resümees.

Übrigens: Literaturkennerinnen werden wissen, welche echte »dreinamige« Literaturberühmtheit sich hinter Sina Beth Frazer verbirgt. Alice Block-Lindmüller

Janet Frame:
Gesichter im Wasser
Piper 1994; DM 39,80

Gesichter im Wasser erzählt die Geschichte der jungen neuseeländischen Lehrerin Istrina Mavet, die in den vierziger Jahren in die Psychiatrie eingeliefert wird und damit ausgeliefert wird, dort über acht Jahre zubringt und eine Unzahl von Elektroschocks erhält. Istrina durchläuft während dieser Zeit alle Stationen der psychiatrischen Anstalt, bis sie schließlich in der Abteilung der aufgegebenen Fälle landet, wo die Patienten im Dreck vor sich hinvegetieren. Die Schwestern sind keine Pflegerinnen oder Betreuerinnen, sondern Gefängniswärterinnen. Sie tyrannisieren die Patienten, um ihre Macht zu demonstrieren, oder bringen ihre Verachtung und ihr Unverständnis zum Ausdruck, indem sie sie der Lächerlichkeit preisgeben.

Verängstigt, passiv und seltsam isoliert beobachtet Istrina alles, was um sie herum vorgeht, und hat oftmals auch auf sich selbst einen Blick wie auf eine Fremde.

Aufgestört aus ihrer Passivität wird Istrina, als sie die Nachricht erhält, daß an ihr eine Lobotomie vorgenommen werden soll. Langsam, aber beharrlich weckt das ihren Widerstand und ihre Lebensgeister, und mit Hilfe eines Arztes gelingt es ihr, die Operation zu verhindern.

Nachdem sie ihre noch verbliebene Kraft einmal entdeckt hat, findet sie den Weg zur Heilung und damit zur Entlassung aus der Anstalt.

Gesichter im Wasser ist ein faszinierendes, ein bezauberndes und gleichzeitig aufwühlendes Buch.

Faszinierend und aufwühlend, weil es die menschenunwürdige Praxis in der Psychiatrie dieser Jahre zeigt, weil es immer wieder die menschliche und nicht die pathologische Seite der Patienten in den Mittelpunkt rückt, und weil es die allmählich fortschreitende Selbstbehauptung Istrina Mavets darstellt.

Bezaubernd ist dieses Buch wegen seiner unglaublich bildreichen und gewaltigen Sprache, seines subtilen Humors, wegen seiner behutsam angelegten, aber gefangennehmenden Struktur, die den Leser fast magnetisch in diese fiktive Welt zieht.

Die menschliche Wärme und Anteilnahme zeigt sich in der sorgsamen Zeichnung der Figuren, die Schärfe der Beobachtung in der sprachlichen Handhabung.

Hier liegt kein Erfahrungsbericht einer Betroffenen vor, sondern das Werk einer Autorin, die ihre Erfahrungen zu einem kunstvoll gewebten Stück Literatur verarbeitet hat. Gabriele Arendt

Margaret Millar:
Letzter Auftritt von Rose
Diogenes 1994; DM 16,80

Sweetheart, die riesige Holzpuppe vor der Puppenfabrik, hätte dringend einen neuen Anstrich nötig. Eine Renovierung wäre auch für die Fabrik, von der zahlreiche Leute gut leben wollen, angebracht. Zu diesen Leuten gehören Wilbert, fetter, ewig schwitzender Choleriker; dessen Sohn; Ethel, devot-dümmliche

Frau des ersteren; der zweite Sohn, schwarzes Schaf; die Tochter, tüchtig, aber Hausfrau und Mutter; und nicht zuletzt Murphy, das vornehme, exaltierte Hausmädchen von Ethel und Wilbert, in deren Haus Olive, die schwerkranke Mutter und Schwiegermutter, wohnt. Rose, ein ehemaliger und weinseliger

Bücher

Stummfilmstar, ebenfalls etwas verwittert, hofft auf einen letzten Auftritt. Sie bekommt ihn: als Leiche im Garten der Mietvilla von Wilbert und Ethel. Natürlicher Tod durch altersbedingtes Herzversagen. Somit scheint alles klar zu sein, eine tragische Sache eben. Wenn nicht ...

Wenn nicht Margaret Millar diesen *Letzten Auftritt von Rose* geschrieben hätte. Was klischeehaft-krimimäßig erscheint, wird im Verlauf der spannenden Handlung so brillant ad absurdum geführt, daß das Leserinnenherz höher schlägt! Selbst der Titel verkehrt sich ins Gegenteil.

Was für Frauen! Hinter den bekannten Klischees enthüllen sich Charaktere, die es in sich haben. Die Handlungsfäden sind in den Händen der Frauen; intelligent und voller List entwickeln sie Täuschungsmanöver, kraftvoll-zielstrebig führen sie ihre Unternehmen durch, die mitagierenden Männer zu unfreiwillig-komischen Figuren degradierend.

Ein brillantes Lesevergnügen, eine Überraschung selbst für »M.M.«-Kennerinnen!

Alice Block-Lindmüller

Janet Flanner:
Legendäre Frauen und ein Mann –
Transatlantische Portraits
Verlag Antje Kunstmann, 1993; DM 34,-

Die amerikanische Journalistin Janet Flanner lebte und arbeitete in den zwanziger und dreißiger Jahren in Paris, wo sie für die amerikanische Zeitschrift *New Yorker* über die Personen schrieb, die Paris bewegten.

Dreizehn Reportagen, die zwischen 1927 und 1975 entstanden, schildern die Persönlichkeiten der Zeit, von Isodora Duncan über Marlene Dietrich, Marie Curie, Edith Wharton bis zu Bette Davis und Alice B. Toklas. Besonders reizvoll für heutige Leserinnen ist dabei der respektlose Plauderton, mit dem Janet Flanner über Zeitgenossinnen spricht, die heute längst Mythos sind. Man spürt ihre Bewunderung für die Frauen, aber ihr fehlt die große Distanz. Dabei sind die Portraits so zeitlos geschrieben, daß man keine intime Kenntnis der Zeit benötigt, um Flanners kleine biographische Studien genießen zu können.

Kerstin Schröder

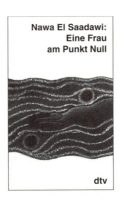

Nawal el Saadawi:
Eine Frau am Punkt Null
dtv 1994; DM 9,90

Wie kam es, daß ich noch nie einen Mann erstochen hatte?

Weder Zynismus noch Lust an Gewalt veranlassen eine Frau, diese Frage zu stellen, sondern ein Leben im ständigen Kampf gegen männliche Gewalt und Unterdrückung, für die eigene Menschenwürde als Frau, die Freiheit und Unabhängigkeit.

Firdau ist Ägypterin, sie sitzt in der Todeszelle. Nawal el Saadawi, Ärztin und Psychologin, darf zuhören. Firdaus Geschichte, gelassen geschildert, enthält mehr Lebensweisheit und Verständnis als manches Fachbuch. Firdau kommt aus Armut und Unterdrückung, sie wird mißbraucht, umhergestoßen, ausgenutzt, bis ihr nach und nach »der Schleier vor den Augen zerreißt« und sie für sich zu unterscheiden lernt zwischen echt und falsch, Lüge und Wahrheit. Letztere, stellt sie fest, kann töten. Firdau läßt sich, nachdem sie sich emanzipiert hat (in einer Weise, die – oberflächlich betrachtet – unserer Definition nicht entspricht), nicht mehr versklaven. Und obwohl sie zum Tode verurteilt ist, sieht sie auch darin eine Freiheit, ein »Sich-nicht-Beugen«, das sie gegenüber verhaßten, mächtigen Männern überlegen macht. Die Psychologin, seltsam beeindruckt von dieser Frau, sich aber dennoch überlegen fühlend, erkennt am Ende, daß es Firdau ist, die stärker, mutiger ist.

Beeindruckend: Die Geschichte ist wahr, sie wurde von Nawal el Saadawi aufgeschrieben. Beurteilung? Wer sich für die Geschichte der Frauen interessiert, muß dieses Buch lesen. Unbedingt!

Alice Block-Lindmüller

Amélie Nothomb:
Die Reinheit des Mörders
Diogenes 1994; DM 34,-

Mit ihrem in der französischen Presse bejubelten Erstling hat die erst 25-jährige Amélie Nothomb einen hochkarätigen, scharfsinnigen und spitzzüngigen Coup gelandet. Ihr Roman erzählt die (fiktive) Geschichte von Prétextat Tach, dem weltbekannten, inzwischen 83-jährigen Schriftsteller und Literaturnobelpreisträger, der an einer seltsamen Krebserkrankung leidet. Seit seinem 18. Lebensjahr so fett, daß er sich nur im Rollstuhl fortbewegen kann, führt er ein ihn scheinbar befriedigendes Einsiedlerleben und duldet nur zwei Menschen in seiner Nähe: seinen geschäftstüchtigen Sekretär sowie einen Besen von Krankenschwester, die den Dicken zu dessen höchstem

Verdruß täglich nackt und bloß in die Wanne packt.

Eines Tages, kurz vor Ausbruch des Golfkrieges, macht das Gerücht die Runde, der Meister habe nur noch zwei Monate zu leben. Einer handverlesenen Auswahl der diskretesten und qualifiziertesten Journalisten wird der Zutritt ins Allerheiligste gestattet, um den berühmten Mann zu Antworten auf bedeutsame Fragen zu bewegen.

Lüstern wartet der zynische Romancier auf die sich ihm servil nähernden Journalisten und genießt grunzend, wie seine beißenden Statements aus redegewandten, versierten Männern stammelnde, errötende Schuljungen machen. Mit diabolischem Sadismus zerstört Tach die ersten vier Journalisten. Der fünfte ist eine Frau – und plötzlich wird alles anders.

Nachdem der alternde Autor routinemäßig seine beleidigenden Unflätigkeiten abgelassen hat, geht ihm ganz plötzlich sein Gift aus. Innerhalb von Minuten verkehren sich die Rollen. Die junge Frau dominiert. Sie ist die einzige, die all seine 22 Romane gelesen hat. Nur einer davon interessiert sie wirklich, sein letzter und ihrer Meinung nach bester. Warum ist er unvollendet geblieben?

In zähem Ringen treibt die Journalistin den arroganten Dikken in die Enge und entlockt ihm schließlich ein schreckliches Geständnis.

Der Reiz des spannenden Romans beruht auf der makaberen Existenz des alten, fetten Schriftstellers, der die Menschen und besonders die Frauen haßt. Er weiß, daß er nicht gelesen wird, und kann sich so gefahrlos als Vollstrecker einer grausigen Tat entlarven. Wahrlich eine brillante Ausgangsidee, die konsequent fast ausschließlich in Dialogen durchgeführt wird. Spritzig, frech, mit unerwarteten Wendungen schockierend perlen die Zwiegespräche hin und her, wobei der große Alte als subtil-vulgärer Hexenmeister auftritt.

Der mit großem Geschick aufgebaute, faszinierend humorvolle Spannungsbogen verspricht kitzelnde, vergnüglich-zynische Leselust.

Inge Zenker-Baltes

Jeanette Winterson: Auf den Körper geschrieben
Fischer 1993; DM 36,-

Jeanette Winterson wurde 1959 geboren, wuchs in Lancashire auf und lebt heute als Schriftstellerin in London.

Von Beginn ihrer schriftstellerischen »Karriere« an galt sie als großes Talent. Für ihren Erstlingsroman *Oranges are not the only fruit* (1985) erhielt sie den Whitbread Award. Es folgten 1987 der Roman *Verlangen*, der mit dem John Llewellyn Rhys Prize ausgezeichnet wurde, und 1989 *Das Geschlecht der Kirsche*.

1992 erschien dann ihr vierter Roman *Written on the body / Auf den Körper geschrieben*. Das deutsche Cover wirbt auf der Rückseite mit dem Satz »Ein kluges, ein rätselhaftes Buch über Liebe und Erotik«.

Das ist es tatsächlich.

Es geht in dieser Geschichte um die Liebe zu einer Frau, Louise. Louise ist verheiratet mit einem bedeutenden, aber langweiligen Arzt. Sie jedoch verläßt ihn, sagt: »Meine Liebe zu dir würde jedes andere Leben zu einer Lüge machen.«, und eine glückliche Zeit bricht an.

Aber nicht umsonst sind die ersten Worte im Buch »Warum ist das Maß der Liebe Verlust?«.

Bei Louise wird Krebs diagnostiziert. Ihr Arzt-Mann bietet an, sie wieder aufzunehmen und alles für ihre Heilung und beste Pflege zu tun. Louise weigert sich, will auch jetzt keine Lüge leben, sondern weiterhin mit dem Menschen leben, den sie liebt. Also muß sie – zu ihrem besten – heimlich verlassen werden.

Es beginnt ein schmerzliches Jahr in einer abgelegenen Gegend Englands, ohne Kontakt zum früheren Leben, denn Louise soll nicht die Spur verfolgen können, soll so zu ihrem vermeintlichen Wohl gezwungen werden. Eine Qual ist das nie verstummende Sehnen im Versteck, die nicht abklingende Liebe zu ihr. Und am Ende diesen Jahres steht plötzlich die Gewißheit, daß über niemand bestimmt werden darf, wie er leben oder sterben soll – auch nicht aus Liebe. Aber die folgende, verzweifelte Suche nach Louise bleibt vergeblich. Zu ihrem Mann ist sie nie zurückgekehrt. Der resignierte Weg zurück ins abgelegene Versteck scheint das furchtbare Ende zu sein. Aber dann ... in dem kleinen, halb verfallenen Haus ... »Von der Küchentür her Louises Gesicht. Blasser, schmaler, aber ihr Haar immer noch eine blutfarbene Mähne. Ich streckte die Hand aus und griff nach ihren Fingern.«

Ist das ein »Happy end«?

Jeanette Winterson, die in ihren Büchern gerne groteske Charaktere und märchen- und/oder parabelhafte Geschichten erzählt, konzentriert sich in *Auf den Körper geschrieben* ganz und gar auf die inneren Vorgänge der Ich-Erzählerin/des Ich-Erzählers.

Im ersten Teil des Buches erfahren wir viel über ihre/seine Vergangenheit, die rastlose Suche nach immer neuen Frauen, Lieben, Betrügereien. Und dann plötzlich das Ankommen, das schlagartige Begreifen, um was es bei »Liebe« eigentlich geht. Die liebevollen Szenen zwischen Louise und der/dem ErzählerIn gehören zu den schönsten, die ich je gelesen habe. Um so mehr trifft dann der Verlust. Ganz so, wie es bereits im ersten Satz des Buches genannt wird. Der zweite Teil des Buches spielt fast ausschließlich im selbstgewählten »Exil«. Die/der ErzählerIn lebt im Versteck und versucht Nähe zu Louise herzustellen, indem sie/er medizinische Fachbücher liest und damit langsam in Louises Körper eindringt, ihn erforscht.

Winterson, die sich auf poetische Sprache ausgezeichnet versteht, hat mit dem Thema »Liebe« einen klassischen Boden betreten, den sie auf ungewöhnliche, tänzerische Weise beschreitet: sie macht nicht deutlich, ob es sich bei der/dem Ich-ErzählerIn um eine Frau/einen Mann handelt. Geschickt umschifft sie jeden klaren Hinweis, den sie geben könnte und überläßt es der Phantasie.

Damit erreicht sie etwas sehr Ungewöhnliches: Ihr Roman ist weder eine Geschichte über die Problematiken in lesbischen Beziehungen, noch ist es eine Geschichte über Rivalität unter Männern. Es ist eine Geschichte über die Liebe.

Mirjam Müntefering

Valeria Narbikova: Wettlauf. Lauf
Suhrkamp 1994; DM 19,90

Wann wird Liebe zum Fossil? Als Petja aufgehört hatte, Boris zu lieben, war sein Bild in ihrem Kopf verblaßt, und um nicht endgültig die Liebe an sich zu vergessen, vergaß sie ihn insgesamt. Er blieb als totes Fossil in ihrem Gedächtnis, wie die Liebe selbst.

Petja liebte Gleb. Sie wollte nicht aufhören, ihn zu lieben, aber wie konnte Liebe dauerhaft sein? Man kann nicht immer beieinander sein, man trennt sich eben. Und sie trafen sich, um sich danach wieder zu trennen. Und sie trennten sich, um sich danach wieder zu treffen ... Ihre Freude war groß, wenn sie sich trafen, und ihre Trauer, wenn sie sich trennten. Doch als sie die Tage zusammenzählten, die sie sich im Laufe eines Jahres sahen, da waren es nur drei, und sie beschlossen, für die Dauer des Glückes eines Jahres »für immer drei Tage lang« miteinander zu verreisen.

Gleb tippte mit dem Finger auf eine Karte der Sowjetunion. Im Zug waren sie zwei Liebende in einem Doppelabteil, aber plötzlich saßen sie in einem sehr kleinen Haus, in dem viel Platz war.

Eine unkomplizierte Geschichte auf achtzig Seiten, scheint es.

Aber dann überrascht Petja und Gleb das öffentliche Leben. Männer des KGB bedrohen ihre Liebe, ihren privaten Raum. Und plötzlich erscheinen vor den Augen der Leserin die düster-dunklen Machenschaften eines jahrhundertealten Unterdrückungsapparates. Lyrisch in ihrer Sprache, aber nüchtern und erbarmungslos im Inhalt, erzählt Narbikova, wie der sowjetische Staatsterrorismus zu allen Zeiten Dichter und politische Denker verfolgt und zum Tode verurteilt hat. Mißhandelt und getötet schufen sie den Hintergrund für Petjas und Glebs öffentliche und private Sozialisation. Und obwohl die herausragende Eigenschaft eines jeden sowjetischen Bürgers der Mangel ist, kann sie dem aktuellen Umbau ihrer Gesellschaft nicht zustimmen: »...was für ein Unsinn, den Kapitalismus im Rahmen des Sozialismus zu errichten«.

Schließlich, am Ende des *Wettlaufs*, in dem Dialoge geführt, nachgedacht, geschimpft, gehaßt und geliebt wird, fassen sich Petja und Gleb ein Herz und kehren nach Hause zurück. Nur eine Frage beschäftigt die beiden noch, nämlich, wieso eine neugeborene Schildkröte weiser ist als ein neugeborener Mensch, wo doch der Mensch die Krone der Schöpfung ist?

Diese zweite ins Deutsche übersetzte Erzählung von Valeria Narbikova ist bei mir zuerst auf Ablehnung gestoßen. Der Text widersetzt sich jeder Lesweise, die an der Oberfläche bleibt, denn die dichte, bilderreiche Sprache der Narbikova erfordert Einfühlung und Konzentration. Erst nach einer zweiten, eingehenden Lektüre hat mich dieses Buch denn auch wirklich begeistert.

Uta Niederstraßer

Auf dem Sprung
Frauenkurzgeschichten
Rowohlt 1993; DM 12,90

Schon mal durchs Foyer gehuschelt? Über den Ankauf eines Tropenaffen als Lebenspartner nachgedacht oder Mausefallen ums Bett aufgestellt?

Was sich wie eine Aufzählung spinnerter Geschichten anhört, ist in Wirklichkeit eine der gelungensten Frauenkurzgeschichtensammlungen seit langem. Neben skurrilen, herrlich bissiggemeinen Themen gibt es auch eindringliche, mahnende und betroffen machende Geschichten. Gemeinsam ist ihnen, daß sie von bekannten Autorinnen wie Uta-Maria Heim, Sylvia Brandis oder Annegret Held verfaßt wurden, aber auch, daß sie Gedanken und Gefühle von Frauen wiedergeben, so ungemein lebendig, nachvollziehbar und schillernd, daß das Lesen Spaß macht, von der ersten bis zur letzten der 218 Seiten. Dazu kommt eine wirklich schöne Aufmachung des Buches vom Einband bis hin zu den eingefügten, ganzseitigen Illustrationen im Graffitistil.

Die Lebendigkeit, die der Titel *Auf dem Sprung* anzeigt, setzt sich im Inhalt fort, wobei die unverklemmte, direkte Art der Frauengedanken sich wohltuend vom Üblichen abhebt. Frau wird sich wiederfinden in Situationen, Erinnerungen und Gedanken.

Auf dem Sprung könnte leicht zum Sprungbrett in die Frauenliteratur für SkeptikerInnen werden.

Wer dieses Buch besitzt, kann es, statt Blumen, eigentlich nur Feinden vorenthalten.

Alice Block-Lindmüller

Sachbuch

The ACT UP/New York Women & Aids Group: Frauen und Aids
Übersetzt und bearbeitet von Andrea Hofmann, Petra Knust und Nicole D. Schmidt.
Rowohlt 1994; DM 18,90

»Über 60 000 Menschen leben in der BRD mit HIV oder Aids. Nur selten wird dies in der Öffentlichkeit wahrgenommen. Noch weniger Beachtung findet die Tatsache, daß fast 10 000 Frauen mit HIV infiziert oder an Aids erkrankt sind. Aids ist in den Köpfen der meisten Menschen immer noch eine Männerkrankheit von Schwulen und Drogengebrauchern.«

Ähnliche Feststellungen haben die Aktivistinnen-Gruppe ACT UP in New York veranlaßt, ein Aids-Buch nur für Frauen zu machen, und sie haben die Herausgeberinnen in Deutschland dazu gebracht, es zu übersetzen und auf deutsche Verhältnisse zu übertragen. Es richtet sich an Betroffene, die nicht unbedingt in Beratungszentren der deutschen Aids-Hilfe gehen, an Gefährdete (also an jede) und deren Angehörige.

Es deckt mit über 345 Seiten eine breite Palette von Fragen zu Frauen und Aids ab. Neben informativen Texten sind Erfahrungsberichte von Betroffenen zu finden, die beim Lesen unter die Haut gehen. Z.B. ein Bericht »Sex and Drugs and Rock 'n' Roll ... und Aids«, von der Drogenabhängigen Iris de la Cruz, die in den siebziger Jahren als Prostituierte arbeitete, sich infizierte und nach langer Arbeit an sich selbst in einer Gruppe von HIV-infizierten Frauen lernte, daß sie nicht die einzige Aids-Frau auf der Welt war. Es betraf jede: Mütter, Töchter, Geliebte, Weiße, Schwarze, Lesben, Großmütter, reiche und arme Frauen.

Da andere Verlagshäuser Erlebnisberichte von Aids-Betroffenen schon stark im Programm haben, nehmen hier Sachtexte den größten Raum ein. Hervorzuheben ist, daß Themen behandelt werden, die sonst in der Diskussion über Frauen und Aids (wenn sie denn stattfindet) nur am Rande erwähnt werden. Es sind: Aids und Schwangerschaft, frauenspezifische Symptome einer Aids-Erkrankung, Aufklärung von Kindern und Jugendlichen. Rechtliche Aspekte (und die darin enthaltene Kritik an den auf irrationalen Ängsten und zu eng gefaßten Moralvorstellungen basierenden Gesetzen), z.B. die HIV-Übertragung als Straftat oder der Schutz vor Diskriminierung oder Versicherungen, sind ebenso hilfreich wie der mit einem 33-seitigen medizinischen Glossar, einer Auswahl von Aids- und Selbsthilfegruppen, von Beratungszentren und anderen Projekten, wie z.B. »Kinder und Aids«.

Frauen und Aids ist ein umfassend informierendes Buch und in seiner Kombination aus Sachtexten und Erfahrungsberichten einzigartig in der deutschen Verlagslandschaft. Es füllt eine Lükke in der Literatur über Aids, die zu lange klaffte, und hilft hoffentlich, die Ignoranz der Öffentlichkeit gegenüber diesem wichtigen Thema zu brechen.
Murielle Rousseau-Reusch

Florence Hervé (Hrsg.) u.a.: Das Weiberlexikon
Papyrossa ca. 1994; DM 49,80

Auch wir können sagen, endlich(!) ist *Das Weiberlexikon* wieder erschienen! Es erschien jetzt in der dritten Auflage, erheblich überarbeitet – eigentlich ein neues Buch. Es enthält eine Fülle an Informationen über Rechtliches, Ethisches, Medizinisches, Geschichtliches, Soziales und Politisches. Autorinnen und Herausgeberin betonen bescheiden: »Was wir vorlegen, ist ein Versuch, mehr aus der verschwiegenen Frauenhistorie, dem Aufbruch von Frauen in Vergangenheit und Gegenwart, aus dem Frauenalltag heute, der Politik von, für, mit und solcher gegen Frauen, mehr aus Praxis und Theorie der Frauenbewegung zu vermitteln, neugierig auf eigene Entdeckungen zu machen.« Das ist gelungen!
Sina Jarvis

Dorothea Keuler: Undankbare Arbeit
Die bitterböse Geschichte der Frauenberufe
Attempto Verlag 1993; DM 24,80

»Undankbare Arbeit« ist Frauenarbeit. Denn Frauen machen zwar die Hälfte der Weltbevölkerung aus und leisten zwei Drittel aller Arbeitsstunden, erhalten dafür jedoch nur ein Zehntel des Welteinkommens und besitzen sogar weniger als ein Hundertstel des Eigentums. Die Tübinger Diplom-Pädagogin Dorothea Keuler beschäftigt sich mit der Geschichte der traditionellen, »typisch weiblichen« Frauenberufe und macht klar, daß die (Erwerbs-)Arbeit von Frauen auch noch im Zeitalter der Gleichberechtigung anders bewertet wird als die von Männern.

Antworten auf dieses Phänomen sucht die Autorin in den klassischen Arbeitsbereichen von Frauen: Hauswirtschaft, Heil-, Pflege- und Sozialbereich, Dienstleistungsgewerbe und Textilherstellung. Dabei wird deutlich, daß sozialgeschichtliche Brüche die Ursache sind für die konsequente Herabwürdigung von Arbeit, die traditionell von Frauen geleistet wird. Die Zuschreibungen von Kompetenz und Qualifikation sind beliebig und mehr durch die Erfordernisse des Arbeitsmarktes geleitet als durch die Tradition.

So nahm die Entmachtung von Frauen in Heil- und Pflegeberufen ihren Anfang mit der Verdrängung der Weisen Frauen und Hebammen durch Kirche und Staat.

Mit der Industrialisierung entstand der Beruf »Hausfrau«. Auch er ist Produkt einer geschichtlichen Entwicklung und leitet sich nicht aus »natürlichen« Eigenschaften von Frauen ab.

Daß auch der offensive Versuch von Frauen, ihren Zugang zum Arbeitsmarkt zu erleichtern, auch Fallen birgt, zeigt das Beispiel des bürgerlichen Teils der Frauenbewegung des 19. Jahrhunderts. Diese Frauen kämpften in Zusammenschlüssen für das Recht auf Erwerbsarbeit auch für Frauen aus der Mittelschicht. Legitimiert wurde diese Forderung mit dem Argument, daß nicht nur der eigenen Familie, sondern der ganzen Gesellschaft die den Frauen »angeborenen« weiblichen Fähigkeiten wie Fürsorge, Dienen und Helfen zugutekommen sollten. So wurden die neuen, für Frauen gedachten Berufe häufig mit dem alten Rollenbild gefüllt, und es entstanden typische Frauenberufe, in denen Frauen (Beispiel: Büroarbeit) die stupideren, sich wiederholenden Arbeiten ausführen mußten. Die Entlohnung war natürlich dementsprechend geringer.

Leider reißt Dorothea Keuler einige wichtige Fragen nur kurz an: Wie funktionieren von Männern organisierte Seilschaften? Wie sehen Doppelstandards im Beruf aus, die dasselbe Verhalten bei einem Mann als durchsetzungsfähig loben, bei einer Frau als aggressiv tadeln?

Auch wenn das Thema betrüblich ist, verfällt die Autorin nicht in reines Anklagen, sondern erzählt anschaulich und fundiert über die Geschichte der Frauenberufe. Auch Männer können einiges erfahren darüber, wie die Berufe, die heute als »männlich« gelten, zu dieser Festlegung gekommen sind.

Das Resümee der Autorin: »Anlaß zu gedämpftem Optimismus« ist jedoch nicht ganz leicht nachvollziehbar angesichts der nur schleppenden Verbesserung der Lage von Frauen auf dem Arbeitsmarkt. So klagten z.B. noch 1991 43% aller deutschen Managerinnen über die Vorurteile, die ihnen als Frauen entgegengebracht würden.

Anja Zimmermann

Marit Rullmann u.a.: Philosophinnen. Von der Antike bis zur Aufklärung
eFeF Verlag edition ebersbach 1994; DM 54,-

»Es mag Metaphysiker und Philosophen geben, die mehr wissen als ich, obwohl ich noch keinem begegnet bin.« (Marquise du Châtelet in einem Brief an Friedrich den Großen).

Marquise du Châtelet ist eine der 38 Philosophinnen, deren Leben und Denken Marit Rullmann in diesem besonderen Nachschlagewerk nachzeichnet und in den jeweiligen historischen Kontext einbettet. Diese Porträts aus feministischer Perspektive belegen anschaulich, daß es eine lange Tradition weiblichen Philosophierens gibt – selbst in Zeiten, in denen Frauen die Fähigkeit zu sachlichem Denken und ernsthafter wissenschaftlicher Betätigung schlichtweg abgesprochen wurde. Auch in der Philosophie, mit ihrem angeblich neutralen Menschenbild, sind es fast ausschließlich Männer, die einen Platz in der Wissenschaftsgeschichte eingenommen haben. Philosophierende Frauen wurden von der Nachwelt ignoriert, es scheint sie nie gegeben zu haben.

Den Autorinnen ist es gelungen, ein Nachschlagewerk zu schaffen, das auch für Nichtwissenschaftlerinnnen verständlich ist (Fachtermini werden in einem ausführlichen Glossar erklärt). Hier werden sowohl philosophische Anschauungen und Theorien vermittelt als auch die Lebensumstände der Frauen in den jeweiligen Jahrhunderten umrissen – und das macht *Philosophinnen* zum Lesegenuß mit Lerneffekt.

Gegliedert ist der Band in die geistesgeschichtlichen Epochen Antike, Mittelalter, Renaissance und Aufklärung, die durch kurze Essays eingeleitet werden. Diese Essays umfassen jeweils die wichtigsten Denkrichtungen und geben einen Einblick in die damalige Situation der Frauen. In den einzelnen Porträts wird deutlich, daß es hier weniger um »Elfenbeinturm«-Philosophie geht. Vielmehr sind es überwiegend praktische Probleme und ethische Fragestellungen, die Frauen interessierten – schließlich war es den Frauen auch nicht in dem Maße wie Männern möglich, sich von ihrem Alltag zu entfernen. Da ist zum Beispiel Aspasia, die Sokrates die Kunst der freien Rede lehrte und auch Reden für den Staatsmann Perikles entwarf, als erste namentlich bekannte Philosophin; Hildegard von Bingen: Ordensfrau und Verfasserin zahlreicher naturwissenschaftlicher und mystischer Schriften im 12. Jahrhundert; oder Olympe de Gouges, die während der französischen Revolution laut für die Rechte der Frau eintrat – und 1793 dafür guillotiniert wurde. Bereits diese wenigen Beispiele lassen ahnen, wie fesselnd die einzelnen Darstellungen sind. Sie zeigen Philosphiegeschichte aus einer an-

deren Perspektive als gängige Nachschlagewerke – aus einer Perspektive, die den Einstieg und das Verständnis erleichtert und gleichzeitig Lebensnähe vermittelt.
Ingrid Heim

Elisabeth Bronfen:
Nur über ihre Leiche.
Tod, Weiblichkeit und Ästhetik
Verlag Antje Kunstmann 1994; DM 84,-

Im Januar dieses Jahres erschien die Habilitationsschrift *Over her death body* von Elisabeth Bronfen auf dem deutschen Buchmarkt. *Nur über ihre Leiche* ist ein 600-Seiten-Werk, das sich mit dem ästhetisch in Szene gesetzten Tod der Frau beschäftigt. Auf einem ihrer Vorträge berichtet die Züricher Anglistikprofessorin, daß sie sich ständig von Frauenleichen umgeben sah: im Kino, in Ausstellungen, in der Literatur. Mit ihrem streng wissenschaftlichen Ansatz und anhand zahlreicher Beispiele aus der Kunst- und Kulturgeschichte der letzten zwei Jahrhunderte versucht Elisabeth Bronfen zu klären und zu ergründen, wie es dazu kommt und warum es den meisten Menschen gar nicht auffällt, daß die Darstellung des Todes fast immer unmittelbar mit einer schönen Frauenleiche in Verbindung steht.

Die Autorin kommt durch ihre psychoanalytisch angelegte Untersuchung zu dem Schluß, daß eine schöne Frau durch ihr Sterben als *das* Motiv für die Schaffung eines Kunstwerkes dient sowie als Gegenstand dieser Darstellung immanent ist. Als unbelebter Körper kann sie zum Kunstwerk werden oder wird mit einem solchen verglichen.

Die Gleichsetzung von Weiblichkeit und Tod bedeutet also, daß die weibliche Leiche in der kulturellen Narration als Kunstwerk behandelt – oder die schöne Frau getötet – wird, um ein Kunstwerk hervorzubringen. So entstehen Kunstwerke umgekehrt nur um den Preis des Todes einer schönen Frau, oder Frauenkörper werden durch ihre Darstellung behandelt wie eine weibliche Leiche.

Der Künstler opfert also die Frau, indem er sie in Kunst umsetzt, sie muß sterben, damit er zum Schöpfer werden kann. Die tote Frau als Muse des Kunstschaffenden.

Die Todesangst des Mannes, die existent und gegenwärtig ist, muß symbolisch durch den Tod der Frau bewältigt werden. Die schöne Frau mildert den Schrecken; die Frau als »das Andere«, als Heilige und Hure, als das Gute, Reine einerseits und das Chaotische und Bedrohliche andererseits, kann den Künstler von dem Grauen, den der Tod und Todesdarstellungen mit sich bringen, distanzieren. Somit hat sich der kreative Mann zwar mit dem Tod und den damit verbundenen Ängsten auseinandergesetzt, mit der Darstellung der schönen, weiblichen Leiche allerdings wieder so weit davon entfernt, daß er vor Bedrohung geschützt ist.

Im letzten Kapitel ihres Buches widmet sich Elisabeth Bronfen der Frage, wie schreibende Frauen ihre Inspiration, ihre »Muse« finden, kreativ werden und Todesvisionen verarbeiten.

Sie stellt unter anderem anhand von Virginia Woolf, Sylvia Plath und Anne Sexton fest, daß der implizierte eigene Tod die inspirierende Quelle und den Inhalt ihrer Dichtungen ausmacht.

Im Gegensatz zu ihren männlichen Kollegen ist das Thema ihrer Dichtungen weder die Rolle der Muse noch eine Verdrängung des Todes, sondern weiblicher Tod als kreative Auferstehung der dargestellten Frau.

Nur über ihre Leiche ist ein faszinierendes, spannendes, aber auch anstrengendes Buch, das viele Fragen klärt, Zusammenhänge erläutert und die Leserin zum Mitdenken zwingt. Die Autorin deckt ein breites Spektrum der Geschichte ab, sie arbeitet und forscht umfassend und Kultursparten übergreifend. Wer sich jedoch dafür interessiert, wie Frauen mit ihren Todesängsten umgehen, wird die Antwort sicherlich nicht in diesem Buch finden.
Anja Kemmerzell

Luise F. Pusch (Hrsg.):
Handbuch für Wahnsinnsfrauen
Suhrkamp 1994; DM 12,80

Im Nachwort ihres Buches *Wahnsinnsfrauen* schreibt Luise F. Pusch: »Dies sind Texte, die ich gern um mich hätte, wenn ich nur 300 Seiten mitnehmen dürfte. Oder die ich gern verschenken würde, wenn es nicht so anstrengend wäre, 300 Seiten aus etwa 50 Büchern zu fotokopieren.«

Das Buch mit Texten von Frauen, die sie zu den wichtigsten und schönsten überhaupt zählt, ist ein wahre Fundgrube. Von

Bücher

Sappho, Hildegard von Bingen, Glückel von Hameln, Else Lasker-Schüler, Anna Achmatowa, Simone Weil, Hilde Domin, Iris von Roten, Adrienne Rich, Ruth Klüger, Sylvia Plath, Alice Schwarzer, Naomi Wolf und vielen anderen hat sie in diesem Band eindrucksvolle Texte zusammengetragen. Der Auswahl ihrer Texte liegt ihre persönliche Einteilung zugrunde, entsprechend der intellektuellen und gefühlsmäßigen Bedeutung, die sie für die Autorin haben: Feministische Texte, die mir die Augen geöffnet haben / Komische Texte / Ernste und traurige Texte / Ekstatische Texte.

Das Buch hat es in sich.

Sina Jarvis

Linda Grant: Versext
Klein Verlag 1994; DM 39,80

»Sex ist wichtig! Sex ist bedeutend! Sex macht Spaß!« meint die englische Journalistin Linda Grant und widmet ihren brillant geschriebenen Erstling diesem lustvollen Bereich – ohne Schnörkel und thematische Seitensprünge. In einer spritzigen Kulturgeschichte der Sexualität erzählt sie vom frühen Partnertausch bei englischen Sekten im 17. Jahrhundert, von der laszivien Kindfrau Twiggy, die gegen Erwachsenwerden und Mutterschaft rebelliert, von der Hippie-Bewegung mit Latzhosen, BH-los baumelnden Brüsten und wahllosem Sex, denkt nach über Jane Fonda, die Urmutter einer fast zur Sucht entarteten Fitneßwelle, und zeigt schließlich auf, was Madonna, die »Postporno-Modernistin«, die alle sexuellen Konventionen durchbrach – nicht zuletzt aufgrund einer wirtschaftlichen Macht, über die sonst nur Männer verfügen –, für die sexuelle Befreiung ihrer Geschlechtsgenossinnen getan hat. Auch im Bereich der Literatur, des Journalismus und der Filmindustrie markiert die Autorin Meilensteine, wie etwa *Jules und Jim*, McCarthys *Die Clique*, Nancy Friday, Germaine Greer oder den Vietnamkrieg, der das Sexualverhalten einer ganzen amerikanischen Männergeneration geprägt hat.

Immer wieder forscht Linda Grant nach greifbaren und dauerhaften Erfolgen der »sexuellen Revolution«. Selten wird sie fündig. Zwar stand »das Fenster zur sexuellen Freiheit« etwa zwanzig Jahre lang offen – zwischen der Pille und Aids –, doch wurden unter dem Deckmäntelchen weiblicher Sinnlichkeit Frauen nur zu »guten Betthasen« ausgebildet, zeigten bereitwillig »Beine, Titten, Ärsche« und begaben sich auf die nicht endenwollende Suche nach ihrem Orgasmus. Auch wenn die Autorin dies humorvoll zu verbrämen sucht, ist ihre Zukunftsvision verschwommen und düster. Sie beklagt die stetig wachsende sexuelle Gewalt gegen Frauen und trifft gleichzeitig immer mehr Menschen, die keinen Sex »brauchen«, so, als sei Sex »nichts anderes als ein Rülpser ... dann schon lieber eine Tasse Tee«. Trostlose Aussichten.

Inge Zenker-Baltes

Phyllis Burke:
Eine Familie, ist eine Familie, ist eine Familie
Ein autobiographischer Bericht
edition diá 1994; DM 36,-

Phyllis' Freundin Cheryl wollte schon immer ein Kind, und da die biologische Uhr tickt, setzt Cheryl ihrer Freundin die Pistole auf die Brust: »Ich werde ein Kind bekommen – mit dir oder ohne dich!« Nachdem Kataloge der verschiedenen Kliniken und möglichen Spender gewälzt sind, wird Cheryl prompt durch ihre erste Selbstinsemination schwanger und bringt neun Monate später Sohn Jesse zur Welt. Für Phyllis Burke bedeutet dies in zweierlei Hinsicht einen entscheidenden Einschnitt in ihrem Leben: nicht nur wird sie lange vor der offiziellen Adoption Jesses zweite Mutter, sondern sie, die ihr Lesbischsein bis dahin versteckt hat, wird unversehens politisch aktiv. Sie kämpft nicht nur für die Adoption Jesses, sondern engagiert sich auch in Queer Nation, der Anfang der 90er Jahre in San Francisco entstandenen schwul-lesbischen Bewegung. Die politische Arbeit von Queer Nation – der Kampf für die Gleichberechtigung von Schwulen und Lesben und gegen die religiöse Rechte, die verzweifelt und immer wieder erfolgreich versucht, die traditionellen Familien-Werte hochzuhalten – stehen im Mittelpunkt dieses autobiographischen Berichts. Queer Nation ist keine feste Organisation, sondern ein loser Zusammenschluß verschiedenster aktionistischer Gruppen, deren phantasievolle und dreist-witzige Straßenaktionen – z.B. die Sabotageaktionen gegen den in San Francisco gedrehten Thriller *Basic Instinct* – Burke ausführlich beschreibt.

Phyllis Burkes Buch zeigt, wie weit es die lesbisch-schwule Bewegung in Teilen der USA bereits gebracht hat: Es gibt offen lesbische und schwule PolitikerInnen, RichterInnen und PolizistInnen, die sich für lesbisch-schwule Bürgerrechte einsetzen. Ihr Bericht zeigt aber auch, wie weit man auch in San Francisco noch von der Gleichberechtigung von Schwulen und Lesben entfernt ist. Offene Angriffe auf der Straße gehören ebenso zum Leben der lesbisch-schwulen Gemeinde wie der demütigende Adoptionsprozeß, den Phyllis durchzustehen hat, um Jesses rechtmäßige Mutter zu werden.

Fast völlig ausgeblendet bleibt in diesem autobiographischen Bericht dagegen der Alltag der lesbischen Familie. Das einzige, was wir hierzu erfahren, ist, daß Cheryl zu Hause zunehmend wütender auf dem Sofa sitzt, während sich Phyllis bei Queer Nation tummelt. Die Vielzahl der Namen und detaillierten Schilderungen des Werdegangs der lesbischen und schwulen AktivistInnen und PolitikerInnen sind zum Teil verwirrend und ermüdend. Dennoch: für jede/n, die/der mehr über lesbisch-schwulen Aktionismus erfahren und sich durch die eine oder andere der geschilderten Aktionen inspirieren lassen möchte, ein lesenswertes Buch. Martina Sander

**Georges Duby/Michelle Perrot (Hrsg.):
Geschichte der Frauen, in fünf Bänden**
Bereits erschienen:
Bd. I: Antike,
Bd.: II Mittelalter,
Bd. III: Frühe Neuzeit.
Campus 1993-94; je DM 88,-

In ihrem Vorwort zum ersten Band der *Geschichte der Frauen* bemerken Michelle Perrot und Georges Duby, beide bekannt durch ihre vielseitigen Beiträge zur europäischen Sozialgeschichte: »Unsere Geschichte ist voller Frauen und hallt wider von deren Stimmen. Diese Geschichte ist nicht mehr langweilig.«

Unter diesem Motto haben sich europäische Historikerinnen zu einem mutigen Projekt zusammengefunden, das einmalig in der bisherigen Frauenforschung sein dürfte.

In den ersten drei Bänden der insgesamt fünfbändigen Ausgabe erläutern die Autorinnen anhand origineller Fragestellungen die zahlreichen Aspekte des Frauenlebens von der Antike bis ins 18. Jahrhundert.

So gilt das Hauptinteresse der Forscherinnen dem Geschlecht als sozialem Konstrukt, das von der traditionellen männlich dominierten Geschichtsschreibung vollständig ignoriert wurde. Die thematisch sehr unterschiedlichen Arbeiten versuchen, Frauenrealitäten in ihrer Vielschichtigkeit sichtbar zu machen, indem sie die Beziehungsmuster zwischen Frauen und Männern in den Vordergrund der historischen Analyse rücken.

Mit Hilfe dieses Ansatzes hoffen die Autorinnen wichtige Aufschlüsse über die allgemeinen Strukturen von Herrschaft, Macht und Kontrolle im Geschlechterverhältnis zu erhalten. Interessant ist diese Methode vor allem deshalb, weil sie am traditionellen Handwerkszeug der männlich geprägten Sozialgeschichte rüttelt. Die Historikerzunft muß sich die kritische Frage gefallen lassen, ob sie nicht einen essentiellen Teil der historischen Wirklichkeit ausblendet, wenn sie mit Begriffen wie z.B. Klasse/Schicht die Beziehungsstrukturen einer Gesellschaft untersucht, dabei aber das Geschlecht als grundlegenden Bestimmungsfaktor sozialer Identität außer acht läßt.

Das Forschungsziel der Autorinnen ist noch aus einem weiteren Grund beachtenswert. Geschlechtergeschichte zu betreiben heißt, den veralteten Ansatz einer isolierten Frauengeschichte aufzugeben, die lediglich die alte Parteilichkeit durch eine neue ersetzt und daher zu eindimensionalen Ergebnissen führt.

Die Risiken, die sich aus dem neuen methodischen Ansatz ergeben, werden leider auch bei diesem Werk nur allzu deutlich. Denn oftmals geraten hier die Untersuchungen der Geschlechterbeziehungen mangels Quellen und breiter Forschungsergebnisse zu einer bloßen Präsentation der männlichen Frauenbilder, die den Ergebnissen der Untersuchung von Frauenrealitäten gegenübergestellt werden. Es besteht die Gefahr, daß die historische Forschung den Männern und ihrer Sicht auf Frauen einen unverhältnismäßig großen Platz einräumt und der eigentliche Wirkungskreis der Frauen zur Nebensache wird. Die Bände *Antike* und *Mittelalter* stellen bedauerlicherweise den hochinteressanten Analysen der Geschlechterverhältnisse seitenlange männliche Diskurse über die Frau voran. Die Forscherinnen des dritten Bandes unterliegen der Versuchung weniger, die Lücken einer Geschlechtergeschichte durch die Präsentation männlicher Frauenbilder zu füllen. Dies mag sicherlich an der breiteren Quellenbasis der Neuzeit liegen. Es bleibt zu hoffen, daß die zwei noch ausstehenden Werke über das 19. und 20. Jahrhundert diese Tendenz weiterführen. Britta Heer

**Luise F. Pusch (Hrsg.):
Schwestern berühmter Männer**
Suhrkamp 1994. DM 16,80

Schwestern berühmter Männer – der Titel macht neugierig. Ein Blick ins Inhaltsverzeichnis: tatsächlich, lauter bekannte Namen. Und alle hatten sie also Schwestern. Goethe, Mozart,

Büchner, Nietzsche – um nur ein paar zu nennen. Wer waren diese Frauen, was haben sie gemacht, wie war ihr Verhältnis zu ihren Brüdern? Die zwölf Autorinnen und Autoren des Bandes beschreiben und untersuchen das schwesterliche Leben unter feministischer Perspektive. Die allen Portraits zugrundeliegende, sie verbindende Fragestellung ist die, warum gerade die Brüder und nicht die Schwestern berühmt wurden. Liest man die Lebensläufe, so wird schnell deutlich, daß diese Frauen nicht nur nicht berühmt wurden, sondern sogar im Gegenteil ein – mehr oder weniger – tragisch zu nennendes Leben führten. Zwei, die Schwestern Julia und Carla Mann, begingen Selbstmord, sechs weitere litten unter jahrelangen Psychosen. Und doch wird ihnen allen Begabung zugeschrieben, sowie eine – im historischen Vergleich – überdurchschnittliche Bildung. Warum also scheiterten sie? Von den AutorInnen werden die gesellschaftlichen und sozialen Umstände als Hinderungsgrund angeführt. Das konventionelle, überkommene Frauenbild ließ keine eigenen Ausdrucksformen zu. Geht man davon aus, daß Genialität nicht angeboren ist, sondern Begabung, so hat keine der Frauen die Förderung, Ausbildung, psychische und finanzielle Unterstützung erhalten, die das Zünden des genialischen Funkens erst möglich macht – im Gegensatz zu ihren Brüdern. So blieben sie im – für die meisten unaushaltbaren – Spannungsverhältnis zwischen aufklärerischer Erziehung und der daraus entstehenden, relativen Unabhängigkeit des Denkens und der an sie herangetragenen, starren Rollenzuschreibung befangen. Insgesamt sind zwölf aufschluß- und detailreiche Portraits entstanden, die interessant und spannend zu lesen sind. Die vorsichtig gezeichneten Frauenbilder bleiben auch nach der Lektüre noch eindrücklich und regen zum Hinterfragen der heutigen Lebens- und Arbeitsbedingungen von Frauen an. Imke Elliesen-Kliefoth

Susie Bright:
Susie Bright's Sexual Reality. A Virtual Sex Reader
Pittsburg (Cleis Press) 1992; ca. DM 22,-

Von der gleichen Autorin ins Deutsche übersetzt und bei Krug und Schadenberg verlegt ist bereits *Susie Sexpert's Sexwelt für Lesben*. Brights *Sexual Reality* ist die Fortsetzung. Allerdings drehen sich die hier versammelten 17 Aufsätze nicht nur um lesbischen Sex und lesbisches Selbstverständnis, sondern sie loten Grenzbereiche aus, ohne neue Grenzen abzustecken, und stellen die eingefahrenen Denkkategorien in bezug auf schwul, lesbisch, bi und hetero auf den Kopf – oder auf die Füße. So geht es z.B. um einen schwulen Mann, der nach 15 Jahren Schwulsein das erste Mal in einer Beziehung mit einer Frau lebt; um das lesbische Verhältnis zu Dildos, die als Symbol der patriachalen Ordnung und Unterwerfung von Frauen lange Zeit verschmäht wurden; um Hetero-Männer, die Lesben lieben; um die die antilesbische, anti-feministische lesbische Feministin Camille Paglia, um Nancy Fridays Untersuchungen über Sex-Phantasien von Frauen und über Sex in der Schwangerschaft. Kein Wunder, daß Bright als Titel zunächst »Über Männer, Frauen, Lesben und Kinder« vorschwebte. Dabei handelt es sich bei den Aufsätzen keineswegs um trockene Abhandlungen, sondern sie kommen unverkrampft daher, mit trockenem Humor und Situationskomik gespickt wie die einleitende Szene zum Aufsatz »Virtual Orgasm«, in dem Perry beim gemeinsamen Abendessen mit Freundin Callie und Susie, den Mund voller Spaghetti und Birkenstocksandalen an den Füßen, nebenher ihrem Telefonsex-Gewerbe nachgeht: dies die Einleitung zu Brights Auseinandersetzung mit den Möglichkeiten der virtuellen Realität, jener computersimulierten real wirkenden Scheinwelt (Marge Piercy hat in ihrem Buch *Er, Sie und Es* die heute noch beschränkten Möglichkeiten dieser Technologie in die Zukunft weitergesponnen) und ihrem Potential für die Erweiterung sexueller Erfahrungen – wäre da nicht das Problem, daß diese wie die meisten anderen Technologien von kreativ- und phantasiebeschränkten Männern beherrscht ist.

Geprägt ist Brights Auseinandersetzung mit Sex, Erotik und Politik von dem Glauben, daß unsere Phantasien, Ängste und Tabus in bezug auf Sex eine fast ebenso reale Kraft darstellen (eben »virtuell« sind) wie andere historisch-gesellschaftliche Kräfte. Gerade jene verborgenen, unterdrückter, tabuisierten Aspekte von Sexualität und Geschlechtsidentität geht Susie Bright in diesen Aufsätzen an, undogmatisch, persönlich und witzig. Ein Buch, das keine Antworten gibt und alle Fragen offen läßt.

Auf deutsch erscheint *Susie Brights Sexual Reality* voraussichtlich im kommenden Frühjahr ebenfalls bei Krug und Schadenberg. Martina Sander

Susanne Kazemieh:
Versicherungs- und Rentenratgeber für Frauen
Konkret Literatur Verlag 1992; DM 18,-

Gewidmet hat Susanne Kazemieh ihre Schrift den freiberuflichen Hebammen in Hamburg, die sie 1987 mit ihrer Rentenversicherungsproblematik ins kalte Wasser stießen.

Ihr kleines Buch hat es in sich, es informiert umfassend und verständlich über alle Fragen, die sich bei der Altersvorsorge, bei Versicherungen oder der Geldanlage für Frauen stellen.

Susanne Kazemieh hat Sonderschulpädagogik und Sprachwissenschaft studiert. Seit 1987 ist sie – »aufgeschreckt« durch erste Kontakte mit Versicherungsvertretern – als unabhängige Versicherungs- und Finanzmaklerin tätig. Sie ist Mitbegründerin der »Frauen Finanz Gruppe«, die seit 1989 Frauen in Steuer-, Renten- und Versicherungsfragen berät.

Sina Jarvis

Irmela von der Lühe: Erika Mann. Eine Biographie
Campus Verlag 1993; DM 49,-

Thomas Mann nannte seine erklärte Lieblingstochter »das kühne herrliche Kind«, und Klaus Mann schrieb im Jahre 1942 über seine Schwester: »Im Bereich des wirklichen Lebens gehören Erika und ich zusammen; (...) Wir traten wie Zwillinge auf.«

Die Lebensgeschichte beider Schriftsteller ist eng mit der Person Erika Mann verknüpft. Wir kennen die älteste Tochter Thomas Manns aus zahlreichen Büchern über ihren Vater und Bruder als deren besondere Vertraute, Beraterin und Weggefährtin. Doch ihr eigenes Leben und Werk gerieten in Vergessenheit. Erst seit Mitte der achtziger Jahre gibt es Anzeichen eines erwachenden Interesses, zwei ihrer Bücher, eine Briefsammlung und eine Dokumentation über das von ihr gegründete Kabarett »Die Pfeffermühle« erschienen.

Irmela von der Lühe, Privatdozentin für Germanistik und Gymnasiallehrerin, ist es zu verdanken, daß die Biographie einer faszinierenden Persönlichkeit ins öffentliche Bewußtsein rückt. Aus umfangreichen Recherchen in Archiven Europas und der Vereinigten Staaten entwirft sie ein differenziertes Portrait einer vielseitig begabten Frau, die mit außergewöhnlicher Willensstärke und einer geradezu unerschöpflichen Energie den Herausforderungen ihrer Zeit begegnete.

In ihrer prägnanten Sprache vermittelt uns von der Lühe die vielen Facetten Erika Manns, die zunächst als Schauspielerin, Autorin und Journalistin wirkte und schließlich zu einer unermüdlichen Kämpferin gegen den Faschismus wurde. Als Kabarettistin und politische Rednerin im europäischen und amerikanischen Exil suchte die engagierte Humanistin die übrige Welt von der Barbarei Hitlerdeutschlands zu überzeugen.

Von der Lühe zeigt eindrucksvoll, wie Erika Mann auch nach 1945 nicht aufhörte, sich politisch einzumischen; ihre Waffe waren die Worte, und ihre besonderen Charaktermerkmale zähe Ausdauer, ein ausgeprägter Sinn für Humor und der nie versiegende Lebensmut.

Erika Manns Lebensgeschichte ruhte mehrere Jahrzehnte unentdeckt im Schatten ihres allzeit gerühmten Vaters und Bruders. Zufall? oder weil, wie Irmela von der Lühe mit Golo Mann vermutet, »sie (...) sich selber nie so ganz ernst genommen (hat), andere viel ernster«?

Mir scheint die Vernachlässigung *Erika Manns* doch eher mit einer in der Wissenschaft vorherrschenden Tradition zusammenzuhängen. Nicht von ungefähr mußten zwanzig Jahre vergehen, bis die Worte des Autors Walter A. Berendsohns erhört wurden, daß für die »Geschichte unseres Zeitalters Bild, Lebenslauf und Werk« Erika Manns »fesselnd und repräsentativ« seien. In diesem Sinne hat Irmela von der Lühe wahre Pionierarbeit geleistet.

Britta Heer

Gerda Lerner: Die Entstehung des Patriarchats.
Campus 1991; DM 68,-

Die Entstehung des feministischen Bewußtseins. Vom Mittelalter bis zur Ersten Frauenbewegung
Campus 1993; DM 68,-

Bereits Ende der siebziger Jahre gehörte Gerda Lerner zu den Historikerinnen, die die Forderung nach einer feministischen Geschichtswissenschaft laut machten. Mit dem Erscheinen des Bandes *Die Entstehung des feministischen Bewußtseins* vollendet sie ihr Hauptwerk *Frauen und Geschichte*. Der erste Band – *Die Entstehung des Patriarchats* – nahm seinen Ausgang in der Frage, weshalb der Prozeß, in dem den Frauen ihre untergeordnete Position bewußt wurde, eine Verzögerung von mehr als 3500 Jahren aufweist. Was waren die Ursprünge einer kollektiven Unterordnung, für die historische »Komplizenschaft« von Frauen, und wie kam es zum Ausschluß von Frauen aus der Gestaltung von Geschichte? Diese Fragen führen Lerner in die alten Kulturen des Nahen Ostens, insbesondere nach Mesopotamien. Anhand von literarischen, archäologischen und künstlerischen Quellen verfolgt sie die Durchsetzung des Patriarchats in dem Zeitraum von 3100 bis 500 v.Chr. Sie weist nach, daß Frauen ihrer ursprünglichen Funktion als Vermittlerinnen zum Göttlichen

Bücher

schrittweise beraubt wurden und an ihre Stelle ein männliches Prinzip des Göttlichen trat. Gerda Lerner zeigt in diesem reich dokumentierten Band, wie sich das Patriarchat bereits vor Entstehen der abendländischen Kultur etablierte und zur Voraussetzung für Wahrnehmungsweisen und Begriffe dieser Kultur wurde.

In ihrem neuesten Band knüpft Lerner an ihre Ausgangsfragen an und verfolgt die verschiedenen Wege, die Frauen einschlugen, um für Autonomie und Gleichheit zu kämpfen. Sie erörtert zunächst die Benachteiligung von Frauen im Bildungswesen und die daraus erwachsenden Schwierigkeiten für Frauen, öffentlich das Wort zu ergreifen bzw. zur Schreibenden zu werden. Die zentrale Rolle spielt in diesem Kapitel Hildegard von Bingen, die sich durch eine göttliche Inspiration autorisiert fühlte, mit ihren Lehren und Schriften an die Öffentlichkeit zu treten. Vom 11. bis zum 16. Jahrhundert bildete dann die Frauenmystik eine alternative Denkweise für Frauen, die es ihnen ermöglichte, in ihren Visionen, Träumen und Schriften die weibliche Komponente des Göttlichen hervorzuheben. Auch der Marienkult und die damit verbundene Verehrung der Mutterschaft autorisierte Frauen zum Schreiben und bildete eine Basis für weibliche Kollektivität. Einer der spannendsten Teile des Buches behandelt tausend Jahre feministischer Bibelkritik: Da die Unterordnung der Frau auf jahrhundertealter biblischer Autorität basierte, kehrten Frauen immer wieder zu diesen Texten zurück in dem Versuch, die patriarchale Dominanz zu überwinden. Hier kommt Lerner zu ihrer wichtigsten Einsicht: die Diskontinuität von Frauengeschichte. Aufgrund der Unkenntnis der eigenen Geschichte mußten Frauen das Rad immer wieder neu erfinden und konnten nicht darauf aufbauen, was Frauen vor ihnen dachten und lehrten. Lerner beschreibt die wiederholten Versuche, Netzwerke zu bilden und für gleiche Bildungschancen zu kämpfen. Sie diskutiert die historischen Umstände, unter denen das feministische Bewußtsein entstehen konnte, und beleuchtet besonders die Macht von Ideen, denen Frauen erst durch das Entstehen eines gemeinsamen Bewußtseins etwas entgegensetzen konnten. Gerda Lerners Lebenswerk gibt einen wertvollen Einblick in die Problematik der Frauengeschichte, ihre Schwierigkeiten (aufgrund der fast ausschließlich von Männern überlieferten Quellen) und ihre wichtige Rolle für den modernen Feminismus – denn sie spürt auf, wie Geschlechterrollen gewachsen und damit veränderbar sind. Mit Lerners Worten: »Die Jahrtausende der Vorgeschichte der Frauen sind zu Ende.«

Ingrid Heim

Wo lesen Stoner McTavish und Kate Delafield weiter, wenn ihnen das Krimileben zu öde wird?

Ich möchte die WochenZeitung WoZ kennenlernen, senden sie mir 4 Exemplare gratis zur Probe.

Vorname:

Name:

Strasse:

PLZ/Ort:

Einsenden an :

WoZ, Postfach, CH-8031 Zürich

In der WoZ. Wo sonst.

FILME ▬▬▬ FILME

Frauen sind was Wunderbares - eine Besprechung dieser von einer Frau gedrehten deutschen Beziehungskomödie, in der es mal wieder um wenig phantasievolle Phantasien von Männern geht, haben wir uns erspart. Erspart bleibt Frauen in diesen Zeiten allerdings wenig. Das internationale Frauenfilmfestival in Köln, die »Feminale«, konnte wegen gestrichener Zuschüsse nicht zum üblichen Termin stattfinden. Eine Mitarbeiterin des Festivals berichtet über Hintergründe und Perspektiven. Eine Seminargruppe von Frauen an der Hochschule für Wirtschaft und Politik in Hamburg setzt sich damit auseinander, warum uns Filme emotional ansprechen, die wir eindeutig als rückschrittlich einordnen. Und natürlich gibt es wieder Kritiken: Es scheint so, als träte das Thema Frauen in der Migration auch auf der Leinwand immer häufiger in Erscheinung. Wir stellen zwei Filme vor, an deren Produktion Migrantinnen maßgebend beteiligt waren. Eine andere Tendenz zeichnet sich im Genrebereich ab: Der Western ist wieder auf dem Vormarsch teilweise auch mit Frauen als Agierenden. Hat da mal wieder jemand bloß eine Marktlücke gefunden, oder ändert sich mit dem Einzug weiblicher Hauptfiguren in ein traditionelles Männergenre auch dessen Darstellung der Geschlechterverhältnisse? Wir hoffen, daß unsere Beiträge lohnenswerte Fragen aufwerfen und Anregung zur Diskussion geben.

BLAUE WUNDER
Zum zehnjährigen Geburtstag der Feminale

Wenn dieses Heft erscheint, hätte die Feminale, das internationale Frauenfilmfestival in Köln, schon längst vorbei sein sollen. Doch der übliche Termin im Juni mußte ausgerechnet im Jahr des zehnten Jubiläums des Festivals aufgrund fehlender Finanzmittel storniert werden. Zeichen des vielzitierten Backlash oder bloß kulturpolitische Borniertheit?

Mit der Feminale steht schließlich nicht irgendein Filmfestival zur Disposition, sondern eines, das ausschließlich Filme von Frauen zeigt und sich darüber hinaus eher dem filmisch Sperrigen als dem narrativ Leichtgängigen verpflichtet fühlt. Immer schon standen kurze experimentelle Arbeiten und Dokumentarfilme im Mittelpunkt des Programms, und auch dieses Jahr finden sich lediglich sieben lange Spielfilme im europäischen Hauptprogramm. Seit seiner Gründung hat sich der in den Katalogvorworten immer wieder artikulierte ästhetische Anspruch des Festivals nicht verändert: Die Feminale versteht sich als ein feministisches Projekt, das

Feminale-Mitinitiatorin Eva Hohenberger

mit den präsentierten Filmen auch zur Auseinandersetzung um Fragen weiblicher Ästhetik beitragen will.

Was sich allerdings verändert hat, sind Größe und Organisationsform des Festivals: Nach der ersten Feminale, die sich als deutsche Werkschau verstand, wuchs das Programm schnell über die deutschen Grenzen hinaus. Die Filme kamen nun aus ganz Europa, und es wurden auch zunehmend mehr; die Zahl der Zuschauerinnen nahm ebenso zu wie die der teilnehmenden Regisseurinnen. Verschiedene Programmschienen, wie die Matinee mit einer filmhistorischen Rarität oder ein spezielles Programm mit Filmen lesbischer Thematik, wurden eingeführt; ein Filmmarkt bietet inzwischen dem Fachpublikum aus Produktion und Vertrieb individuelle Sichtungsmöglichkeiten. Das ursprünglich von Studentinnen der Kölner Theaterwissenschaft gegründete Festival institutionalisierte sich auf programmlicher wie organisatorischer Ebene, ohne daß die finanzielle Ausstattung über den Projektcharakter weit hinauskam. Das Festival war gewachsen, doch seine politische Akzeptanz wuchs nicht in gleichem Maße mit. Die Feminale hat einen ähnlich unsicheren Stand wie andere Frauenprojekte auch; ohne Planungssicherheit und feste Stellen läßt man sie in liberaleren Zeiten günstiger Haushaltslagen gewähren. Der Backlash stellt sich ein, wenn es um die Pfründe geht; dann zeigt sich erst wirklich, was politisch gewollt ist und was nicht.

Anläßlich der Stornierung des Festivals klagten Politiker auch die »mangelnde Lobbyarbeit« der Mitarbeiterinnen ein, doch was sie so bezeichneten, fällt auf ihre eigenen (kultur-)politischen Konzepte zurück. Jede noch so engagierte Lobbyarbeit findet ihre Grenzen dort, wo das Produkt unverkäuflich bleibt, und da Kulturpolitik sich nicht als Qualitätsförderung begreift, sondern auf Quantität setzt, sind dem Antichambrieren feministischer Projekte von vornherein viele Hindernisse in den Weg gestellt. Eignen sie sich weder zur Befriedigung parteipolitischer Emanzipationsansprüche noch zum Beweis der eigenen Frauenfreundlichkeit, läßt sich eine politische Lobby gar nicht erst bilden.

Daß die Feminale jetzt vom 29.9. bis zum 3.10. doch noch stattfinden kann, hat daher auch weniger mit politischer Einsicht zu tun als vielmehr mit der Peinlichkeit, die es politisch (noch) bedeutet hätte, ausgerechnet in der selbsternannten Medienstadt Köln im selbsternannten Medienland Nordrhein-Westfalen ein Filmfestival wegen einer Summe scheitern zu lassen, die für andere Veranstaltungen in diesem Kontext Kleingeld ist. Die vor allem Kleingeld ist angesichts eines in den Jahren 1989 bis 1992 veranstalteten Filmfestes Köln, das die Stadt noch im selbstverschuldeten Konkurs mit mehr als einer halben Million gefördert hatte. Daß die Politik sich nun nach Presseberichten, die zu Recht auf jenes Debakel verwiesen, auf die Suche nach Sponsoren machte und diese – im Gegensatz zum Festival selbst und einer inzwischen für das Festival tätigen Agentur – auch beibringen konnte, zeigt allerdings auch eines: wie eng Privatwirtschaft und kommunale Kulturpolitik bereits miteinander verbunden sind und wie vordergründig der gute Ratschlag gerade von Kommunalpolitikern an Kulturveranstalter ist, man möge sich Sponsoren suchen. Niemand weiß besser als Politiker, wo und wie Sponsoren zu locken und zu binden sind. Von feministischen Projekten jedenfalls am wenigsten.

Die Feminale hat inzwischen mehr als 20 Geldgeber, die alle zwei Jahre wieder aufzutun angesichts der Antrags- und Vergaberegularien der verschiedensten Förderstellen von Stadt, Land, Bund, EU, Stiftungen und Sponsoren einen verwaltungstechnischen Aufwand bedeutet, der von einem Projekt, dessen Personalstruktur mehr oder weniger vollständig von AB-Maßnahmen abhängt, nicht dauerhaft zu leisten ist. Was die vorläufige Rettung der Feminale für die Zukunft bedeutet, ist daher ungewiß, und wie immer sich das Festival entwickeln wird, wird sein Fortgang von äußeren wie inneren Faktoren gleichermaßen abhängig sein. Schließlich kann die mangelnde Planungssicherheit durch diskontinuierliche Stellenbesetzungen und eine ebenso diskontinuierliche Finanzierung mit notwendigen Überbrückungskrediten und Lohnausfällen auch diejenigen auseinanderbringen, die das Festival bis heute in einer Mischung aus ehrenamtlicher Mitarbeit, Honorartätigkeiten und punktueller Festanstellung kollektiv organisieren. Die Geschichte linker und alternativer Projekte ist diesbezüglich beredt genug.

Was inhaltlich auf dem Spiel steht, läßt sich bei einem Besuch in Köln in Augenschein nehmen: das europäische Programm mit neuen Filmen aus den letzten beiden Jahren, die Retrospektive Helke Sander (*Redupers – die allseitig reduzierte Persönlichkeit* 1977, *Befreier und Befreite* 1992), das Lesbenfilmprogramm mit Produktionen aus Europa und den USA, ein Sonderprogramm mit Animationen, Filme von Regisseurinnen aus dem Maghreb und schließlich ein Geburtstagsspecial, das einige der besten Kurzfilme der bisherigen sechs Festivals noch einmal zeigt. Über mehrere dieser Filme und auch über die Feminale kann man jetzt in einem Buch nachlesen, das zum 10-jährigen Jubiläum des Festivals im Argument Verlag herausgegeben wurde.

Eva Hohenberger, Köln

Eva Hohenberger
Karin Jurschick (Hg.)

Blaue Wunder

Neue Filme und Videos von Frauen 1984 bis 1994

Das Buch zur Feminale:
285 Seiten, mit 47 Abb.
29 DM/225 ÖS/30 SF
ISBN 3-88619-225-3

Filmszene aus Suburban Dykes

Töchter des Himmels

The Joy Luck Club
USA 1994; R: Wayne Wang; L: 138 Min.;
D: Kieu Chinh, Tsai Chin, France Nuyen, Lisa Lu, Ming-Na Wen, Tamlyn Tomita, Lauren Tom, Rosalind Dhao.

Seit Jahren treffen sich vier Chinesinnen zum Mahjong-Spiel. Ihnen ist gemein, daß sie alle aus China nach San Francisco eingewandert sind, und sie haben alle Töchter, die in Amerika geboren wurden. Durch den Tod Suyanans ist ein Platz im Joy Luck Club frei geworden. Ihre Nachfolgerin wird ihre Tochter June. Bisher kannte June den Club ihrer Mutter und Tanten nur als Ort, wo die Töchter von ihren Müttern miteinander verglichen werden. Hier werden alle Missetaten besprochen, alle Fehler analysiert. Ob beruflicher Mißerfolg, Liebeskummer, Scheidung oder kindliches Versagen: die Mütter ordnen das Verhalten ihrer Töchter genau ein, und dabei gibt es nur zwei Rubriken: Ablehnung oder Zustimmung.

Auf der Abschiedsfeier für June vor ihrer Reise nach China treffen sich alle, und die Funktion der kleinen Steine beim Mahjong läßt der Regisseur Wayne Wang in seinem Film die Rückblenden übernehmen: Die Erinnerungen der Frauen lassen den Film zu einem Ganzen werden, zur Geschichte dreier chinesischer Frauengenerationen. Jetzt lernt June eine andere Seite des Clubs kennen. Sie lernt, ihre Mutter mit anderen Augen zu sehen. Sie erfährt die Geschichte ihrer Zwillingsschwester und warum ihre Mutter diese in China zurückgelassen hat.

Es sind unterschiedliche Frauenschicksale, von denen der Film erzählt, aber immer geht es um Mutter-Tochter-Beziehungen, um Identitätsprobleme. Die Töchter erinnern sich an ihre Streitereien mit ihren Müttern, das Gefühl, ihnen nie etwas recht machen zu können, nie gut genug zu sein; und trotzdem spüren sie, wie wichtig ihnen die Anerkennung ihrer Mütter ist. Und die Mütter erleben sich wiederum auch als Töchter.

Die Mütter erinnern sich nur zögernd an ihr Leben in China. Diese Bilder sind rotbraun eingefärbt und zeigen Schicksale, in denen sich die Generationen/Kulturen/Welten unterscheiden. Es sind Erinnerungen an Demütigungen, an Tod, an Gefangensein und an Verlust. Bilder von Ehestifterinnen, die schon Kinder miteinander verheiraten; von Frauen, über deren Bedeutung die Geburt eines Sohnes entscheidet; von Müttern, die ihre Kinder töten oder alleine zurücklassen. Hier zeigt sich, daß die Mütter tragischere Erfahrungen gemacht haben als ihre Töchter.

Der Film zeigt: So sehr sich die Töchter auch wehren, so zu werden wie ihre Mütter – entkommen können sie ihnen nicht. Und so sehr die Mütter versucht haben, ihre Töchter anders zu erziehen, werden Erfahrungen doch wiederholt. Durch ähnliche Verhaltensmuster zeigt sich, daß jede ihre Mutter in sich trägt.

An Mei mußte in China erleben, wie ihre Mutter gedemütigt wurde, wie man ihr das Kind wegnahm und sie von der eigenen Familie verstoßen wurde, wie sie sich ihres eigenen Wertes nicht bewußt war. Jetzt erlebt sie, wie sich ihre Tochter für ihre Ehe selbst verleugnet, sich selber verliert.

Die Geschichte basiert auf dem Roman der Schriftstellerin Amy Tan, die auch als Produzentin fungierte und mit Ronald Bass (*Rain Man*) am Drehbuch mitarbeitete. Trotz der vielen Frauenfiguren ist es dem Regisseur gelungen, jede für sich greifbar zu machen – unterstützt durch die vielen Groß- und Nahaufnahmen. Es sind Persönlichkeiten mit all ihren Geheimnissen und unterschiedlichsten Charaktereigenschaften, die zur Schönheit der Bilder und zum Fluß des Filmes beitragen.

Der Film erzählt keine einfache Geschichte, er ist eine Gratwanderung, und es gibt ergreifende Szenen, die dem Publikum die Tränen in die Augen treiben. Dieser Film zeigt Gefühle, und er erzeugt Gefühle, aber er ist gleichzeitig humorvoll und überschreitet die Grenze zum »Schmalz« nicht.

Ursula Wenzel-Wohlfahrt
Frankfurt/M

Picknick am Strand
Bhaji on the Beach
GB 1993; R: Gurinder Chadha; L: 100 Min.; D: Kim Vithana, Sarita Harkishin, Sarita Khajuria, Lalita Ahmed, Zohra Segal, Shaheen Khan, Renu Kochar, Nisha Nayar, Surendra Kocha.

Ein Tagesausflug ins britische Seebad Blackpool führt neun Frauen für kurze Zeit zusammen. Sie gehören drei Generationen indischer Einwanderinnen an und leben in der Industriestadt Birmingham.

Die drei älteren Frauen Asha, Pushpa und Bina praktizieren eine Lebensweise, die die Bewahrung ihrer kulturellen Identität garantieren soll. Nicht nur in ihrer Kleidung an vor dreißig Jahren mitgebrachten Gepflogenheiten festhaltend, stoßen sie auf Spott seiten der auch nicht mehr jungen Rekah. Rekah, die Besucherin aus Bombay, schließt sich in einem schrillrosa Kleid und hochhackigen Schuhen der Gruppe an.

Die zwei Teenager Madhu und Ladhu versprechen sich einen vergnüglichen Tag fernab vom Elternhaus. Dahingegen fährt die achtzehnjährige Hashida letztendlich nur aus einer Notlage heraus mit. Vor dem Beginn des von den Eltern gewünschten Medizinstudiums stehend, hat sie gerade erfahren, daß sie schwanger ist. Offenbar kann sie weder von ihrem Freund, der zum Entsetzen der indischen Community schwarz

ist, noch von ihren Eltern Unterstützung und Hilfe erwarten.

Mitfahrende ist außerdem Ginder, die ihren Mann verlassen hat und seit drei Wochen im Frauenhaus lebt. Sie erhofft sich vor allem für ihren kleinen Sohn Abwechslung außerhalb der Abgeschlossenheit und Enge der derzeitigen Unterkunft.

Die Sozialarbeiterin Simi, Mitarbeiterin des »Saheli Asians Women's Centre« und Organisatorin der Fahrt, will den Frauen die Möglichkeit bieten, den Alltag für einige Stunden hinter sich zu lassen. In ihrer Begrüßungsrede unternimmt sie einen kurzen und pamphletartigen Exkurs auf die notwendige Frauensolidarität im Kampf gegen Rassismus und Sexismus, der ganz offensichtlich nichts mit den Beweggründen der mitfahrenden Frauen zu tun hat.

Doch schon auf der Hinfahrt im eigenen Bus werden die Anglo-Inderinnen mit dem rassistischen Machismo eingeborener Briten konfrontiert. Was als Provokation überkommener Moralvorstellungen beginnt, worüber sich die jüngeren Frauen noch amüsieren können, endet in offenen verbalen und physischen Attacken gegen die Frauen.

Die Atmosphäre innerhalb der Gruppe selbst ist alles andere als harmonisch. Ginder, die die Scheidung eingereicht hat, bekommt das Unverständnis und die Ablehnung der älteren Frauen zu spüren. Hashida, anfangs noch als Musterbeispiel der zielstrebigen, erfolgreichen und dabei nicht die gemeinschaftlichen Normen verletzenden jungen Frau betrachtet, scheint ebenfalls von den Älteren aus dem Kreis ausgeschlossen zu werden, als ihre Schwangerschaft und die Herkunft des Freundes bekannt werden.

Die anglo-indische Filmemacherin Gurinder Chadha erzählt hier eine Geschichte, die entscheidend durch die Konflikte zwischen den Angehörigen einer kulturellen Gemeinschaft in der Migration vorangetrieben wird. Alteingeschliffene Verhaltensmuster und Moralgesetze werden nicht (mehr) von allen unhinterfragt übernommen und führen so zu Konfrontation. Hashida und Ginder verkörpern im Bewußtsein der Älteren die Zerstörung grundlegender Werte und Regeln, deren Nichtbeachten oder Übertreten die Familie und den Bestand der indischen Community zu bedrohen scheint.

Der Konflikt entsteht nicht allein zwischen den Generationen, sondern auch innerhalb dieser und vor allem in den Individuen selbst. So wird Asha von Visionen eingeholt, in denen sich ihre Wünsche äußern, die zum Teil aber auch Alpträumen gleichen. Ihre Unzufriedenheit als familieneigene Arbeitskraft im Zeitungsladen und ihre Befreiungswünsche lösen Angst vor Strafe und Verlust aus. Ihr kleiner »Seitensprung« in Gestalt eines gealterten, etwas abgehalfterten englischen Provinzschauspielers bedeutet einen kurzzeitigen Ausbruch, eine Reise in die noch von Illusionen erfüllte Vergangenheit – wunderbar verkitscht bebildert im Stil indischer Liebesfilme. Im Zusammensein mit dem Verehrer findet sie aber auch die Bestätigung ihrer kulturellen Zugehörigkeit als Angelpunkt ihrer Identität. Asha tritt die innere Rückkehr in ihren Lebenszusammenhang an.

Im Verlauf des ereignisreichen Tages kann auch Pushpa, die rigideste Verfechterin einer abgeschlossenen Ethnie, immer weniger daran vorbeisehen, daß die Einhaltung der von ihr verfochtenen Regeln und eingeforderten Verhaltensweisen für einige der Frauen Selbstverleugnung, vielleicht sogar Identitätsverlust bedeuten würde. Die Ereignisse in Blackpool entwickeln sich so, daß am Ende des Tages für jede der Frauen sich etwas verändert hat, in Bewegung geraten ist.

Die Regisseurin hat möglichst viele Aspekte eines Generationen-, Geschlechter- und Kulturkonflikts in Szene gesetzt. Es hätten deren zu viel sein können; Chadha hat es aber glänzend geschafft, keinen »Problemfilm« im tristen Sinne des Wortes zu drehen. Der Film bezieht seine Spannung aus den Erlebnissen der einzelnen Frauen, die sich zu einer Geschichte mit melodramatischen Tönen, aber auch komischen und ironischen Elementen verbindet. Die weiblichen Hauptfiguren strahlen trotz Stilisierung Lebendigkeit aus. Nicht zuletzt durch gekonnte Dialoge, überraschende Wendungen in der Handlung, wie auch durch die Musik unterschiedlichen Ursprungs und Stils hat es der Film geschafft, mir ein 100-minütiges Sehvergnügen zu bereiten. Cora Fath, Frankfurt/M

Das Piano
Australien 1992; R: Jane Campion; L: 120 Min.; D: Holly Hunter, Anna Paquin, Harvey Keitel, Sam Neill.

Die englische Pianistin Ada wird in viktorianischer Zeit von ihrem Vater an einen ihr Unbekannten verheiratet – in den neuseeländischen Busch. Ihre Besonderheit ist, daß sie seit ihrem sechsten Lebensjahr kein Wort mehr gesprochen hat und zwar aus reiner Willenskraft. Samt ihrer unehelichen Tochter Flora und ihrem geliebten Klavier kommt sie in Neuseeland an und sieht sich einem Milieu gegenüber, das kaum Verständnis für sie aufbringt. So wird sie von ihrem neuen Ehemann Stewart vom ersten Augenblick an als »verkümmert« bezeichnet. Außer dem von Harvey Keitel gespielten Außenseiter George erkennt niemand in der kleinen Kolonistengemeinde die Bedeutung des Pianos für Ada. In George verliebt sie sich aus eben diesem Grunde. Die gerade begonnene Affäre wird von Stewart entdeckt, der Ada – nachdem sie verbotenerweise mit George wieder Kontakt aufzunehmen versucht hat – einen Finger abhackt. Kurz darauf begreift er jedoch die Auswegslosigkeit der Situation und läßt Ada und ihre Tochter mit George gehen. Am Ende führen Ada und George in der Stadt ein mehr oder weniger bürgerliches Leben, in dem Ada wieder sprechen lernt.

Der Film ist glücklicherweise keine reine Liebesgeschichte, wie es den Anschein haben könnte – vor allem das Ende verleitet zu dieser Interpretation –, sondern das zentrale Thema ist die Dialektik der Naturbeherrschung. Bevor sich Campion auf dieses Thema einläßt, wird zunächst das Schweigen behandelt.

Das Piano spielt nicht ohne Grund in der viktorianischen Zeit, in der die Sprache noch weniger als heute die Sprache der Frauen war. Dem äußeren Zwang von Korsetts und Reifröcken kann sich Ada nicht entziehen; sie verweigert sich statt dessen konsequenter, indem sie nicht spricht. Daß die Sprache mit Opportunismus verbunden ist, läßt Floras Haltung im Film deutlich werden. Sie nimmt sich zunächst vor, den neuen Mann ihrer Mutter auf keinen Fall »Papa« zu nennen, oder besser noch, gar nicht mit ihm zu reden. Sie tut es natürlich doch. Die Zuschauerinnen hören sie zum ersten Mal das Wort »Papa« sagen, als sie sich mit ihm gegen ihre Mutter und deren Liebhaber verbündet. (Die Studie in Kinderpsychologie, die Jane Campion so ganz nebenbei hinlegt, ist ein durchdachter und überzeugender Exkurs.)

Das eigentliche Thema ist jedoch – wie schon angedeutet – die Beherrschung der Natur. Der gesamte Film spiegelt die Angst des Menschen vor der äußeren wie der inneren Natur wider, die in der damaligen Zeit in extremer Form vorherrschte. Die Aktualität des Themas läßt den Film über einen historisierenden Kostümfilm hinausgehen. Der fast verzweifelte, konzeptlose Kampf, den Adas Ehemann für die Landgewinnung ficht, ist als Metapher zu verstehen für die steten Bemühungen der Menschen, die innere Natur zu kultivieren. Daß deren kopflose Unterdrückung eher eine Zerstörung ist als eine Fruchtbarmachung, wird hier deutlich.

Die überwältigenden Naturaufnahmen schließen sich durch diese Interpretation auf und stehen nicht zusammenhanglos im Film. Das Piano am Strand, umtost von riesigen Wellenbergen, verbildlicht die Verlorenheit der Kultur in der Natur, ebenso wie die spärlichen Planken, die den knietiefen Matsch überwindbar machen sollen, in dem die Menschen immer wieder steckenbleiben. Am eindrucksvollsten sind jedoch die Kamerafahrten durch das Gewirr des Dschungels: Die Bäume und Wurzeln ähneln Fangarmen. Andererseits ist die Natur auch Ort des Trostes für Ada und Flora, die im Unterholz sitzend die verordnete Klavierstunde bei George hinauszögern.

So wenig wie Reifröcke und Korsetts vor Liebhabern schützen, genauso zwecklos ist das Unterdrücken der Natur, die doch immer einen Weg findet. Der so vernünftige Stewart unterdrückt zwar seine Regungen, als er Ada und George beim Sich-Lieben beobachtet, wird später jedoch zur unberechenbaren Bestie, wenn er Ada einen Finger abhackt und dies

noch dazu mit den Worten rechtfertigt: »Ich habe dir nur die Flügel gestutzt.«

In einer Gesellschaft, die mit innerer und äußerer Natur einen so verkrampften Umgang pflegt, muß die nichtgeglückte Unterdrückung kaschiert werden. Das unentwegte Zeigen von Vorhängen und Verpackungen faßt diesen Sachverhalt ins Bild. Dieses Motiv zieht sich wie ein roter Faden durch den Film und taucht an entscheidenden Stellen auf: Das Klavier wird verpackt; ein von den Kolonisten aufgeführtes Theaterstück ist ein Spiel aus Vorhängen und Schatten; im Haus des Liebhabers trennen Vorhänge das Bett vom übrigen Raum; eine von Stewarts Cousinen läßt sich beim Wasserlassen im Wald mit Tüchern vor nicht vorhandenen Blicken schützen (und gerät bei dem Ruf eines Vogels in Panik – »Ich hätte noch warten sollen!«); und noch die Bettlaken, die zum Trocknen aufgehängt sind, haben den Charakter von Vorhängen. Auch in Adas Reifröcken und Kleidern wird das Zwanghafte der Kultur sinnfällig verbildlicht. Die Räume im Film sind fast immer begrenzt, entweder durch das Dickicht oder durch Vorhänge.

Daß sich die Menschen mit der Unterdrückung der inneren Natur Gewalt antun, wird mit einem weiteren Gleichnis von Campion in Szene gesetzt: mit dem des Vernichtens, speziell des Abhackens. Nicht nur die Bäume und Sträucher werden abgehackt, auch im Schattenspiel werden Frauen geköpft, und als Höhepunkt der Grausamkeit muß Ada schließlich ihren Zeigefinger lassen.

Nicht nur die oben schon genannte Studie in Kinderpsychologie ist neben der Hauptthematik sehr gelungen, sondern die meisten Sequenzen sind aussagekräftig. So etwa die Szene am Anfang, als Stewart seine Zukünftige vom Strand abholen will und sich über sein Aussehen sorgt: Er zieht ihr Porträt aus der Tasche, das er lange betrachtet, um dann das Licht so auf das Glas fallen zu lassen, daß er sich selbst darin spiegeln kann.

Das Theaterstück, in das sich Adas Tochter so gut hineingefunden hat, daß sie die Flügel gar nicht mehr ablegt, entpuppt sich nach und nach als Teufelei. Flora wird selbst mit ihren Flügeln zu einem Teufelchen, das die Mutter verrät. Die Flügel werden zum Sinnbild der Kapitulation.

Mit den Maori entwirft Campion einen Gegenpol zur »zivilisierten« Welt, ohne diesen Kulturzustand verklärt oder gar als erstrebenswert darzustellen. Sie wirken in heiligem Gleichgewicht mit der Natur zwar gelassen, uns jedoch fremd, nicht zuletzt auch dadurch, daß sie ihre eigene Sprache sprechen, die in Untertiteln übersetzt wird.

Die Farbgestaltung des Films ist durchdacht. Zum Beispiel wiederholen sich die Farben, die Ada sieht, als sie ganz am Anfang des Films durch ihre Finger in die Sonne schaut, in den Vorhängen der Hütte Georges. Es werden auch in diesem Bereich Motivketten und Korrespondenzen aufgebaut, die den Film zu einem Ganzen werden lassen.

Problematisch ist das Ende des Films, wo uns nicht erspart bleibt, die kindlich-naive Synchronstimme von Ada zu vernehmen. Sie beschreibt, was ohne Worte genauso verständlich wäre, und paßt insgesamt nicht zu der Figur, die wir in den vorangegangenen Minuten als eine selbstbewußte, willensstarke Frau kennengelernt haben. Bedenklich ist die Tendenz, den Willen Adas als ein von ihr abgelöstes, mythisches Etwas zu sehen. Gegen Ende des Films sagt sie: »Mein Wille hat sich für das Leben entschieden«. Wer ist denn ihr Wille, wenn nicht sie selbst? Diese Tendenz wird verstärkt durch den Schluß, in dem Ada die Sprache erlernt, die nicht die ihre ist. Mit einem Wort: Das Ende ist unbefriedigend, da zu versöhnlich für den übrigen Film.

Die Regisseurin hat trotz des harmonisierenden Schlusses mit dem *Piano* den Zuschauerinnen ein heute seltenes Erlebnis verschafft, indem sie die Prämissen des Kinos anerkannt hat. Sie bringt die Bilder zum Sprechen, nicht nur die Schauspieler/innen, ebenso wie Ada nicht auf das gesprochene Wort als Ausdrucksform angewiesen ist.

Holly Hunter als Ada ist eine hervorragende Wahl, da sie mit einem zornigen Blick mehr auszudrücken vermag als andere mit tausend Worten und Augenaufschlägen zusammen. Sie ist, wie die übrigen Charaktere auch, von Campion nicht eindimensional entworfen. Adas Ehemann etwa ist kein hassenswerter Egoist, sondern ein etwas unsicherer, scheinbar sehr vernünftiger Mensch, den seine schweigende Frau vor das größte Rätsel seines Lebens stellt. George hat nie eine andere Sprache gelernt als die gesprochene. Er versteht Ada einfach nicht, weder ihr Verhalten noch ihr Pianospiel noch ihre Lust, und schon gar nicht, warum sie keine glückliche Ehe führen können. Harvey Keitel beeindruckt als der liebeskranke Bär, der mit seinen Tätowierungen zwischen der Welt der Maori und der der Engländer steht.

Die schönste Szene des Films ist die, in der Ada zum ersten (und fast einzigen) Mal lacht: Nachdem sie George davon überzeugt hat, sie zum Strand zu führen, wo noch immer das Piano steht, darf sie wieder spielen. Adas Gesicht ist der Inbegriff des Glücks. Das »happy end« ist verglichen mit diesem Bild unendlich begrenzt.

Sabine Böker

Bad Girls

USA 1994; R: Jonathan Kaplan; L: 96 Min.; D: Madeleine Stowe, Mary Stuart Masterson, Andie MacDowell, Drew Barrymore.

Ein angesehener Bürger, Berufsstand: Colonel, und eine Frau, Berufsstand: Prostitution, im Zimmer des ersten Stocks eines Saloons, in einem Nest, somewhere, elsewhere in den Weiten des amerikanischen Westens. Hartgesottene Männergesichter am Tresen, an den Tischen. Ein Übergriff, eine Auseinandersetzung, eine Warnung, Schüsse. Ein toter Colonel. Eine Frau vorm Galgen, umgeben von braven Bürgern und einem geifernden Priester.

Lärm, anfeuernde Rufe, Pferde, drei Frauen, ihres Zeichens Prostituierte, in rasendem Tempo, laut, fliegende Haare, zum Teil wehende Kleider. Frauen, Pferde und Haare zeitweise in Großaufnahmen, in Zeitlupensequenzen – die gelungene, gemeinsame Flucht. Mitreißend.

Der Anfang eines Westerns, dessen Hauptprotagonisten, eine vierköpfige Outlaw-Gruppe, Frauen sind und somit dem weiblichen Publikum eine völlig ungewohnte Identifikationsmöglichkeit bieten. Ein Anfang, der gut montiert und temporeich ist, mit wenig Text und um so klareren Bildern auskommt. Er ist ein Hochgenuß angesichts der

Zivilcourage und des Muts sowie der dargestellten Kraft, Widerspenstigkeit und Solidarität der Frauen.

Ein Anfang, bei dem sicherlich die den Szenen innewohnende Ästhetik und Erotik nicht vollkommen ungebrochen zu genießen ist. Insbesondere dann nicht, wenn sich doch der Gedanke so unvermittelt aufdrängt, daß hiermit auch ein männliches Publikum bedient werden soll.

Barrymore) anging. Der Seelenzustand unserer männlichen Zeitgenossen scheint arg gebeutelt. Recht ernüchternd.

Die Vorankündigungen ließen das ja schon erahnen. Von »die Flintenweiber kommen« über »die vier Ladies mit dem hübschen aber rauhen Pelz«, bis zu »sie sind sexy, sie sind hartgesotten, sie sind Gesetzlose« wurde der Film in den verschiedenen Gazetten angepriesen. Das eine scheint bis heute das

gespielt von Zoaunne LeRoy, eine phantastische Frauenfigur). Sie treffen unterwegs den »lonesome rider« Josh McCoy (Dermot Mulroney) auf eigenem Rachefeldzug, der ihnen nun immer wieder aus der Klemme hilft und sich zudem noch in Cody Zamora (Madeleine Stowe) verliebt. Sie werden in einen Bankraub verwickelt, wo Cody einen alten Bekannten, Kid Jarrett (James Russo), wiedertrifft, mit dem sie eine

Die Objekthaftigkeit der Frauen in diesen Szenen, z.B. die Verknüpfung auf der visuellen Ebene von Frauen und Pferden in Bewegung, die tiefen Dekolletés oder die verspielten Kleider, läßt sich nicht leugnen. Diese Bilder beinhalten jedoch mehr als die Reduzierung im Spiegel des männlichen Blicks. Dieses Moment ist nicht allein tragend, auch wenn es latent im Film existiert. Es lauert, ohne jedoch den Film vollkommen kippen zu lassen.

Bei den männlichen Zuschauern ist, so sei hier der Vollständigkeit halber noch angemerkt, die abwehrende Reaktion durch Lächerlichmachen und Verniedlichen erstaunlich stark und laut präsent gewesen – insbesondere was die Rolle der Lilly (Drew

andere immer noch auszuschließen, und somit muß das andere mal wieder besonders betont werden.

Der Anfang katapultiert die Zuschauerinnen um so mehr vollkommen ungewohnt und überraschend in den Film, in das Geschehen – in einen Western hinein.

Das, was den Film zu Beginn ausmacht, uns neugierig werden läßt auf das, was da noch kommen möge, verliert sich. Er kann nicht halten, was er verspricht.

Die Story selbst ist zu überfrachtet, nahezu vollgestopft. Die vier Frauen flüchten und werden von zwei Detektiven aus dem Osten im Auftrag der Witwe gesucht (übrigens ganz hervorragend

üble Vergangenheit verbindet. Nachdem Kid ihr die Ersparnisse abgenommen und sie später schwer verwundet hat, entscheiden sich die vier Frauen, Kids Überfall auf einen Waffentransport der US Army empfindlich zu stören. Zuvor müssen jedoch Lilly Laronette (Drew Barramore) und Anita Crown (Mary Stuart Masterson) Eileen Spenser (Andie MacDowell) aus dem Gefängnis befreien, wo diese sich wiederum in den netten Farmer William Tucker (James LeGros) verliebt hat. Bei der Störung des Überfalls werden Lilly und Frank Jarrett (Robert Loggia), der Vater von Kid, von der jeweils anderen Seite gefangen genommen ... etc. pp.

Die für Western so klassische Kargheit der Texte, prägnanten Bilder und gekonnten Schnitte, wo wenig gesagt, Wesentliches gezeigt und um so mehr gedacht wird, bleiben zunehmend, wenn nicht gänzlich auf der Strecke. Weniger wäre hier mehr gewesen.

Neben diesen vielen Momenten und angerissenen Themen, die sonst für sich genommen einen Western wert sind, spielt die Beziehungsebene zwischen den Geschlechtern in unterschiedlicher Intensität eine ausnehmend wichtige Rolle. Wäre die Wahl und Darstellung der männlichen Protagonisten, insbesondere von Josh und Kid, den Frauen entsprechend und ebenbürtig, so könnte frau dem Film sicherlich vieles verzeihen. Aber dieser Punkt läßt einiges, vor allem im Sinne des Genres, zu wünschen übrig. So fehlt z.B. völlig der klassische Blickkontakt, das Sich-Messen, die Respektbezeugung und immer das »ein bißchen mehr« darin. Somit gibt es zwangsläufig auch nicht den klassisch pathetischen Abschied, wo alle ihrer Wege gehen müssen.

Zudem ist sexuelle Gewalt von Anfang an in den Auseinandersetzungen der Frauen mit den Männern (der Colonel, Kid und seine Bande) präsent. Auf der geschlechtsspezifischen Ebene und innerhalb der Konfrontationen bleibt die einzelne Frau Opfer und somit dem einzelnen Mann ausgeliefert. Dadurch wird das gemeinsame Handeln der Frauen dramaturgisch gerechtfertigt und ihre Motivation moralisch abgesichert, denn sie kämpfen nicht für politische Ziele oder gar um Geld. Sie kämpfen für ein eigenes, selbstbestimmtes Leben, wie immer das auch aussehen mag.

So muß natürlich auch der Werdegang der Einzelnen in die Prostitution entsprechend erklärt werden. Daß sich jede der Frauen ein anderes Leben wünscht, scheint unhinterfragt eingängig und zwangsläufig zu sein. Auch wenn Anita an anderer Stelle feststellt, daß sie weder als Ehefrau noch als Witwe je einen gesellschaftlichen Wert hatte, aber als Prostituierte einen besaß. Auch wenn sie feststellt, daß die Gesetze für Frauen nicht gemacht werden und damit für sie keine Gültigkeit haben.

Da Rachemotive den Frauen in diesem Film völlig fremd zu sein scheinen, was angesichts des Genres schon erstaunlich ist, wird die Begegnung mit dem »alten Bekannten« als rein zufällig inszeniert. Ein Bekannter, mit dem Cody konsequenterweise eine alte Rechnung zu begleichen hätte. Die darauffolgenden Auseinandersetzungen mit ihm sind aufgrund der ersten Begegnung moralisch bestens begründet. Das Ganze wirkt jedoch zu vordergründig und dramaturgisch ziemlich konstruiert. Die Frauen sind alle vier nicht ganz so hartgesotten, wie es die Werbung vorgibt.

Die Persönlichkeiten und Typisierungen der einzelnen Frauen, und dadurch bedingt auch die Beziehungen unter den vier Frauen, sind nicht besonders gut herausgearbeitet – eine weitere Fahrlässigkeit angesichts des Genres Western. So könnte Cody als straighte Chefin beschrieben werden (in der deutschen Fassung übrigens furchtbar synchronisiert, da hat sich jemand schrecklich Mühe mit dem »Coolsein« gegeben). Anita ist die Vorsichtige, anfangs noch mit recht bürgerlichen Zielen, die sich jedoch am stärksten verändert, ja zunehmend radikaler wird. Lilly ist wohl die Jüngste, sehr jungenhaft, widerspenstig, risikobereit (überzeugend gespielt von Drew Barrymore und angesichts ihres Aussehens anscheinend von dem männlichen Kinopublikum in dieser Rolle nicht zu verkraften). Eileen ist warmherzig und kokett-gerissen. Die Typisierung bleibt trotz alledem schwammig. So gibt es auch keine Konflikte untereinander, wie sie dem Western sonst eigen sind.

Der Rollenwechsel, das Repertoire, auf das die Frauen – je nach Konflikt – zurückgreifen, ohne ihre Interessen aus den Augen zu verlieren, ist zum Teil witzig, komisch und recht gut gemacht, wirkt aber oft zu platt und zu klischeehaft.

Die Frauen arbeiten sich auch in diesem Film wieder an den ihnen vorgegebenen gesellschaftlichen Rahmenbedingungen ab, wobei für die Gesellschaft hier schlicht die Männer stehen. Die Auseinandersetzungen finden in Variationen auf der geschlechtsspezifischen Ebene statt, bis hin zur sexuellen Gewalt. In diesen gewalttätigen Szenen werden die Frauen vollkommen auf das Geschlecht und den Opferstatus reduziert, wobei die Anfangssequenz eine Ausnahme bildet. Sie sind nicht aktiv Handelnde, sondern bleiben, trotz des Anspruchs des Films, reaktiv und oft zu zögerlich. Dadurch gelingt es, die Frauen als ungebrochen moralisch integer zu präsentieren. Die Männer geben die Spielregeln vor – vom Anfang bis fast zum Ende. Nichtsdestoweniger sind die männlichen Helden den Frauenfiguren weder schauspielerisch noch in der dramaturgischen Inszenierung wirklich ebenbürtig. Es fehlen somit die gelungenen genretypischen Gegenspieler.

Zudem werden die Protagonistinnen zu stark als ästhetisches Moment stilisiert – was grundsätzlich kein Kritikpunkt sein müßte, wer sieht nicht gerne schöne Frauen? –, wobei aber jenes Moment in diesem Kontext die geringe Überzeugungskraft des Films »natürlich« noch unterstützt.

Eine Gesamtkonzeption, die zwangsläufig und wahrhaftig Unmut weckt; ein Film, der immense Schwächen hat. Trotzdem ist die Idee, einen solchen zu drehen, sehr löblich, wenn auch die Umsetzung nur mangelhaft gelungen ist. Angesichts des gewählten Genres bleibt letztlich die Frage offen: Handelt es sich wirklich um einen Western oder nicht vielmehr um ein Melodrama in ungewohntem Gewande?

Christiane Howe, Frankfurt/M

Die tödliche Maria

D 1993; R: Tom Tykwer; L: 106 Min.; D: Nina Petri, Katja Studt, Juliane Heinemann, Josef Bierbichler, Peter Franke, Jean Maesér, Joachim Król.

Maria lebt mit ihrem trotzig-herrischen Vater und ihrem rücksichtslosen Ehemann zusammen in einer Altbauwohnung, deren Interieur an die 50er Jahre erinnert. Die drei Bewohner scheinen in einer Welt gefangen zu sein, die fernab der Außenwelt existiert und sich gegen jegliche Veränderung sperrt. Marias Aufgabe besteht darin, den ans Bett gefesselten Vater zu pflegen und die Befriedigung der Triebe des Ehemanns zu gewährleisten.

Maria wird über ihre Pflichten definiert: Hausfrau, Pflegerin und Sexualobjekt. Durch Ausstattung und Kameraführung sind die Dinge weitgehend auf ihre Funktion reduziert, so wie zu Anfang des Films in weiten Teilen die weibliche Hauptfigur. Oft sehen wir nur die funktionalen Teile der Gegenstände: den Zeiger der Uhr, die Öffnung des Wasserkessels. Die Dinge strukturieren wie die zwei Männer Marias Leben, doch langsam geraten Dinge und Menschen ins Wanken oder aus der Form. Schief fotografierte Bilder; Bruchstücke statt des Ganzen bei Personen, Räumen, Gegenständen. Das Telefon, das schließlich visuell wie akustisch in die Enge dieses Lebens knallt.

Maria gibt sich mit dem Eingeschlossensein und der sie umgebenden Trostlosigkeit nicht länger zufrieden. Sie sucht nach Fluchtwegen. Schon seit ihrer Kindheit hat sie eine Methode, der drohenden Sprachlosigkeit zu entkommen. Als Relikt in die Erwachsenenwelt hinübergerettet, ist eine Holzfigur, die sie »Fomimo« nennt, ihr einziger Sprech-

partner. Marias Erlebnis- und Gefühlswelt entlädt sich in den Briefen an »Fomimo«, die sie versteckt und mit deren Verstecken sie den Inhalt zu vergessen scheint. »Fomimo« ist ihr Alter ego, eine Beschädigung der Figur zeigt sich als ein körperlich schmerzender, lebensbedrohender Angriff auf Maria. »Fomimo« dient auch als Spardose und birgt so eine Zeitlang die Hoffnung auf Flucht und Veränderung.

Ein anderer Hoffnungsschimmer scheint sich bei Marias Blick aus dem Küchenfenster abzuzeichnen. Maria verliebt sich in einen sympathisch-verschrobenen Nachbarn Dieter, der ebenfalls einer Kontaktaufnahme zugeneigt ist. Doch beim ersten Zusammentreffen trägt Dieter unbeabsichtigt zu einer Entwicklung bei, die gravierende Konsequenzen hat. Maria holt die Briefe aus ihrem Versteck und öffnet sie. Mit ihr erfahren wir als ZuschauerInnen das bisher Verschlossene, Verdrängte von Marias Leben. Die Erinnerung an Erlebnisse des Alleingelassenwerdens, der Demütigung, des Benutzt- und Schuldigwerdens kommt zurück. Marias Gefühle, bisher durch Konservierung in Form von Geschriebenem wie auch durch das Töten und Sammeln von Insekten kanalisiert, brechen auf. Auch ihre Liebe zu Dieter kann nicht verhindern, daß ihr angestauter Haß fatale Folgen zeitigt. Marias Art zu handeln treibt zunächst auch den verliebten Nachbarn wieder von ihr weg.

Trotz der düsteren Handlung fehlt es Tykwers Film nicht an Momenten der Ironie und Absurdität. Das Märchenhafte wie das Realistische der Geschichte wird von der Kamera hervorragend eingefangen. Last but not least machen die schauspielerischen Leistungen den Film auf seine eigene, besondere Art unterhaltsam.   Cora Fath, Frankfurt/M

Die Ariadne-Forum Film-Rezensentinnen
von links nach rechts:
Cora Fath,
Ursula Wenzel-Wohlfahrt,
Christiane Howe,
Sabine Böker.

Filmtips

Belle Epoque
Spanien 1992; R: Fernando Trueba; D: Penélope Cruz, Jorge Sanz, Miriam Diaz-Aroca.

Kinderspiele
Deutschland 1992; R: Wolfgang Becker, L: 107 Min.; D: Jonas Kipp, Oliver Bröcker, Angelika Bartsch, Burghart Klaußner.

Passion Fish
USA 1992; R: John Sayles; L: 136 Min.; D: Mary McDonnell, Alfre Woodward, David Strathairn.

Auf Wiedersehen Amerika
Deutschland 1993; R: Jan Schütte; L: 86 Min.; D: Otto Tausig, Jakov Bodo.

Das Ei ist eine geschissene Gottesgabe
(Dokumentation)
Deutschland 1993; R: Dagmar Wagner.

Lebewohl meine Konkubine
Honkong/China/Taiwan 1993; R: Chen Kaige, L: 169 Min.; D: Leslie Cheung, Zhang Fengyi, Gong Li.

The Snapper
GB 1993; R: Stephen Frears; L: 94 Min.; D: Tina Kellegher, Colm Meany, Ruth McCabe.

Ladybird, Ladybird
GB 1993/94; R: Ken Loach; L: 102 Min.; D: Crissy Rock, Vladimir Vega, Sandie La Velle.

Als mich ein Film anrührte und bewegte, den ich schlecht fand

Eine Seminargruppe von Frauen an der Hochschule für Wirtschaft und Politik in Hamburg setzt sich damit auseinander, warum uns Filme emotional ansprechen, die wir eindeutig als rückschrittlich einordnen.

Auf Knien der glücklichen Familie hinterher ... Tom Hanks und (Film)Sohn

Allgemein bekannt ist, daß Frauen, oder die meisten Frauen, gerne Liebesromane lesen und die entsprechenden Serien im Fernsehen (soap operas) bevorzugen. Es gibt Untersuchungen darüber, die sich solches als merkwürdig empfundene Verhalten von Frauen erklären wollen. Dort tauchen Argumentationen auf wie »Flucht aus frustrierendem Alltag« oder »die Hoffnungen, die Frauen in die Beziehungen zu Männern legen, können diese gar nicht erfüllen, daher suchen Frauen in Liebesromanen jene Traumhelden, die ihre Männer nicht sind« usw. Einigkeit herrscht, daß solche Romane und Filme tatsächlich schlecht sind, einfach kitschig, höchst illusionär und zumeist Dutzendware.

Wir – eine Gruppe von Frauen in einem Seminar an der Hochschule für Wirtschaft und Politik in Hamburg – wollen nicht direkt in diese Diskussion eingreifen oder gar versuchen nachzuweisen, daß jene in großer Auflage hergestellten Liebesromane und in Serien verkauften Soap-operas tatsächlich gute und vergnügliche Produkte sind. Uns interessiert und bewegt vielmehr die Frage, ob der Genuß, den solche Texte und Filme für die Konsumentinnen bereiten, von diesen selbst kritisch kommentiert und verfolgt wird, ob es nicht einen Widerspruch gibt zwischen Gefühl und kritischer Vernunft. Diese Frage ist für uns aus mehreren Gründen von großer Bedeutung: einmal, weil wir annehmen, daß die Abspaltung des Gefühls von der Vernunft, ihre Entzweiung, auf jeden Fall eine Schwächung darstellt und zwar für beides, für das bewegende Gefühl und für den urteilenden Verstand. So halten wir im Grunde die Bereitschaft von Frauen, ihren Gefühlen zu folgen, sie einzubeziehen, auf sie bauen zu wollen, nicht nur für eine Schwäche, sondern auch für eine Stärke und für eine Kraft für Alternativen schon heute. Umgekehrt denken wir den kritischen Verstand mitunter als anfällig für lebensunpraktische oder gar lebensfeindliche Lösungen, soweit er sich mit der Ebene der Gefühle nicht verbindet. Fragwürdig finden wir ebenso eine Haltung, die kritisch verurteilt, was sie genießt, da dies zu Verheimlichung, Zynismus, Bigotterie und Schuldgefühlen führen muß.

Im Falle von Liebesschnulzen interessiert uns also, wie Frauen diese Spaltung zwischen Gefühl und Vernunft leben, die es ihnen erlaubt, einen vernunftmäßig als kitschig empfundenen Film gefühlsmäßig zu genießen.

Wir gingen zusammen ins Kino und sahen *Schlaflos in Seattle*. Der Film scheint uns für unsere Frage geeignet, da er geradezu aufdringlich ein einfaches Muster bedient. Schon in den ersten Szenen weiß man, welcher Held mit welcher Heldin zusammenkommen wird, wer also magisch »füreinander bestimmt« ist. Zudem unterläuft er alle frauenemanzipatorischen Hoffnungen: Über die Heldin, die zu Beginn des Filmes immerhin als Journalistin arbeitet, erfährt man selbstverständlich nicht, über was sie schreibt, wofür sie sich einsetzt und ob überhaupt für etwas. Sie ist ohne jede Einschränkung bereit, alles aufzugeben, um in die Arme des 4000 km entfernten Mannes mit Sohn zu eilen, und dem ersteren Geliebte, dem zweiten Mutter zu sein. – Der Gesamtfilm ist ein fortwährender Hindernislauf zur eingangs als sicher erhofften Zusammenführung und insofern über weite Strecken einfach langweilig. Die Beschwörung der romantischen ewigen Liebe, die durch den Tod der ersten Ehefrau erneut möglich wird, und die Bedürftigkeit des Sohnes nach einer Mutter sorgen für die anrührenden Gefühle.

Nach dem gemeinsamen Filmbesuch mit dem großen Gesamtseminar bildeten wir eine kleine Gruppe (von 15 Frauen), die ihre Wahrnehmung dieses Filmes unter der Frage des Widerspruchs von Vernunft und Gefühl niederschrieb. Jede Frau unserer Gruppe hat ihre Geschichte des Films in der dritten Person geschrieben, um den Abstand zwischen der Frau, die den Film gesehen hat, und der, die ihn beschreibt, zu vergrößern. Wir denken, daß auf diese Weise Gefühle besser zugelassen werden können.

Die Texte bearbeiteten wir kollektiv (mit der Methode der Erinnerungsarbeit) und stellen im folgenden exemplarisch eine dieser Szenen und ihre Bearbeitung vor. Wiewohl wir dabei einige Thesen allgemein formulieren, ist uns natürlich bewußt, daß dies nur die Wahrnehmung einer einzigen Frau (»Rosa«) ist, denken aber zugleich, daß hier auch Schlüssel für allgemeine Aussagen zu finden sind, schon allein dadurch, daß das meiste von allen wiedererkannt und nachgefühlt werden kann.

Der Film

»Grundsätzlich fiel Rosa auf, daß sich ihr Angerührtsein nicht ausschließlich auf die Rolle einer bestimmten Person in diesem Film bezog. Die Szene, in der Sam nach dem Tod seiner Frau von einem Arbeitskollegen die Visitenkarte eines Psychiaters überreicht bekam, rührte Rosa an. Sams Trauer hatte anscheinend in seinem Job überhaupt keinen Platz und selbst von sogenannten guten Freunden hatte er eine ganze Sammlung an Verweisen an Selbsthilfegruppen und Therapeuten erhalten. Die Palette reichte von Gruppen trauernder Angehöriger bis alleinerziehender Eltern. Ein Gefühl des Nicht-Verstandenseins machte sich in ihr breit. Es rührte sie an, daß Sam seinem Freund die gesammelten Werke »vor die Füße« schmiß.

Eine weitere Szene bewegte Rosa. Annie erzählte ihrer Freundin, daß sie jetzt wüßte, was sie wolle, nämlich ihren Bräutigam heiraten, nachdem sie anscheinend in den letzten Wochen blind gewesen sei. Das Widersprüchlichkeit zwischen »Kopf- und Bauchentscheidung« war Rosa vertraut.

Eine weiteres Mißverhältnis zwischen Ratio und Gefühl bedeutete für Rosa folgende Szene. Annie sitzt in ihrem Wagen und hört die Radiosendung, den Psychostriptease, den Annie absolut idiotisch findet. Nachdem sie die Stimmen von Sam und seinem Sohn gehört hatte, ertappte sich Annie dabei, daß ihr Tränen über die Wangen gerollt waren. Diese Rührung verwirft sie jedoch im selben Moment wieder.

Die folgende Szene ist Rosa in guter Erinnerung geblieben. Sam schildert der Moderatorin der Radiosendung, daß er beim ersten Körperkontakt – als er seiner verstorben Frau beim Aussteigen aus dem Auto die Hand gereicht hatte – bemerkt hatte, daß sie beide zusammengehörten. Diese Geschichte weckte in Rosa Erinnerungen an eine ähnliche Geschichte auf einer Urlaubsreise durch Südamerika. Diese Bestätigung eines tiefen Gefühles durch die Berührung der Hände machte sie traurig. Rosa war im weiteren Verlauf ihrer Geschichte nicht ihrem Herzen, sondern ihrem Verstand gefolgt. Die letzte Szene des Filmes, als Sam Annie seine Hand reichte und scheinbar wieder Ähnliches passierte, beruhigte Rosa etwas. Schließlich gab es ja zumindest eine zweite Chance. Das tröstete sie.

Rosa war gerührt von Annies Entschlossenheit, nach langem Zögern doch noch – in wahrlich letzter Minute und nur noch durch den guten Willen des Wärters des Empire State Building – zum verabredeten Treffpunkt gelangen zu wollen. Rosa empfand so etwas wie Genugtuung, als Annie nun die oberste Plattform erreicht hatte – zwar zu spät, aber immerhin war sie doch ihrem Herzen gefolgt. Rosa genoß auch die Szene, die sich anschloß. Das Hören auf die Stimme des Herzens wurde belohnt. Sohn und Vater kamen zurück, und just in dem Moment hatte sie den Teddybär vom Sohn entdeckt und hielt ihn in den Händen. Rosa merkte, daß sich nun ihr Verstand – von wegen Klischee – wieder einschaltete, aber sie fühlte sich durch die Zwischenrufe der anderen Kinobesucherinnen gestört, wollte sie doch diese Bilder einfach nur genießen.

Die Botschaft des Films: »Wenn frau/man nur ihren/seinen Gefühlen folgte, dann würde alles gut werden«, genoß sie. Es war ein entspanntes Eintauchen und Schwelgen in einem Gemisch aus Gefühlen wie Trost, Zuversicht und Hoffnung, was allerdings immer wieder auch durch die Atmosphäre im Kino gestört wurde.«

Textbearbeitung

Um den Text untersuchen und wirklich verstehen zu können, zerlegen wir ihn Schritt für Schritt in seine wesentlichen Bestandteile. Dann stellen wir Fragen an den Text. Zunächst einigen wir uns gemeinsam auf einen Kernsatz, der die Botschaft der Schreiberin unserer Meinung nach genau wiedergibt. Wir lesen aus Rosas Geschichte, daß die Gefühle, die sie im Film anrühren, deswegen vorhanden sind, weil sie hier bestimmte Situationen erlebt, welche sie kennt, Wiedererkennen und Wiedererleben kann. Wir überlegen nun, wie Rosa die Frage des Widerspruchs von Vernunft und Gefühl beschrieben hat und finden gleich zwei Hinweise:

- Der erste Widerspruch findet sich im Filmtext selbst, in der Gegenüberstellung einer normalen gesellschaftlichen Erwartungsheirat und der Liebesheirat, die sich aus magischer Bestimmung heraus vollzieht. Die Autorin bezieht diesen Widerspruch auch auf sich und deutet an, daß sie diesen Widerspruch für sich »falsch« löste, indem sie den Weg der Vernunft folgte.

- Der zweite Widerspruch betrifft sowohl den Filmtext (in der Szene, in der Annie im Auto sitzt und Radio hört) als auch den Text der Autorin: Beide lehnen »Psychostriptease« ab, empfinden aber trotzdem Mitleiden und persönliche Zustimmung dem gegenüber, was sie hören.

Wir zerlegen den sichtbaren Text in viele kleine Einheiten, um den Sinnzusammenhang, den uns die Autorin nahelegt, zu durchbrechen. Dafür machen wir eine Art Tabelle, in der wir versuchen, Wörter und Ausdrücke zu sammeln, die Wünsche und Interessen von Rosa, ihre Gefühle und Tätigkeiten ausdrücken. Wichtig ist, daß wir alle diese Bereiche voneinander isolieren, die nahegelegten Bedeutungen also bezweifeln. Dasselbe machen wir mit den Personen die Rosa in ihrem Text vorkommen läßt. Hier ein kleiner Auszug:

Wichtig bei der Analyse ist, daß wir uns genau an das geschriebene Wort, den Text, halten und nicht anfangen, etwas Tieferes zu deuten. Auf diese Weise lösen wir uns vom Bedeuteten und haben nur noch die einzelnen Bausteine der Geschichte vor uns. Es fällt uns auf, daß die Autorin oft Ausdrücke wie »Nicht-Verstandensein« oder Gefühlsworte, die sie zu Substantiven macht, benutzt, bspw. »Angerührtsein«. Manchmal tauchen auch unpersönliche Subjekte auf: »ein Gefühl machte sich breit« oder »es fiel ihr auf«. Wir hatten den Eindruck, daß uns hier die Kraft fremder Mächte vorgeführt werden soll, die sich der Autorin bemächtigen.

Wir sehen den Text auf weitere Besonderheiten, wie Klischees und »Leerstellen/Nicht-Gesagtes«, hin an. In Rosas Geschichte des Films waren z.B. viele Personen, wie Familie, Eltern und Verlobter aus dem Film nicht erwähnt. Sätze wie »Sam reichte Annie die Hand..«, »das Hören auf die Stimme des Herzens wurde belohnt«, entziffern wir als Klischees, die nicht die wirklichen Gefühle und Gedanken der Autorin wiedergeben.

Nun beginnen wir, die Geschichte zu analysieren und wieder zusammenzubauen. Wir betrachten die vor uns liegenden, isolierten Bausteine, die wir in der Tabelle gesammelt haben. Hier liegt die Antwort auf die Frage, welches Selbstverständnis Rosa hat, wie sie sich selbst und andere wahrnimmt und einschätzt.

Wir erkennen sofort, daß Rosa sich in ihrer Selbstbeschreibung nicht handelnd und kaum fühlend beschreibt. Auch ihre in der Geschichte gefundenen Wünsche und Interessen sind spärlich. Sie hat im Film rein auf Empfang/Wahrnehmung geschaltet und sich den Bildern gegenüber ausgeliefert. Sie beschreibt sich in »passiven Aktionen«, z.B. »sie genießt«, »sie

Gefühle	Handlungen, Tätigkeiten	Interessen & Wünsche	sprachliche Besonderheiten
rührt sie an bewegt sie Gefühl des Nicht-verstandenseins	keine	genießen wollen	Passivkonstruktionen wie: »rührte sie an« »ihr Verstand schaltete sich ein«; Klischees wie: »Stimme des Herzens wurde belohnt«

fühlt«. Obwohl der Wunsch nach Genießen in der Geschichte deutlich wird, benennt sie ihre Gefühle hierzu nur verhalten.

Unser erstes Ergebnis lautet: Die Autorin konstruiert sich selbst als passiv, gefühl- und wunschlos. Wir diskutieren darüber, und es gibt immer wieder Einwände und Bedenken. Die Versuchung, deuten zu wollen, ist groß. Gegenseitig müssen wir uns daran erinnern, daß wir uns mit unserer Untersuchung nur an den sichtbaren Text, an das geschriebene Wort halten und nicht in irgendwie geartete psychologische Tiefen gehen wollen. Diese Lesart, entgegen psychologisierenden Interpretationsmustern, ist eine

Herausforderung für uns. Wir stoßen auf neue Gedanken und folgen neuen Ideen, bis das Selbstverständnis der Autorin für alle deutlich sichtbar ist und Übereinstimmung besteht.

Welche Mittel nimmt R. für ihre Konstruktion zu Hilfe? Die in der Geschichte entdeckten »sprachlichen Besonderheiten« können uns hier Auskunft geben. Uns fällt auf, wie oft in der Geschichte Verben zu Substantiven gemacht werden. Sie sollen die Gefühle ausdrücken, wie »das Schwelgen«, »das Eintauchen« oder »das Angerührtsein«. Wir denken, daß die Autorin durch diese Umformung Abstand zu

ihren eigenen Gefühlen schafft. Letztendlich gibt sie die Verantwortung für ihre Gefühle ab, wirkt dadurch blaß und tritt als fühlende und aktive Person in den Hintergrund. Sie verwischt ihre eigenen Konturen. Verstärkt wird diese Wirkung noch durch die unpersönlichen Wendungen in der Sprache, die Rosas Gefühle und Handlungen, in Sätzen wie »Die Szene rührte R. an« oder »Ein Gefühl machte sich breit« übernehmen. Das sind sprachliche Mittel, die wir auch in anderen von uns untersuchten Geschichten fanden. Die Autorin dieser Geschichte ist kein Einzelfall.

Nachdem wir herausgefunden haben, wie das Selbstverständnis der Autorin aussieht, ist es wichtig zu prüfen, welches Bild sie von »den Anderen« entwirft. Seien es die Personen im Film oder die Kommilitoninnen, die mit ihr zusammen den Film besuchten. Nochmal betrachten wir die Tabelle unter dem Gesichtspunkt: »Taten, Gefühle, Wünche/Interessen der anderen«. Die wenigen Verben deuten darauf hin, daß auch »die anderen« eher untätig beschrieben werden. Sie bleiben Kulisse, sind in der Geschichte Worthülsen. Lediglich Sam und Annie, die beiden Hauptdarsteller des Films, sind leidlich tatkräftig. Sam wird handelnd erlebt und mit Bewegungsdynamik ausgestattet. Annies Aktivitäten hingegen beschränken sich auf Wahrnehmung und »passive Aktionen«, die uns auf eine allgemein übliche Konstruktion von Weiblichkeit hinweisen. Eine Konstruktion ähnlich der die die Autorin von sich selbst hat. Dennoch kann nicht von deutlicher Identifikation, weder mit Annie noch mit Sam gesprochen werden. Beide Figuren bleiben blaß und ohne persönlichen Bezug zur Autorin.

Die Kommilitoninnen, als weitere Akteurinnen der Szene, tauchen nur da auf, wo sie als störend für den eigenen individuellen Genuß empfunden werden. Genuß stellt sich so gegen Gemeinschaft, gegen gemeinsame Aufgaben.

Welches ist nun das eigentliche Problem, oder was ist die Botschaft der Geschichte? Die gesamte Methode der kollektiven Bearbeitung, die Dekonstruktion, die Analyse und die Rekonstruktion, läßt uns die Geschichte anders lesen als beim ersten Mal. Das Ergebnis unserer Arbeit versuchen wir als These zu formulieren. Hinsichtlich R.s Geschichte einigt sich die Gruppe auf die Botschaft, daß »Genuß« die Ausschaltung des Verstandes voraussetzt. Daß »Genuß« bedeutet, auf Wahrnehmung zu schalten und sich den Sinnen auszuliefern. Und weiter, daß »genießen« in der Einsamkeit vor sich geht und frau nur alleine genießen kann.

Spannend für uns war, die These am Schluß der Arbeit mit der Eingangsthese zu vergleichen und festzustellen, daß am Ende eine »andere Geschichte« vor uns lag. Manche Frauen waren erschrocken über das was, die Methode der Erinnerungsarbeit hervorzubringen vermochte.

Vergleichen wir nun die Eingangsthesen mit den Schlußthesen sind folgende Auffälligkeiten zu bemerken: In Rosas Text lautet die Eingangsbotschaft: »Die anrührenden Gefühle im Film beruhen auf Wiedererkennung bzw. auf Wiedererleben bestimmter eigener Situationen«. Oder, anders ausgedrückt: Der Film aktiviert bei der Autorin Erinnerung mit positiv und negativ besetzten Gefühlen.

Die Schlußthesen lauten:

— Genießen setzt voraus, daß frau den Verstand ausschaltet.
— Genießen bedeutet, auf Wahrnehmung zu schalten, sich den Sinnen auszuliefern.
— Genießen ist einsam – frau kann allein genießen.

Betrachten wir unsere Ausgangsfrage nach dem Widerspruch zwischen Gefühl und Verstand, stellen wir fest, daß die Autorin das Spannungsverhältnis von Vernunft und Gefühl nicht lebt, sondern eine Zweiteilung vornimmt. Sie umgeht den Widerspruch, indem sie Vernunft und Gefühl als sich ausschließende Gegensätze setzt. Verstand kann nur unter Ausschluß des Gefühls gelebt und das Gefühl nur unter Ausschluß des Verstands genossen werden.

Welche These ergibt sich für die Autorin nun in der Konstruktion von Weiblichkeit?

Wenn frau Gefühle hat, ist sie kein handlungsfähiges Subjekt. Wenn frau hingegen ihren Verstand benutzt, wird sie dem Genuß entrissen. Zudem ist sie allein. Frau schützt sich dadurch allerdings auch vor Empfindungen, wie sich ausgeliefert und passiv zu fühlen. Der Preis für diese Sicherheit ist die Einbuße von Genuß und Vergnügen – zumindest im Kontakt mit anderen.

Was ist diese Konstruktion von Weiblichkeit für eine gesellschaftliche Kraft, wohin lenkt und zieht sie? *Schlaflos in Seattle* arbeitet mit dem Versprechen von der Erfüllung der großen Liebe. Wie auf eine Folie setzt die Autorin hierauf ihre Erinnerungen und Gefühle. Die Liebeskonstruktion des Films lenkt so die Empfindungen der Autorin, (z.B. der Trost, der in einer zweiten Chance liegt), ohne daß wir etwas über die Bedeutung dieses Liebesversprechens für sie erfahren. An diesem Punkt arbeitet die Autorin mit einer strategischen Leerstelle. An Stelle von eigener Erfahrung, werden wir mit einer Montage von Klischees konfrontiert (in wahrlich letzter Minute wird der Stimme des Herzens gefolgt, was, dem Himmel auf dem Empire State Building so nahe, das Glück auf die Erde holt), die wir als ihre These zugespitzt formulieren:

»Es ist für Frauen vernünftig, ihren Verstand auszuschalten. Nur so haben sie eine Chance auf Liebe und Glück.«

Hier scheint es uns wichtig zu fragen: Welche Bedeutung hat das Versprechen von der großen Liebe für unser Frauenleben? Welche Sehnsüchte sind darin aufgehoben und zugleich gefesselt? Und wie können wir unseren Verstand anders benutzen für unser Streben nach Glück? Was wäre eine Politik des Glückes, in der Frauen aktiv ihre Welt gestalten, statt sich passiv hoffend Liebesversprechen hinzugeben?

Wir erkennen die Unbedingtheit des Liebesverlangens als eine Kraft, an der unsere Autorin (vielleicht die meisten Frauen) festhält; es scheint uns, als ob es die Abkopplung von der Vernunft ist, die anfällig macht fürs Illusionäre und damit für Unglück. Es kann uns nicht darum gehen, der Vernunft alleine die Regelung unseres Lebens zu übergeben; wir suchen statt dessen weiter nach einer Verbindung, die die Kraft der Gefühle mit unserer eigenen kollektiven Vernunft so zusammenschließt, daß alternative Lebensentwürfe möglich werden.

Die Seminargruppe von der Hamburger Hochschule für Wirtschaft und Politik: Frigga Haug, Kerstin Henne, Heidi Höppner, Birgit Rietz, Anita Schell, Nicola Tiling

Schlaflos in Seattle
Sleepless in Seattle. USA 1994; R: Jonathan Kaplan; L: 96 Min.; D: Mag Ryan, Tom Hanks

Dirty Mary – Filmpolizistinnen im Visier

Eigentlich ist dies keine Filmkritik, sondern die subjektive Bilanz einer Suchenden: Als eine der Ariadne-Hauptverantwortlichen verfolge ich auch in Kino und Fernsehen Spuren, die auf einen guten Frauenkrimi deuten könnten.

Wie es mich vor einigen Jahren in *Blue Steel* zog, voller Neugier – das mußte ein »richtiger« Frauenkrimi sein: Jamie Lee Curtis (die ich mir sofort als Ariadne-Heldin, sogar als Stoner hätte vorstellen können) als Polizistin, dazu die selbstbewußte Regisseurin *und* eine Drehbuchautorin! – Der Film war entsetzlich. Curtis vergeudet sich in einer peinlich unplausiblen, unoriginell gewalttätigen und abstoßend dummen Story; das Ambiente besteht aus Hektolitern Blut; Plot und Stimmung werden unangefochten von einem kugelfesten Psychopathen dominiert, den sie etwa zwanzigmal vor verschiedenen Kulissen erschießen muß, bevor er endlich von der Leinwand verschwindet. Puh!

Gemischter, doch anhaltend unbefriedigend die sonstige Ausbeute an (meist TV-)Filmen mit Krimiheldinnen. Ein kleiner Lichtblick V.I. Warshawski – hier gelingt es Kathleen Turner, eine gute Literaturvorlage charakteristisch umzusetzen – eben solides Unterhaltungskino um Powerfrau als Spürnase. Aber wo bleiben in den Filmen die klugen, originellen Skizzen sozialer Verhältnisse, die gute Krimis auszeichnen – wo bleiben all die Fragen, die sich aus Frauensicht an die Organisation von Recht und Unrecht, an die Konstruktion von Gut und Böse

Filme

stellen? Entweder Frauen kommen nicht vor, oder sie kommen so beliebig, selbstverständlich (bis auf ihren Sex-Appeal und ihr ach so ausgeprägtes Gewissen) unterschiedslos vor, daß sich die Frage, welchen Preis sie etwa für ihre Präsenz zu zahlen hätten, niemals stellen würde. Glatt, geschichtslos, gesellschaftlich beulenfrei.

Dann, abends vor dem Fernseher, Überraschung. *Impulse* der Titel eines Krimis von 1990. Die Besetzung der Polizistin Lottie Mason motiviert zum Reinschauen: Theresa Russell (atemberaubend als Gegenspielerin von Debra Winger in *Die Schwarze Witwe*). Auch »Regie: Sondra Locke« interessiert mich (obwohl ich sie als Schauspielerin nicht mag) – wie sehen die eigenen Taten von einer aus, die immer als »Ex-Frau Clint Eastwoods« vorgestellt wird?

Impulse spielt in L.A., ist ein klassischer Cops-gegen-Dealer-Thriller und zugleich der Frauenkrimi, auf den ich gewartet habe. Sehr spannend, schnell und hart, durchaus auch gewalttätig (wobei die nicht so sehr physische Gewalt eines sexistischen Vorgesetzten die Handlungsfähigkeit der Heldin mehr strapaziert als die Lebensgefahr bei einem Einsatz), klug im Plot. Dieser Film hat, was ein Krimi braucht – und ganz nebenbei die unverschnittene, subtil kritische Darstellung einer Frau im Dienst des (Männer-)Systems. Sicher – Theresa Russell ist sexy, sieht toll aus. Keine feministische Antiheldin. Ein Hollywoodkompromiß? Polizistin Mason ist beim Drogendezernat und jobbt nebenbei für die Sitte, wo sie »natürlich« (die Anführungszeichen sind von Locke deutlich mitinszeniert) die Edelprostituierte mimt. Die Widersprüche solchen Umgangs mit dem eigenen Körper sind tabulos und ohne moralischen Wonst auf den Punkt gebracht – ebenso die Mischung aus Resignation, Risikohunger und schrittweiser Auflehnung gegen den Mangel an beruflicher Anerkennung oder auch nur Loyalität. Lottie Mason schüttelt es ab, tut ihren Job. Verachtet sich für ihre sexuellen Phantasien, achtet sich für gute Arbeit. Die angeordnete Therapie geht ins Leere, eine neue Liebe verliert sich in Nähe-Problemen, Mason ist auf sich allein gestellt. Als ihr eine

Theresa Russell in *Impulse*

Unter Kollegen: Theresa Russell

Million in die Hände gerät, ist sie versucht, etwas für sich selbst zu tun ... Obgleich ein männlicher Held auf Seiten der Moral aufkreuzt, kippt der Film nicht um. Theresa Russell bleibt die unbestrittene Identifikationsfigur, die Verstrickte, die Ermittlerin, das Opfer und die Täterin in ihrer Anstrengung, das Blatt für sich zu wenden.

Wo *Blue Steel* bloß vorführt, daß Frauen hirnlos-brutal inszenieren können und so die geballte Scheußlichkeit des traditionellen harten Polizeifilms beherrschen, zeigt *Impulse*, wie ein kritischer Blick aus Frauensicht alle Stärken desselben Genres herauszukitzeln vermag – und dabei mit weit mehr Spannung bessere Unterhaltung schenkt. Rasant, bedrückend, befreiend, berichtend. Ein wunderbarer harter Krimi. *Impulse* gibt es in guten Videotheken.

Else Laudan

musik

Frauenmusik vom Feinsten hoffen wir Euch auch diesmal vorzustellen. Wenn Ihr selber Musiktips an die Frau zu bringen habt, schreibt uns. Wir wissen, daß das Rezensieren von Musik ungewohnt und nicht einfach ist, uns oft die Sprache für die Töne fehlt. Aber wir können nur dazulernen, jede Kritik ist uns willkommen!

Jan Allain & Ilse de Ziah
Liebe auf den ersten Ton

Mit dem britisch-australischen Duo sprach Uta Niederstraßer

Manchmal hat frau Glück. Jan & Ilse waren in Hamburg, als ich bei ihrer Managerin anrief. »Hello« meldete sich eine weibliche Stimme am Telefon. Ich wunderte mich ein bißchen, daß die vermeintliche Managerin am anderen Ende ausschließlich englisch sprach, dachte jedoch nicht lange darüber nach. Nun, ich wollte Infomaterial über Jan & Ilse und fragte, was ich bekommen könnte. »Ich kann dir gerne etwas zuschicken«, kam die Antwort von der anderen Seite (inzwischen hörbar erheitert), »aber du kannst auch vorbeikommen und wir machen ein Interview – ich bin Jan.« Am nächsten Nachmittag öffnet mir Ilse die Tür. Die freundliche, fast schüchterne Zurückhaltung, die mir diese Frau entgegenbringt, erstaunt mich. Die Leidenschaft und Kraft, mit der die Cellistin den Bogen über die Saiten des Cellos führt, muß hinter dieser Sanftmut zu finden sein. Schließlich kommt Jan. Wir sitzen zu dritt in der gemütlichen Altbauküche, und sie fragt mich: »Willst du kalten oder lauwarmen Tee?« Wir lachen. Irgendwie funktioniert der Wasserkocher nicht richtig – aber dann trinken wir doch heißen grünen Tee.

● Uta: Jan & Ilse, ihr habt euch 1990 in London getroffen und arbeitet seitdem als Duo zusammen. »Liebe auf den ersten Ton« heißt es in eurem Infoblatt. Erzählt mir eure gemeinsame musikalische Geschichte!

● Jan: Zuerst haben wir 1991 einen Teil meiner Lieder im Studio aufgenommen und als Kassette *Sunset In a Box* herausgebracht. Damit sind wir dann in Deutschland und Österreich auf Tournee gegangen.

● Uta: Wie hoch war denn die Auflage von *Sunset In a Box*?
● Jan: 3500 Stück. Die zweite Kassette, die wir Ende 91 und Anfang 92 zusammen aufgenommen haben, *The Bootleg Live*, ist ausverkauft. Wir haben wohl

Musik

zuwenig davon gemacht. 500 Stück!

● Ilse: Die Frauen haben sie sehr gemocht, und wir machen vielleicht noch eine neue Auflage, mal sehen ...

● Uta: Ihr habt Ende Mai 1994 eure erste CD *Pearl In The Wrekkage* herausgebracht. Ich finde sie umwerfend – musikalisch, inhaltlich und aufnahmetechnisch. Warum habt ihr fast vier Jahre dafür gebraucht?

● Jan: Das liegt einfach daran, daß wir alles selbst gemacht haben. Finanzierung, Organisation und Aufnahmeleitung – mit über zwanzig Leuten!

● Ilse: Das Problem ist, daß wir keinen Vertrieb haben!

● Jan: Ja, wir haben vier Jahre lang hart gearbeitet, in Deutschland, in der Schweiz und in Österreich. Wir haben uns unser Publikum geschaffen. Jetzt brauchen wir Hilfe in der Finanzierung, Werbung und für die Organisation. Manchmal haben wir bis zu 1500 Frauen in einem Konzert – das ist einfach zuviel, um es selbst zu organisieren! Wir machen professionell Musik, haben aber keinen Vertrieb. Manche denken, wir müßten reich sein, das stimmt nicht. (Jan lacht.) Natürlich sind wir reich – an dem, was wir geben! Ich möchte meiner ZuhörerInnenschaft gegenüber loyal bleiben, aber wir brauchen ein gemischteres Publikum. Sonst können wir nicht überleben! Und die CD ist ein erster Schritt in diese Richtung.

● Uta: Wo kommt ihr her, wo liegen eure Wurzeln? Erzähl mir etwas über euch selbst und euren Zugang zur Musik!

● Ilse: Jan kommt aus London. Sie schrieb schon als Teenager Songs und spielte Gitarre.

● Jan: Ich komme aus einer völlig unmusikalischen Familie. Ich bin Autodidaktin. Die Entscheidung, ausschließlich und professionell Musik zu machen, fiel, als ich 1989 eine feste Anstellung als Kunstlehrerin an der Londoner Schule bekommen sollte, an der ich unterrichtete. Ich wußte, daß ich unter diesen Umständen nicht mehr so Musik machen konnte, wie ich das wollte. Danach habe ich mein Geld mit anderem verdient.

● Uta: Du hast Kunst studiert?

● Jan: An der St. Martin's School of Art. Skulptur und Fotografie.

● Uta: Ilse, du kommst aus Australien. Was hat dich nach London gezogen?

● Ilse: Ich komme aus einer Musikerfamilie. Meine beiden Schwestern sind wie ich Berufsmusikerinnen mit klassischer Ausbildung. Ich bin 1990 nach London gegangen, weil ich keine Lust mehr hatte auf Klassik – ich wollte etwas anderes machen, etwas Neues, in eine andere Richtung gehen! In London habe ich dann Jan getroffen, und seitdem arbeiten wir zusammen.

● Uta: Wie kommt es, daß eine Sängerin mit Gitarre sich mit einer Cellistin zusammentut?

● Jan: Ich hatte diese Idee, wollte mit einer Cellistin arbeiten, Erfahrungen sammeln, experimentieren. Sieben Jahre habe ich mit der Cellistin Sherry Robinson zusammengearbeitet. Sherry hat dann etwas anderes gemacht, und ich habe jemanden gesucht ...

● Uta: Im Herbst macht ihr eine Tournee durch ganz Deutschland, ihr seid in der Frauenszene inzwischen wirklich bekannt und werdet als »heißer Tip« gehandelt. Kennt frau euch in Großbritannien, im englischsprachigen Raum?

● Jan: In Deutschland könnten wir mit der Frauenszene vielleicht überleben, in anderen Ländern, wie in Großbritannien oder Irland, nicht. Es ist schon eigenartig – all unsere Erfolge haben wir im Augenblick in Deutschland und eben nicht in Ländern unserer Muttersprache. Wir wollen auch im englischsprachigen Raum ZuhörerInnen gewinnen, denn die Texte meiner Lieder, ihre Sprache und ihre Poesie, sind mir sehr wichtig.

● Ilse: Das ist mit ein Grund für uns, in die USA und nach Kanada zu gehen, um dort auf den großen Folk-Festivals aufzutreten.

● Uta: Das klingt fast so, als gäbe es große Unterschiede zwischen eurem deutschen Publikum und den Zuhörerinnen in anderen Ländern.

● Jan: Das deutsche Publikum ist nicht vergleichbar. Es ist einfach ganz anders. Ich genieße die Konzerte sehr. Ich mag mein Publikum hier, es hört zu und hat Respekt vor dem, was ich tue. Ich glaube, die deutschen Frauen und Lesben lieben die Freude, den Humor und die Möglichkeit, sich dadurch selbst zu spüren, sich auszudrücken. Die Menschen sind hier oft sehr ernst und melancholisch. Sie arbeiten hart und viel. Vielleicht mögen die Frauen in diesem Land es gerade deshalb besonders gerne, wenn ich über mich lache, über das Leben, über das Lesbischsein oder wenn ich ganz Kind bin und herumalbere, Späße mache. Das alles ist natürlich nur in der Live-Show da, obwohl – auf der CD ist das, glaube ich, an manchen Stellen auch zu spüren.

● Uta: Auf jeden Fall bei dem Song »Big Boots«, der ist einfach umwerfend, explosiv. Da muß frau sich einfach freuen!

● Jan (lacht): Dazu gibt es eine Geschichte. Die Frauen, die mir auf meinen Konzerten begegnen, sagen sehr oft: »Wir lieben deine großen Schuhe!« Ich antworte darauf immer: »Je größer die Schuhe, desto größer dein Herz!« Auf der anderen Seite hat das Thema »Schuhe« für Frauen auch eine besondere geschichtliche Dimension. Jahrhundertelang wurden die Füße von Frauen eingeschnürt, geknebelt und verformt, nicht nur in China, das ein besonders schreckliches Beispiel darstellt. Ich denke, hätte es in früheren Zeiten größere Schuhe gegeben, hätten mehr Frauen überlebt. Je größer deine Schuhe, desto größer deine Chance im Leben!

● Uta: Wie würdest du deine Texte charakterisieren, steht dahinter eine Idee, die du in Musik umsetzen möchtest?

● Jan: Meine Lieder feiern das Leben. Ich lege meine Lebendigkeit in sie, mit all den verschiedenen, schönen und schmerzlichen Gefühlen, die Leben bedeutet. Da sind Dinge, über die ich mich freue, aber auch solche, die mir Angst machen. Ich komponiere meine Musik und schreibe meine Texte, um mein Leben zu verstehen und auszudrücken, wie sehr ich es liebe. Das ist mehr als ein politischer Akt und geschieht bestimmt nicht aus kommerziellen Motiven!

● Uta: Gut, aber ihr wollt immerhin von eurer Musik leben, oder?

● Jan: So meine ich das nicht! Wenn ein großer Star an meine Tür klopfen und mir seine Protektion anbieten würde oder wenn eine bekannte Plattenfirma meine CD produzieren wollte, wäre ich Feuer und Flamme! Es geht mir um die *innere* Motivation, die das Musikmachen bestimmt. Ich mache nicht Musik, weil ich damit das große Geld verdienen könnte, sondern weil Musik mein Leben bestimmt!

● Uta: Bekommt ihr zu spüren, daß fast alle Bereiche, die mit Musik zu tun haben, absolut von Männern dominiert werden und fest in deren Händen liegen?

● Jan (holt tief Luft): Die CD *Pearl In The Wreckage* war ein großes Lernexperiment – auch in dieser Beziehung. Wir mußten lernen, mit Männern zusammenzuarbeiten...

● Ilse: Vor allem mit Männern, die weiß Gott nicht aufklärerisch und offen sind oder der Rolle, die sie als Mann in der Gesellschaft spielen, kritisch gegenüberstehen, sondern mit totalen Chauvinisten!

● Jan: Jetzt wollen wir unsere CD verkaufen. Ich habe den Eindruck, daß die großen Plattenfirmen sich nicht für uns interessieren, weil dort die Meinung vorherrscht: »Frauen und Lesben sind kein Publikum, dafür gibt es keinen Markt!« Hier wird nach dem Motto »Frauen sind eine Minderheit« gedacht. Der Punkt ist nur, daß das nicht stimmt. Frauen sind keine Minderheit! Und Lesben gibt es überall, sie hören uns zu, kaufen unsere Kassetten, unsere CD!

● Ilse: Bestimmt 90% der Leute, die sich die Musik von k.d.lang kaufen, sind Frauen und Lesben.

● Jan: Was wir brauchen, ist eine Plattenfirma, die Frauen respektiert und damit auch uns und unsere Musik. In dieser Hinsicht setzen wir Hoffnung auf die USA und Kanada. Dort gibt es nicht nur mehr Frauen, die Musik machen, sondern vor allem ein eigenes, von Frauen bestimmtes Musikgeschäft.

● Uta: Hoffentlich geht ihr uns dadurch nicht verloren! Auf jeden Fall: Danke für euer Interview!

● Jan: Ich danke dir, es hat mir großen Spaß gemacht!

● Ilse: Wenn du keine Fragen mehr hast, darfst du gehen – aber nur dann!

Big Boots

Well the clock's stopped ticking on the fashion bomb
We're living an illusion something funny's going on on on
What's going on?
It's revolution for your feet, listen sisters
Don't get blisters, beat that beat
Put your Big Boots on

Hey, hey, that's the way
Wash those tears and your fears away
you've got to kick off your high heel shoes
put your Big Boots on

Cleopatra liked a laugh
She wore her booties in the bath
Egypt's queen of rock
The ugly sisters got it right
They wore their great big ugly bugly boots
And they danced all night
Cinderella cried 'oh shit
I hope this tiny slipper does not fit'

Hey hey...

Little Miss Muffet could habe jumped that spider
Little old lady could have run away harder
Margo Fontaine really suits
bouncing around in a pair of boots

Hey hey...

Some of Henry's many wives
Might have tried to save their lives
Kicked that axe man in the noots
If only they had worn their boots

Hey hey...

Way down south where no one knows
There's a place where a woman
Can wiggle her toes
From the jitterbug boogie to the highland fling
Sling your slingbacks do your thing

Hey hey...

Shame upon that wicked Zeus
Sweet revenge is no excuse
We all know Pandora's box
Was full of boots and lots of socks

Hey hey that't the way
Wash those socks
Throw your tights away
You've got to kick off your high heel shoes
Big Boots make a bang
Just like k.d.lang
Put your Big Boots on!

Jan & Ilse: Pearl In The Wreckage

Seltsam altmodisch kommt sie daher, die erste CD (*Pearl In The Wreckage*, 50 Minuten) von Jan & Ilse. Gitarre, Cello, Mundharmonika und Gesang, manchmal mischen noch Baß, Mandoline und Geige mit. Aber Achtung! Von betulich oder langweilig kann hier keine Rede sein! Geprägt von Folk und Country-Musik, in der Tradition der großen LiedermacherInnen von Joni Mitchell bis Tracy Chapman, setzen sich Jan & Ilse mit Leichtigkeit über die musikalischen Genre-Grenzen hinweg. In spielerischem Umgang greift ihre Musik lateinamerikanische

Rhythmen und Elemente aus dem Swing oder Chanson auf, um in kammermusikalischen Kompositionen ihren Ausdruck zu finden.

Unverkennbar in der melodischen Tradition verankert, schaffen die beiden Musikerinnen einen eigenen akustischen Sound, der frisch und kraftvoll ist, aber den Texten Raum gibt, sich zu entfalten.

Jan erzählt Geschichten über Alltägliches, Erlebtes und Gefühltes. Es sind Geschichten, die eines konsequent aussparen, weil es nicht hierher gehört: das Leiden am Mann! Stattdessen macht Jan auf humorvolle Weise Mut, sich eigene, weibliche Geschichte anzueignen und die Konsequenzen, die sich daraus ergeben, bewußt umzusetzen:

Die CD ist in Eigenproduktion erschienen und in allen Frauenbuchläden zu haben. Ansonsten hier die Kontaktadresse, über die auch bestellt werden kann: Susanne Golnick, Gerichtsstr. 46, D-22765 Hamburg, Tel: 040-389 82 01, Fax: 040-39 22 31 (bitte »für Susanne« draufschreiben).

Uta Niederstraßer

Horse
– pferdestarke Stimme mit samtweicher Seele

Mehr als ihr Nachname »McDonald« ist nicht herauszubekommen. Von der englischen Sängerin HORSE, die mit ihrem Künstlerinnennamen auch ihrer Band denselben gibt, ist nicht viel zu erfahren. Obwohl sie bereits 1991 ihr Debütalbum auf den deutschen Markt brachte, wird sie noch immer als Geheimtip gehandelt. Wer sie jedoch einmal gehört hat, wird der tiefen Bauchstimme kaum widerstehen können.

Die Band – bestehend aus Gitarre, Drums, Keyboards, Baßgitarre – wird oftmals ergänzt mit Streichern, Saxophon, Percussion. Heraus kommt eindringlicher Pop vom Feinsten.

Die Texte, fast ausschließlich von »Horse« McDonald und ihrer mutmaßlichen (Vorsicht! Gerüchteküche!) Lebensgefährtin Angela McAlinden geschrieben, sind nicht künstlerisch verzerrt. Sie erzählen von so »einfachen« Gefühlen wie Liebe, Eifersucht und Selbstfindung in einer teils poetischen, teils freimütigen Sprache. Diesem Stil bleibt HORSE auch mit ihrem zweiten Album treu, das Ende 93 auf den Markt kam.

Im Titellied »God's home movie« wünscht sie sich einen Blick in die Vergangenheit, um ihre Geliebte als Kind am Meer spielen zu sehen, oder

(...) there's something i'd like to see
from god's home movie
the story of the universe
and my baby

i'd see discoveries made
fire and flat earth
columbus sailing the sea
or how noah survived
or when god was a girl (...)

aber

(...) there's still the future to see
the story continues of me and my baby.

Bleibt zu hoffen, daß in dieser Zukunft auch Platz für mehr von dieser Musik ist!

Horse:
The same sky 1991
God's home movie 1993
Mirjam Müntefering

Ein Konzertabend in der Provinz
Das Deborah Henson Conant Trio in Bielefeld

Mal wieder am Wochenende in meiner Heimatstadt, hatte mir jemand den Tip gegeben, daß obengenanntes Trio spielen würde. Meine eher laue Reaktion daraufhin: »Ja, und? Kenne ich nicht! Soll das was Besonderes sein?« schlug sofort in Interesse um, als zur Antwort kam: »Deborah Henson Conant ist eine Jazz-Harfinistin.« Da ich dieses Instrument sehr gerne höre und die Kombination Jazz und Harfe vielversprechend klang, besorgte ich mir eine Eintrittskarte.

Zu meiner Überraschung füllte sich der Saal in ausnehmend kurzer Zeit, und das Publikum brach in Begeisterungsstürme aus, sobald sich die Harfinistin zwecks Instrumentestimmen auf der Bühne zeigte. Das Rätsel fand schnell Aufklärung: Die Dame hatte bereits letztes Jahr in Bielefeld gespielt und eine Menge Fans gewonnen.

So eingestimmt wartete ich voll Spannung auf den Beginn. Pünktlich griffen dann die drei MusikerInnen (Deborah Henson Conant: Harfe und Gesang/Wolfgang Diekmann: Bass/Davey Tulloch: Percussion) zu ihren Instrumenten und machten drei Stunden lang wunderbare Musik. Alles war dabei: Balladen, Latino-Sounds, Jazz experimenteller Couleur sowie Marke ruhiger Barsound, einfache Songs über Wassermelonen oder das seltsame Treiben unter dem Bett, und auch Variationen zu einem Musikthema von Jean Jacques Rousseau.

Was Deborah Henson mit diesem eigentlich klassischen Instrument auf manchmal despektierliche Art alles hervorzauberte,

Auf der Suche nach einer abbildungsfähigen Harfe stießen wir in Meyers Taschenbuchlexikon auf diese schöne Fundsache ...

brachte ganz neue akustische Eindrücke für die ZuhörerInnen.

Zu Anfang noch relativ straight und leicht zu konsumieren, trat mit fortschreitender Zeit eher die Fähigkeit zum gemeinsamen Improvisieren und damit das Können der drei in den Vordergrund. Auch stimmlich hatte Henson Conant einiges zu bieten.

Da alle Songs auf höchst amüsante Weise von Deborah Henson durch eine kleine Geschichte eingeleitet wurden, entstand eine sehr persönliche Atmosphäre zwischen MusikerInnen und Publikum, und der Spaß wuchs auf beiden Seiten, so daß das Bielefelder Publikum hoffen kann, dem Trio einen schönen letzten Tourneeabend bereitet zu haben.

Ich war jedenfalls riesig froh, daß mir die Gelegenheit zu diesem gelungenen Abend nicht durch die Lappen gegangen ist.

Wenn eine jetzt Lust auf eine musikalische Kostprobe bekommen hat, muß sie nicht bis zum nächsten Jahr auf die nächste Tournee warten, sondern kann einen Platten- und CD-Laden aufsuchen und zwei CDs käuflich erwerben. (Leider weiß ich nur einen Titel: *Budapest*. Und in Vorbereitung ist eine Live-CD mit Mitschnitten aus der diesjährigen Tournee.)

Gabriele Arendt

And All Because The Lady Loves:
Sister Bridget

And All Because The Lady Loves – das sind Nicky Rushton & Rachel Collins. Die beiden Frauen kommen ursprünglich aus Newcastle, England, inzwischen lebt eine der beiden in Holland.

Sister bridget ist ihre vierte CD, besonders in England und der Schweiz ist das Duo bekannt, für mich allerdings bis vor kurzem ein Geheimtip. »Recorded at home« steht auf der CD und auf ihren Konzerten erzählen sie von der witzigen Produktion der

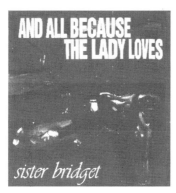

Aufnahmen in Nickys Schlafzimmer. Vielleicht ist dieser Aufnahmeort dafür verantwortlich, daß diese Songs so »privat« klingen.

Was mir so außerordentlich gefällt, ist die ungeheure Vielfalt des mehrstimmigen Gesangs der beiden. Überwiegend einfache Arrangements, Gitarre und Baßbegleitung dominieren nicht, auch wenn sie eine wichtige Rolle spielen. Die Songs des Frauenduos sind voller Kraft, oft mit melancholischen Untertönen, was sich nicht als Gegensatz herausstellt. Kein Wunder, denn die Texte handeln von Gewalt, Lügen, Beziehungen, Sehnsucht, der Notwendigkeit von und dem Widerstand gegen Veränderung.

Regina Weber

And All Because The Lady Loves:
Rachel Collins, bass & vocals
Nicky Rushton: guitar & vocals
CD produziert von Tom Greenhalgh

Chi Coltrane:
Best of

Was war Anfang der 70er schon groß los im Frauen-Rock? Nichts. Jedenfalls nichts Außergewöhnliches, was *mich* vom Hocker gerissen hätte. Doch dann habe ich zufällig eine TV-Show gesehen, und da sah ich Chi zum erstenmal. Ich war wie hypnotisiert. Heute kann ich eigentlich nicht mehr sagen, was mich so fasziniert hat: War es ihre schwarze Lederkluft, ihr langes, blondes Haar oder ihre ganz eigene Art, Klavier zu spielen? Auf alle Fälle ist es ihre Stimme, die wahnsinnig aufpeitschend und dann wieder samtweich sein kann.

Auf der LP sind sowohl Klassiker wie das aufwühlende »Thunder and lightning« oder »Who ever told you« als auch das gefühlvolle »You were my friend« oder »Let it ride«. Die Platte wurde 1975 produziert; leider sind weder die exzellenten Musiker noch die Texte aufgeführt.

Chi Coltranes *Best of* gehört jedenfalls seit Jahren zu meinen absoluten Lieblingen!

Conny Roos

Kick La Luna

Die Frauenband stellt ihre erste CD vor.

Ein aufregender Abend, der 11.Juni, im *Sinkkasten* in Frankfurt. Die Frankfurter Frauenband *Kick La Luna* stellt ihre erste selbst produzierte CD vor. Seit zwei Jahren rocken die vier Musikerinnen durch das Land und erfreuen sich einer wachsenden Zahl von begeisterten Fans, vorwiegend Frauen.

Am Samstag abend im *Sinkkasten* nahmen sie uns mit ihrer Musik mit auf eine Reise um die Welt. Auch eigene Kompositionen schmücken ihr reichhaltiges Repertoire. Die Musik der vier Frauen führte uns nach Spanien, Brasilien, Senegal und andere Teile der Welt, aus denen einige Songs der Gruppe stammen.

Elke Voltz mit ihrer vielseitigen, klaren, volltönenden Stimme, *Ulrike Pfeifer* mit ihrer hervorragenden, funkigen Baßbegleitung, *Jutta Keller* mit ihrem einfühlsamen Gitarrenspiel und *Anne Breick* mit ihren fantasie- und temperamentvollen Trommelrhythmen gestalten ihre Musik zu einer bunten, brodelnden Mischung. Viele Lieder enthalten auch Passagen mit vierstimmigem Gesang.

Die Stimmung im *Sinkkasten* war von Anfang an geprägt von der Freude über das »frauen-kulturelle« Ereignis. Auch das Publikum trug zu dem gelungenen Abend bei: So entzündeten die Fans gegen Ende des Konzertes Wunderkerzen und überreichten den Musikerinnen Blumen und einen Kuchen mit dem Logo der Band als Aufschrift. Schließlich wurde, wie Elke Voltz sagte, der »Akt vollzogen«: die Enthüllung der neuen CD!

Kick La Luna, eine Band mit Esprit und musikalischer Brillanz. Eine Band, die frau unbedingt kennen sollte! Petra Grän

(Abdruck mit freundlicher Genehmigung von *Mathilde* – Frauenzeitung für Darmstadt und Region)

Candy Dulfer
Sax-A-Go-Go

Candy Dulfer liebt es *saxy*, und das kommt auf ihrer neuen CD absolut rüber. Ihr *Sax-A-Go-Go* ist meine derzeitig liebste Musik, ich höre sie immerzu und jederzeit, sei es zum Aufputschen oder zum Abregen. »I can't make you love me«, eins der sanften, dabei nie saftlosen Stücke, stimmt in meinem Fall also gar nicht. Die Saxophonistin macht kraftvollen, geschmeidigen Funk-Jazz, der nicht nur die Ohren ergötzt, sondern auch sofort in die Beine fährt. Die Stücke sind üppig instrumentiert, aber nicht überladen, klarer Bläserklang, trockenes Schlagzeug. In »Compared to what« die Sängerin Wies Ingwersen mit kraftstrotzender, markanter Stimme, die hervorragend zum Saxophon paßt. Die BläserInnen-Arrangements stammen zum Großteil von Candy Dulfer, die Gesangs-Arrangements alle. Ihre Instrumente – Alt-, Tenor-, Bariton- und Sopran-Saxophon – bearbeitet sie meisterinnenhaft (singen kann sie auch) – nicht umsonst hat sie mit Maceo Parker auf dessen *Life on Planet Groove* gespielt. Und als Revanche ist auf ihrer CD ein Stück zusammen mit den legendären J.B. Horns (Maceo Parker, Pee Wee Ellis

und Fred Wesley) zu hören: »Jamming«. (Für Fans ist liebevoll im Cover vermerkt, aus welcher Box Maceo und aus welcher Candy ertönt. Es lohnt sich, darauf zu achten, es ist ein wunderbares Sax-Zwiegespräch.) Und in »Jamming« stellen die J.B. Horns spielerisch und stellvertretend für alle Ungläubigen und Vorurteilsbeladenen die Frage, die so oft zu hören ist, wenn es um Musikerinnen im Jazz geht: »What? ... A *girl* ... on the saxophone? – A *white* girl ... on the saxophone?« Und es folgt das schon erwähnte Zwiegespräch zwischen Candy und Maceo, bei dem sie unter Beweis stellen soll und wird, daß sie es drauf hat. Und wie zu erwarten war – hätten die alten Herren des Funk-Jazz sonst mit ihr gespielt? -, beantworten die Horns sich ihre Frage begeistert selbst: »Hey, Candy, you got the gig!« Und allen, die es immernoch nicht glauben wollen, kann ich nur sagen: Blas mir wat!
Iris Konopik

Hörtips in Kürze

Buffy Sainte-Marie:
Coincidence and Likely Stories

Elektronischer Rock mit indianischen Elementen. Auch die Texte beschäftigen sich mit der Indianer-Problematik.

Toni Childs:
The Woman's Boat

Moderner Rock mit Ethno-Einschlägen. Unverkennbar aufgenommen im Peter-Gabriel-Studio (Real world). Texte kreisen um die Themen Weiblichkeit, Fruchtbarkeit, etc.

Brenda Kahn:
Epiphany in Brooklyn

Amerikanischer Folkrock.

Björk:
Debut

Experimenteller Rock mit Dance-Floor-Elementen der ehemaligen Lead-Sängerin von Sugar Cubes.

Kate Bush:
The Red Shoes

Kate Bush ist eben Kate Bush. Eigenwillig versponnen wie immer. Zusammenarbeit mit Prince.

Sarah McLachlan:
Fumbling towards Extasy

Sparsame, introvertierte Klänge, herb melancholisch zwischen Folk und Jazz. Kühle, gläserne Stimme.

Ricky Lee Jones:
Traffic from Paradise

Ruhiger, akustischer Folkrock mit gelegentlichen Swing-Einlagen, angereichert mit ihrer leicht näselnden Stimme.

Musik

Anzeige

Tori Amos: Under the Pink
Ausufernde Piano-Balladen wechseln sich mit etwas exzentrischen Rock-Stücken ab. Atmosphärisch sehr dicht.

Anna Palm: Arriving and Caught Up
Eine schon etwas ältere Platte, aber sehr hörenswert. Höchst ungewöhnlicher Einsatz von Geige und äußerst eigenwillige Intonation.

P.J. Harvey: Rid of Me
Patti Smith der 90er Jahre. Ruhige balladenartige Stücke werden von Brachial-Rock unterbrochen.

Rainbirds: In a Different Light
Die ätherische Stimme der Katherina Franck dominiert die für den kommerziellen Geschmack sehr exotischen Klänge.

Sheryl Crow: Tuesday Night Music Club
Ein bißchen Folk-Rock, ein bißchen Country. Fast kurzgeschichtenartige Beobachtungen von heterosexuellen Zweierbeziehungen.

Indigo Girls: Swamp Ophelia
Typische Indigo Girls-Musik. Zwischen akustischen Folk-Balladen und etwas energischeren Gitarrenrockstücken.

Laurie Freelove: Smells like Truth
War oder ist Mitglied der Lesben-Band Two nice girls, die Lou Reeds »Sweet Jane« wundervoll interpretiert haben. Anspruchsvoll arrangierte Balladen auf Folk-Basis.

Rebellinnen

Die Geschichte der Frauen in der Rockmusik

Sinéad O'Connor: »Ich hasse es, gefragt zu werden, wie ich mich als Frau in der Rockmusik fühle.«

Queen Latifah: »Ich brauche kein Etikett für meine Ansichten. Ich bin lediglich eine stolze schwarze Frau.«

Salt: »Wir machen etwas, was man nur Männern zugesteht, und wir machen es *richtig*.«

Joni Mitchell: »Ein Mann in der Werbeabteilung kritisierte meine Musik, weil sie nicht männlich genug war. Sie sagten, ich hätte ja keine Eier.«

Annie Lennox: »Ich will die Geschlechterdefinition nicht verändern, sondern umgehen, und die Leute ein bißchen durcheinanderbringen.«

Endlich: *Rebellinnen* dokumentiert die verschiedenen Rollen, die Frauen in der Entwicklung der Rockmusik auf und hinter der Bühne gespielt haben, und zeichnet in zahlreichen Berichten und Gesprächen lebendig und dreidimensional die Erfahrungen nach, die Frauen in einer von Männern dominierten Szene machten. Der so hinter den Biographien immer mitschwingende gesellschaftliche Kontext hebt *Rebellinnen* wohltuend von den sonst so oft uninspirierten Aufzählungen trockener Daten ab: Gründlich recherchiert erzählt Gillian Gaar die Chronik von fast 50 Jahren Rockmusikgeschichte wie ein packendes Abenteuer, ohne die Fakten zur Fiktion zu verkehren. So ist dieses Buch mit seinem umfangreichen Personen-, Songtitel- und Langspielplattenregister nicht nur ein unverzichtbares Nachschlagewerk für alle, die sich zum privaten oder beruflichen Vergnügen mit Musik beschäftigen, sondern auch gelungene, kurzweilige Unterhaltung rund um das Treiben vor und hinter den Kulissen der Rockmusikbranche.

496 Seiten
Großformat 15 x 23 cm
32 Seiten Abbildungen
DM 39,00/ÖS 304/40,00 SF
ISBN 3-88619-230-X

Bühne

Kunst im Rampenlicht: laute(r) Ladies

Neben den Tips & Tadeln für Filme, Bücher und Musik gibt's in diesem *Forum* erstmals die Sparte »Kunst im Rampenlicht«, die alles umfaßt, was frau nicht nur über »Konserve«, sondern live erleben kann: Kabarett, Kleinkunst, Performance und und und. Die Rubrik ist ausbaufähig und bedarf Eurer kritischen - positiven wie negativen - Einschätzungen über das, was Ihr auf der Bühne seht und hört. Und wenn Ihr selbst diejenigen seid, die sich ins Scheinwerferlicht stellen, schickt uns Eure Selbstdarstellungen. Wir brauchen laute(r) Ladies.

In allen Spielarten

»Ernst, witzig, schrill, krachend, meditativ, mitreißend, mit und ohne Noten, gekonnt und knapp daneben« – so kunterbunt und vielseitig ist das Forum, welches LÄRM UND LUST e.V., das Frauenmusikzentrum in Berlin, musikinteressierten Frauen bietet. 1982 als selbstverwaltetes Projekt gegründet, möchte LÄRM UND LUST die Aktivitäten von Frauen im Bereich der Rock- und Jazzmusik anregen, fördern und unterstützen.

Insgesamt 350 Quadratmeter stehen ambitionierten Musikerinnen mit und ohne eigenes Equipment zur Verfügung. In vier schallisolierten Übungsräumen kann frau alleine oder mit Band nach Herzenslust in die Saiten greifen oder das Schlagzeug bearbeiten, bis die Wände wackeln. Ein komplettes Tonstudio bietet die Möglichkeit zum professionellen Abmischen und Aufnehmen, und zur Präsentation der Ergebnisse schweißtreibender Übungswochen steht ein Veranstaltungsraum zur Verfügung, in dem locker eine ganze Fangemeinde Platz findet. Darüber hinaus können musikalische Kontakte geknüpft, wertvolle Erfahrungen und Infos ausgetauscht und Bands gefunden oder gegründet werden. Workshops, die von erfahrenen Musikerinnnen und Tontechnikerinnen angeboten werden, bieten die Möglichkeit, Neues zu lernen oder alte Kenntnisse aufzufrischen. In allen Räumen und in jeder denkbaren Besetzung können Sessions veranstaltet werden. Geplant ist, solche Sessions, die dann stilistisch eingegrenzt sein sollen, zur regelmäßigen monatlichen Einrichtung zu machen.

Aber nicht nur alte Häsinnen der Musikszene sollen und können bei LÄRM UND LUST aktiv werden, sondern auch Frauen, die gerade anfangen, ihr musikalisches Potential zu entdecken und solche, die mit Engagement und kreativen Ideen oder als Förderfrau (Beiträge nach eigenem Ermessen) auch finanziell dieses Projekt unterstützen und mitgestalten möchten.

Voraussetzung für die Teilnahme an all diesen Aktivitäten ist der Eintritt in den Verein. Der Monatsbeitrag beläuft sich auf DM 50,- bzw. DM 40,-, je nach finanzieller Möglichkeit.

Beim regelmäßig stattfindenden Plenum (Termine sind im Büro zu erfragen) sind neue und interessierte Frauen sehr willkommen, was natürlich auch für alle anderen Veranstaltungen gilt.

Einzelheiten können im Büro, das montags von 16-18 Uhr geöffnet ist, bei Maike Goosmann erfragt werden (Tel. 030/491 53 04).

Birgit Albrecht

Nana, Nancy, Zara und Lisa ...

Die Bühne ist schwarz, kein Spot erhellt die Finsternis.

Diejenigen unter den ZuschauerInnen, die die Show zum ersten Mal erleben, starren gespannt auf die dunkle Fläche. Noch ahnen sie nicht, welch ein Angriff auf Zwerchfell und Lachmuskulatur ihnen bevorsteht. Die mittlerweile beachtliche Fangemeinde jedoch bebt und gluckst schon jetzt vor mühsam unterdrücktem Lachen.

Dann plötzlich ein Spot auf die Mitte der Bühne, im Lichtkegel eine Gestalt, die dem Publikum den Rücken zudreht. Zur einsetzenden Musik aus dem Off beginnt sie, mit den ausgebreiteten Armen wellenartig wedelnd, sich tänzelnd langsam umzuwenden. Der Frontalanblick läßt die ZuschauerInnen in wieherndes Gelächter ausbrechen: Falls Nana Mouskouri sich je entschließen sollte, die griechischen Folkloregewänder zugunsten eines gewagten Glitzerfummels einzumotten und etwas Bewegung in die starren Glieder zu bringen – das, was dem Publikum nun geboten wird, würde dem Ergebnis sicher sehr nahe kommen. Kara Klatt, Playback-Performerin aus Berlin, schwingt das weiß-

Klara Klatt im Playback-Einsatz

bestrumpfte Bein mit perfekt einstudierter Unsicherheit; jede Bewegung ist begleitet von der gekonnt imitierten verbissenen Konzentration der Debütantin und gibt unter dem auf Hüftlänge gekürzten Glamourgewand den Blick auf schwarze Polyacryl-Shorts frei, die an Turnvater-Jahn-Zeiten erinnern. Aber nicht nur die Diven des deutschen Schlagers müssen in Karas Playbackshow dran glauben. Kaum hat das lachkrampfgebeutelte Publikum sich nach Nanas Abgang etwas beruhigt, erscheint eine wasserstoffsuperoxydgefärbte Nancy Sinatra auf der Bühne, im grellorangefarbenen Siebziger-Jahre-Kleid und – für diesen Auftritt unerläßliches Requisit – weißen Cowboystiefeln. »These boots are made for walkin', and that's just what they'll do, and one of these days these boots are gonna walk all over you«, und wer in die von tödlichem Ernst verengten Augen blickt, wagt nicht daran zu zweifeln.

Über zehn Nummern umfaßt das Repertoire von Kara Klatt mittlerweile: von Lisa Stansfield, die ihren Hit »All around the world« mit Micky-Maus-Stimme im 45er-Tempo herunterzwitschern muß, Zara Leander, die mit schwerem Mantel und ebensolchen Lidern seit fünfzig Jahren im Regen steht und wartet, über Marianne Rosenberg, die endlich ihr Coming-out wagt und dem fassungslosen jungen Mann auf dem Tanzboden mit bedauerndem Lächeln ins Gesicht singt: »Schade, ich kann dich nicht lieben«, wobei sie, wie weiland Elvis sein Mikro, einen Reiseföhn zum mitreißenden Schlagerrhythmus schwingt, bis hin zu einer sturzbetrunkenen Marianne Faithfull, die, den trüben Blick ins Rotweinglas gesenkt, »As tears go by« lallend über die Bühne torkelt – keine bleibt von Kara Klatts entlarvenden Imitationen verschont.

Angefangen hat es alles schon sehr früh: Bereits als Kind hatte die 1970 in Berlin geborene und auch heute dort lebende Kara einen Hang zum Verkleiden. Das jeweilige Ergebnis präsentierte sie dann stolz in der elterlichen Küche, sehr zur Erheiterung der übrigen Familie.

Nach dem Abitur 1989 ging's dann richtig los. Gemeinsam mit zwei Freundinnen startete Kara ihre Karriere als Playback-Performerin bei LÄRM UND LUST e.V., dem Frauenmusikzentrum in Berlin, wo sie vorher schon als Schlagzeugerin mit ihrer damaligen Band gespielt hatte. Über Mund-zu-Mund-Propaganda kamen dann weitere Auftritte zustande: im *SO 36* in der Berliner Oranienstraße und in Frankfurt beim schwul-lesbischen Loveball in der *Music-Hall* und in der Montags-Soirée der Szenekneipe *Harveys*. Den Großteil ihres Repertoires hat Kara, die im »richtigen« Leben Sprachen studiert, mit dem Ziel, Übersetzerin zu werden, eigenständig entwickelt und einstudiert. Einige Nummern entstanden in Zusammenarbeit mit Daniel Fischer, einem langjährigen Freund, der auch teilweise auf der Bühne mitwirkt, wenn es beispielsweise darum geht, die einstigen Traumpaare des deutschen Schlagersumpfs wiederauferstehen zu lassen. Mittlerweile hat Kara in fast allen Teilen der alten Republik die Zwerchfelle zum Vibrieren gebracht, und wer sie noch nicht kennt, kann nicht ernstlich behaupten zu wissen, was ein Lachmuskelkater ist.

Nachdem Frau Klatt das eingelegt hat, was in KünstlerInnenkreisen so bedeutungsschwanger als »kreative Pause« bezeichnet wird – auch Nana Mouskouri muß sich eben ab und an den prosaischeren Dingen des Lebens widmen –, sei an dieser Stelle für diejenigen, die neugierig geworden sind, darauf hingewiesen, daß sie ab Herbst wieder die Rampe betritt. Dann also nichts wie hin!

Birgit Albrecht

Else, wohin?

Der Kabarettitel *Else, wohin?* steht für schonungslos übertriebenes Emanzengeschrei im DREI-MISS-TON: Eva Prausner, Andrea Nicke und Heike Röttger. Erfreulich-erfrauliches Kabarett auch für den muskulinen Geschmack in achtzig rasanten Minuten. Prädikat: boshaft, erbarmungslos – eben so richtig gemein!

Else, wohin? rechnet ab mit Saukerlen, Batman, nichtssagenden Moralisten, zehn Embryonen, Legebatterien, Lebensschützern, der Lusthansa, dem OTTO-Versand,

Fahren nicht nur auf Kettensägen ab: *Else, wohin?*

positive vibrations, dem Volksstaat, Geld, dem Straßenverkehrsamt und PRINZ!

Else, wohin? fährt ab auf Zellulitis, Beinbehaarung, Sekt, Kettensägen, schlechte Manieren, Frauen in Männerberufen, Geld, Karin, Applaus, Trennungsbereitschaft, bahnbrechende Erfolge, Selbstbefriedigung und mächtige Weiber.

Es lebe das hitzige, witzige,
das humorige, balladige
das kritisch politische
es lebe das Frauenkabarett!!

Kontaktadresse: Katja Jacobeit, Osthuesheide 9, 48167 Münster/Westf. Tel. 0251/614196, Fax 0251/663609

extra2
Frauentheater * Kabarett

Hinter dem Namen *extra2* verbergen sich 3: Ulla Diekneite und Conny Reisberg (on stage) und Suse Othmer (back stage). Seit über zehn Jahren arbeiten die drei Frauen als Kabarettistinnen, seit fünf Jahren sind sie als *extra2* bekannt. In dieser Zeit entstanden ihre Programme »Rosen & Knoblauch«, »Die Bühne bebt« und »Tanzende Finanzen«. Sie schöpfen bei der Erstellung ihrer Programme aus dem vollen Leben und aus ihren eigenen Erfahrungen, wobei ihnen ihre früheren »bürgerlichen« Berufe als Pädagogin bzw. Journalistin behilflich sind oder auch manchmal im Wege stehen.

In ihrem aktuellen Programm »Tanzende Finanzen« lädt *extra2* ihr Publikum zu einer Kaffeefahrt

die 3 von extra2 (eine ist hinterm Foto)

besonderer Art ein und blickt dabei hinter die Kulissen eines »frauenfreundlichen« Unternehmens, das sich zur Aufgabe gemacht hat, Frauen von heute den letzten Rest an Sicherheit zu bieten: Als reizende Hostessen der WIC-Frauen-Versicherungsgruppe geleiten »Clio« und »Carina« die Fahrgäste zu unfallträchtigen Verkehrsknotenpunkten, auf Gen-Versuchsbauernhöfe, zur Frankfurter Börse und in die Lichter von downtown. Zwischendurch werden die Fahrgäste so ganz nebenbei von den Vorzügen der außergewöhnlichen Versicherungsleistungen überzeugt. Und dies nicht nur für Frauen – auch Männer können auf sie abgestimmte Versicherungspakete erwerben. Satirisch aufbereitet, mit einem kräftigen Schuß Ironie und unterstützt durch musikalische Einlagen bietet *extra2* einen Kabarettabend, bei dem Sie mit allem rechnen sollten!

Kontakt: Kontor für Kunst und Kultur, c/o Susanne Becker, Gabelsberger Str. 11, 50674 Köln, Tel. 0221/442120

Petra Förster

Die Kabarettistin Petra Förster gilt als rotzfrech und erbarmungslos lebensnah. In ihrem Programm »Es ist nie zu spät, Annegret« präsentiert sie nicht ohne eine gehörige Portion schmunzelnder Selbstironie »Frauenschicksale« zwischen Alltag, Alptraum und Abenteuer. Daneben kann unter dem Titel »As love goes by(e bye)« auch pure Lesbensatire gebucht werden.

Kontakt: Petra Förster, Weidweg 1, 79110 Freiburg, Tel. 0761/809403

Kordula Völker Musik-Kabarett

»Liebe, Lust und Leidenschaft – Lieder(liches) aus der Welt des Subversiven.« Mit diesem Programm präsentiert die Oberhausener Kabarettistin Kordula Völker einen Liedercocktail, der nicht nur Lesbenherzen höher schlagen läßt. Gerade noch singt sie herzerweichend von zärtlicher Liebe, um plötzlich mit bitterböser Ironie den Lesbenmacho auf's Korn zu nehmen. Sie outet sich mit einem Lachen, seziert messerscharf die Subkultur und sprüht vor Erotik, daß es nur so knistert. Das instrumentelle Ambiente bereitet Marliese Reichardt am Klavier. Sie gestaltet, setzt Akzente und überrascht mit taktvoll-schrägen Harmonien. Ihre Arrangements sind das Sahnehäubchen auf dem Musikcocktail.

Neben ihrem Soloprogramm spielt Kordula Völker auch in der *Front-Frauen-Revue* mit und bietet mit ihrer Kabarettfigur »Erna Coslowski« Einlagen für Veranstaltungen aller Art.

Infos, Demoband und Buchung: Kordula Völker, Postfach 10 17 47, 46017 Oberhausen, Tel./Fax: 0208/24469

Netzwerk Frauen und Kabarett

Seit etwas über einem Jahr gibt es nun in Deutschland auch ein Netzwerk von Kabarett-/Kleinkunst-Frauen. Eingeladen von der Uni Hamburg (Literaturwissenschaftliches Seminar), trafen sich Anfang 93 etwa 50 Frauen aus der Republik und der Schweiz.

Ziemlich schnell kamen sie zu dem Schluß, daß nun die Zeit reif sei, sich nicht länger im Schatten der männlichen Kollegen zu verstecken bzw. verstecken zu lassen.

Gesagt, getan. Und schon einige Monate nach diesem ersten Treffen fand in Köln ein Frauen-Kabarett-Festival statt, das seinen Abschluß in einer erfolgreichen *Front-Frauen-Revue* fand. Mit dieser Revue stellten und stellen sich die Kabarett-Frauen nun dem Publikum in Hamburg (Kampnagel), Recklinghausen (Ruhrfestspielhaus), Mainz (Unterhaus 24.-29.10.94), Köln (Comedia Colonia 22.-26.11.94) und Osnabrück (Lagerhalle 9./10.12.94) vor.

Ziel dieser Revue ist eine geballte Präsentation der Kabarettistinnen/Kleinkünstlerinnen in der Öffentlichkeit, die auch als Solistinnen/Einzelgruppen nicht den Vergleich mit den »großen« Kollegen zu scheuen brauchen.

Neben diesem Auftreten nach außen haben sich die Frauen ausgiebig kennengelernt, sich gegenseitig unterstützt, ihr Wissen und ihre Erfahrungen ausgetauscht.

Um diesen Kreis noch zu vergrößern, ist ein weiteres Treffen geplant. Es spricht alle Frauen an, die in den Sparten Kleinkunst/Kabarett arbeiten und findet in der Zeit vom 16.-20.11.94 in der Akademie Remscheid statt.

Weitere Informationen über das Netzwerk bzw. die Tagung in Remscheid sind zu erhalten über:
extra2, c/o Conny Reisberg, Schillingstr. 39, 44193 Dortmund, Tel./Fax: 0231/136454 (hier kann auch die Netzwerk-Zeitschrift geordert werden)
oder: Rosa K. Wirtz, An der Eiche 1, 50678 Köln, Tel./Fax: 0221/328090

Das Ariadne Forum Frauenkrimirätsel

Wie gut kennt ihr euch mit Frauenkrimis aus? Gut genug, um in den markierten Kästchen die Lösung zu erkennen?

Das Rätsel soll hauptsächlich eurer Kurzweil dienen. Trotzdem könnt ihr uns die Lösung auch gern schicken, wir verlosen dann unter allen richtigen Einsenderinnen 3 Ariadne-Ausrüstungen (jeweils bestehend aus einem Ariadne-T-Shirt, einer Ariadne-Leinentasche und einem Ariadne-Poster sowie Ariadne-Krimi 1067). Dabei ist der Rechtsweg ausgeschlossen, Einsendeschluß ist der 15. Mai 1995. Vor allem aber: Viel Spaß beim Raten!

1. Nenne eine lesbische Ermittlerin aus den USA, die keine Katze hat.
2. Wie heißt Stoners wahrsagende Tante?
3. Wie heißt die Barkeeperin in der Nightwood Bar?
4. Wer ermittelt in den Krimis von Sabine Deitmer?
5. Welches reale Ereignis in der Frauenbewegung ist die Vorlage für Val McDermids Krimi *Das Nest*?
6. Unter welchem Titel erschien hierzulande der mystische fünfte Stoner McTavish?
7. Wie heißt eine der Hauptpersonen in *Schwestern der Straße*?
8. Welches ist der Tatort in dem Krimi *Tradition*?
9. Unter welchem Pseudonym schrieb die älteste Autorin, die bisher bei Ariadne verlegt ist?
10. Was muß an dem Krimititel *Wenn die grauen Panther fliegen* anders lauten, damit er stimmt?
11. Welche Neurose hat die Heldin in *Eine Lesbe macht noch keinen Sommer*?
12. Wofür steht die lauernde Bestie im gleichnamigen Roman von Lauren Wright Douglas?
13. Wie lautet der volle Name der einsamen Rächerin aus *Mississippi*?
14. Wie heißt der Untertitel von *Stoner McTavish 3*?
15. Wie heißt der einzige Krimi von Gertrude Stein?
16. In welcher Großstadt spielt sowohl *Makler und Mord* als auch *Ohne Delores*?

Lösungswort:

Für das Konzept und die meisten Ideen des Rätsels danken wir ganz herzlich der Lesbengruppe aus der Schweiz, die es uns gestiftet hat.

Aktivitäten für Lesben und Heten

Eine Art überregionaler Kalender, der zeigen soll, was sich von Frauenseite so tut in Sachen Kultur, Aus- und Weiterbildung, Politik und auch Vergnügen. Kargen Zeiten und schrumpfenden Mitteln zum Trotz ist diese Rubrik noch weiter gewachsen: Vielen Dank an alle, die uns ihre Termine geschickt haben! Wo kein gesonderter Veranstaltungsort angegeben ist, gilt die Adresse der Veranstalterin im anschließenden Adreßverzeichnis. Dort sollten sich auch die wichtigsten Frauenbuchläden, -cafés u.ä. finden, aber bestimmt fehlen wieder etliche - bitte verzeiht uns etwaige Versäumnisse und schickt uns gleich fürs nächste Forum die nötigen Angaben zu.

AUSSTELLUNGEN

Lili Fischer: »Scheusalgesänge«
Rauminstallation
22.09.94 - 26.03.95

»Frauenträume«
Anna Sherbany, London
Oktober 94. Stadtteilarchiv Ottensen

»Verbrannt - Verboten - Vergessen«. Deutschsprachige Schriftstellerinnen im Exil. Eine Ausstellung des Frauenbuchladens Nürnberg. Zur Eröffnung am 22.10. wird es eine Einführung von Maria Knauthe (Nürnberg) geben.
22.10. - 20.11.94
Frauenbuchladen Hamburg

Vernissage: »Im Bilde sein«
Angela Wacker
Eine poetisch-klingende Reise durch meine Bilderlandschaft. Phantasievolle Texte zu den Bildern geschrieben und gesprochen von der Malerin, untermalt mit Rhythmen von Gabriele Hüller.
05.11.94 / 18:00
Sarah Kulturzentrum für Frauen e.V.

Ausstellungseröffnung im Lichthof: »Frauen in Dresden«
28.11.94. Frauenreferat Dresden

»Die Sprache der Göttin«
Letzter Ausstellungstag 94 der Ausstellung
18.12.94 / 15:00
Frauenmuseum Wiesbaden

»Existenzgründerinnen in Dresden«
07.03. - 10.03.95. Frauenreferat Dresden

»Kesse Väter«
Bettina Flitner
31.03. - 01.05.95. Frauenmuseum Bonn

Siglinde Kallnbach
05.05. - 04.06.95. Frauenmuseum Bonn

»Trümmerfrauen«
Oktober 95
Frauenreferat Dresden

DIVERSES

Ton-Dia-Schau zum Ausleihen zur Thematik »sexuelle Gewalt in der Kindheit« Schwerpunkt der Schau ist ein Dialog von zwei Frauen, die sich über ihre Erfahrungen in Selbsthilfegruppen sexuell mißbrauchter Frauen austauschen. Die Schau endet mit verschiedenen persönlichen und politischen Lebensentwürfen. Die Verleihdauer beträgt 14 Tage, die Gebühr DM 50.– .Verleihadresse: TDS-Verleih c/o Wildwasser Frauenladen Friesenstr.6, 10965 Berlin

Selbsthilfegruppe von/für Frauen, die in ihrer Kindheit sexuelle Gewalterfahrungen gemacht haben.
Erste Kontaktaufnahme bitte über die Frauenberatungsstelle Steinmetzstr.47, Mönchengladbach, Tel.02161/23237
14tägig montags / 19:00
Frauenzentrum Lila Distel

Offener Lesbentreff (für Lesben und Nichtlesben) an jedem 2. und 4.Freitag im Monat 20:00. Frauenzentrum Lila Distel

Lesbische Journalistinnen (03/94) haben eine AG zum Thema Coming Out gegründet.
Kontakt:
Dorothee Winden, Ackerstr. 12/13
10115 Berlin. Tel. und Fax: 030/2827990

Frauencafe, jeweils am 2ten Sonntag im Monat ab 14:00
FFGZ Nürnberg

Frauenfrühstück mittwochs 9:30
Frauenzentrum Lila Distel

Hempels: Neues Lesben- und Schwulencafé in Oldenburg! Donnerstags Kneipencafé für Lesben, Fr. und Sa. offenes Kneipencafé. Ausleihe von diversen Lesben- und Schwulenbüchern, Leseangebot fast aller Lesben- und Schwulenzeitschriften.
Hempels, Ziegelhofstr. 83, 26121 Oldenburg

Frauenpolitischer Arbeitskreis.
Mit phantasievollen Aktionen wollen wir Einfluß nehmen auf Mönchengladbacher Frauenpolitik (218, Gewalt, Frauenstreik u.a.). 14tägig mittwochs 20:00
Frauenzentrum Lila Distel

Stadt der Frauen. »Szenarien aus spätmittelalterlicher Geschichte und zeitgenössischer Kunst« mit 40 Künstlerinnen - Filme, Vorträge, Lesungen, Performance
25.09.94 - 02.04.95. Frauenmuseum Bonn

Wochenende: Ausdrucksmalen
21.10. - 23.10.94. Alraune e.V.

Frauentischtennisturnier (FTTT)
Bewegung, Lachen, Spaß, Action, Preise
22.10.94 / 17:00
Sarah Kulturzentrum für Frauen e.V.

Dia-Schau: Kreta
29.10.94 / 17:30 Frauenmuseum Wiesbaden

Veranstaltungen zum 7jährigen Bestehen der Lila Distel.
Näheres bei den Veranstalterinnen
01.11. - 06.11.94
Frauenzentrum Lila Distel

Bachblüten und einheimische Blütenessenzen. Blüten für den Abschied. Essenzen aus eigener Sammlung selber herstellen und anwenden. Blüten, die Trennung, Abschied und Los-Lassen erleichtern, stehen hierbei im Mittelpunkt. Marianne Holling
04.11. - 06.11.94
Frauenbildungs- und Ferienhaus Zülpich

Dia-Schau anläßlich des 10ten Geburtstages des Frauenmuseums Wiesbaden
05./06.11.94 / jew. 17:30
Frauenmuseum Wiesbaden

Trennungsgruppe für Frauen, mit Kinderbetreuung
ab 08.11.94, 6x dienstags / 16:00 - 18:00
Alraune e.V.

Stadtrundfahrt: Die Casselerinnen - Streifzug durch zwei Jahrhunderte
12.11.94. Archiv der deutschen Frauenbewegung, Kassel
Abfahrt: Königsplatz Ecke Poststr.

Jeden zweiten Montag im Monat: FrauenLesben-Volxküche
Es gibt Essen für jede und einen Raum zum Futtern oder Speisen und Reden. Jede ist zum Mitkochen herzlich willkommen. Kosten fürs Essen: DM 4.- Infos bei Ellen Tel.: 0711/6490098 oder Andrea Tel.: 0711/4587492

Aktivitäten

ab 14.11.94 / 19:30
Sarah Kulturzentrum für Frauen e.V.

Diavortrag: *Mit dem Rucksack durch Nepal*
Annemarie Renftle / Heidi Reetmeyer
18.11.94 / 20:00
Sarah Kulturzentrum für Frauen e.V.

Atelierbesuch bei Kölner Künstlerinnen. Aktuelle Kunst von Frauen in einem männerdominierten Gewerbe. 19.11. / 17.12. 94 / 21.01. / 18.02.95 / jew. 14:00
Frauengeschichtsverein Köln

Quell der Zweisamkeit. Der Ladies Almanach von Djuna Barnes. Eine Reise durch die Pariser Salonkultur der Jahrhundertwende. Exzentrisch, erotisch, geheimnisumwittert.
Frauen-Anstiftung Hamburg
23.11.94 / 20:00
Ort: Weimar, Frauenzentrum

Vegetarisches Menü
Zutaten aus überwiegend kontrolliert-biologischen Anbau unter ernährungsphysiologischen Gesichtspunkten zubereitet, saisonal, vollwertig und harmonisch aufeinander abgestimmt.
Menü heute: Deutschland (Frischkost der Saison / Gemüsebouillon mit Einlage / Kohlroulade mit Nuß-Rahm-Sauce / Schokoladencreme). Maria Flendt
25.11.94 / 20:00
Sarah Kulturzentrum für Frauen e.V.
Anmeldung und Vorauskasse bis 22.11.94 erforderlich (DM 30.–).

Von Widerstandskämpferinnen, Zwangsarbeiterinnen und Denunziantinnen
Führung durch das EL-DE Haus, der Gestapo-Zentrale in Köln. Folter, Verhör und Ermordung von Frauen im Gestapogefängnis. Im Vordergrund steht dabei die Geschichte einzelner Widerstandskämpferinnen, aber auch über die Geschichte von Denunziantinnen wird berichtet. Termine: 26.11. und 14.12.94. jeweils 14:30. Am 14.12. wird es zum Schluß eine Filmvorführung im NS-Dokumentationszentrum geben.
Frauengeschichtsverein Köln
Treffpunkt: EL-DE Haus, Appellhofplatz 23, Köln

Weihnachten und Silvester für Lesben. Ruhe, anders feiern als gewohnt, Wandern und Skifahren im Bayerischen Wald.
Termine: 18.12.- 27.12.94 und 28.12.94 - 06.01.95. Frauenferienhaus Tiefenbach

Festliches Weihnachtsmenü (Frischkostplatte / Gemüseterrine / Champignonpastete / Orangenmousse)
23.12.94 / 20:00
Sarah Kulturzentrum für Frauen e.V.
Anmeldung und Vorauskasse bis 20.12.94 erforderlich (DM 30.–).

Winterferienzeit. Urlaubstage ohne Programm.
28.12.94 - 08.01.95
Frauenferienhof Ostfriesland

Zeichenkurs: Stilleben - tot oder lebendig? Stilleben sind geduldige Modelle, um gemeinsam (oder einsam) zeichnen und malen zu üben - mit einfachen Mitteln: z.B. Bleistifte, Deckfarbenkasten, Papier.
Bringt also mit: Fundstücke, Dinge aus dem Alltag, Lieblingsteile, häßliche Teile... alles kann zum Stilleben zusammengestellt werden.
Karin Sturm, freischaffende Künstlerin
18.01.95 / 19:30 - 21:30
Sarah Kulturzentrum für Frauen e.V.
Anmeldung bis 13.01.95 erforderlich.

Doppelkopfturnier
21.01.95 / 12:00 - 20:00
Lebendiges Lesben Leben

Vegetarisches Menü s. 25.11.94
Menü heute: Mexico (Ensalada mexicana / Spinat mit Rosinen und Pinienkernen / Polenta-Adukibohnen-Auflauf / Fruchtsalat). Maria Flendt
27.01.95 / 20:00
Sarah Kulturzentrum für Frauen e.V.
Anmeldung und Vorauskasse bis 24.01.95 erforderlich (DM 30.–).

»Scham‹los - Dias für Lesben
16.02.95 / 19:30. FFGZ Nürnberg

Märchenabend
21.02.95 / 20:30. FFGZ Nürnberg

Leben mit dem »Feind«?
23.02.95 / 19:30. FFGZ Nürnberg

Wechseljahre
01.03.95 / 19:30. FFGZ Nürnberg

Tag der offenen Tür
04.03.95 / 14:00. FFGZ Nürnberg

Handlesen
10.03. - 12.03.95. FFGZ Nürnberg

Lesben und Kinderwunsch
22.03.95 / 19:30. FFGZ Nürnberg

»Das rote Skelett«
Installation / Dokumentation
Ursula Birther
10.06. - 01.10.95. Frauenmuseum Bonn

FILM USW.

»Wir möchten noch viel lauter sein«
Film zum Thema sexuelle Gewalt, sexueller Mißbrauch
25.10.94 / 20:00
Alraune e.V.

Filme zum Thema: »Rassismus heute«, z.B. »Frauen in der rechten Szene«. Konkrete Filmtitel werden noch bekanntgegeben.
04.11.94 / 20:00
Sarah Kulturzentrum für Frauen e.V.

»Die Jungfrauenmaschine« Film von Monika Treut
Eine junge Journalistin macht sich arglos an eine Untersuchung über die romantische Liebe. Sie vermutet, daß sie eine Krankheit der Frauen ist...
06.11.94 / 19:00
Rollenwechsel c/o NA UND
Alhambra, Hermannstr. 83, 26135 Oldenburg

Sarah-Geburtstags-Video
Für all diejenigen, die das Video zum 15jährigen Jubiläum noch nicht gesehen haben oder nochmal sehen möchten, findet eine Wiederholungsvorführung statt. Eintritt frei! Logo!
11.11.94 / 20:00
Sarah Kulturzentrum für Frauen e.V.

»How do I look? - I don't see it«
Eine Filmreihe der Frankfurter Frauenschule
Wie sehen Lesben im Film aus - im Hollywoodfilm, im unabhängigen Kino, im europäischen Kunstkino? In Filmen von Männern, von Frauen - von lesbischen Regisseurinnen?

»Before Stonewall«
New York 1969. Drei Tage verschanzten sich Schwule in der 'Stonewall Inn'-Bar und kämpften gegen Polizei und Mafia. Das war der Beginn der neuen amerikanischen Lesben- und Schwulenbewegung. Doch schon in den 20er Jahren gab es vielfältige lesbische und schwule Emanzipationsbestrebungen und kulturelle Aktivitäten. Eine spannende Dokumentation über Lesben und Schwule ab der Jahrhundertwende bis zu Stonewall.
22.11.94 / 20:00
Frankfurter Frauenschule, Saal

»Fearless - The Hunterwali Story«
Der Film erzählt die Geschichte von Fearless Nadia, der legendären Schauspielerin des indischen Kinos, deren Filme in den 30er und 40er Jahren die Kassen füllten.»Nadia war die überragende Gestalt jener Zeit. Sie kletterte auf Mauern, bestand Schwertkämpfe, sprang von hohen Gebäuden, trug Männer auf ihrem Rücken, stürzte sich Wasserfälle hinunter - und das alles ohne Double. Sie spielte ihre Rollen mit Leidenschaft und Stil - für das Publikum verkörperte sie den Kampf des Guten gegen das Böse, war die Beschützerin der Unterdrückten und die erste Feministin der indischen Leinwand.« (Sheila Whitaker)
28.11.94 / 20:00
Frankfurter Frauenschule, Saal

»Mädchen in Uniform«, 1958, mit Romy Schneider
23.11.94 / 20:00
Sarah Kulturzentrum für Frauen e.V.

»Forbidden Love« In dem sehr unterhaltsamen Dokumentarfilm erzählen Lesben zwischen 40 und 80 Schwänke und Geschehnisse aus ihrer Jugend.
04.12.94 / 19:00
Rollenwechsel c/o NA UND
Alhambra, Hermannstr. 83, 26135 Oldenburg

»Sex for one«. Video.
15.12.94 / 15.03.95
FFGZ Nürnberg

»Blut und Rosen - Die Farbe Rot«
Because the Dawn
Die Vampirin Marie hat Draculas Schloß mit den Clubs Manhattans vertauscht. Hier trifft sie die Fotografin Ariel - gemeinsam ziehen sie durch die nächtliche Stadt. Eine tödliche Lovestory nimmt ihren Lauf, an der ganz New York teilhat, als plötzlich überall Fotografien der mysteriösen Vampirin auftauchen...

Aktivitäten

16.12.94 / 20:00
Frankfurter Frauenschule, Saal
Im Anschluß daran läuft voraussichtlich der Klassiker des lesbischen Vampirfilms:
»Blut an den Lippen«
Regie: Hary Kümel, Belgien 1970, 90 Min., Farbe,
mit Delphine Seyrig in der Rolle der hinreißend-verführerischen, glamourösen Vampirin.

»Mano Destra«
Regie: Cleo Uebelmann, Schweiz 1985, 53 Min., sw.
Der kühl inszenierte Bondage-Film ist seit Jahren ein Kultereignis, nicht nur auf Lesbenfestivals: Erotik zwischen schönen Dominas, selbstbewußt, in raffiniert gestyltem Leder. Das SM-Thema wird in atemberaubend ästhetischen Bildern vorgeführt, die grelle Musik der Vyllies eine geradezu hypnotische Wirkung. Nur wenige wollen wahrhaben, daß diese Filmbilder ganz gezielte Inszenierungen sind: »eine bewußte Verweigerung« (Cleo Uebelmann).
anschließend:
»Tausend Küsse an Wanda«
Regie: Eva Heldmann, BRD 94, 22 Min., Farbe.
Fragmente weiblicher Sexualität. Eine Frau erinnert sich, mit welchem Genuß sie ihre Mutter so lange provozierte, bis sie von ihr geschlagen wurde. Kundinnen untersuchen neugierig konfektionierte und maßgeschneiderte Sexobjekte in einem Fetischladen. Latexwäsche, High Heels, Tittenklemmen, Peitschen, Dildos, Leder- und Gummimasken inspirieren und erinnern an Erlebtes.
In einem Kinosaal inszenieren Frauen ihre sexuellen Fantasien.
Bei beiden Filmen sind die Regisseurinnen anwesend.
25.01.95 / 20:00
Frankfurter Frauenschule, Saal

Schwule und Lesben werden aufgrund ihrer sexuellen Orientierung in vielen Ländern verfolgt. Diejenigen, die in Deutschland Schutz vor dieser Verfolgung suchen, können unter bestimmten Bedingungen als politisch Verfolgte Asyl erhalten.

Kostenlos bei: Senatsverwaltung für Jugend und Familie, Referat für gleichgeschlechtliche Lebensweisen, z.H. Hr. Nachtwey, Alte Jakobstr. 12, 10969 Berlin.

KONGRESSE/TAGUNGEN ÜBERREGIONALES

10te nationale Tagung von der Arbeitsgemeinschaft gegen internationale sexuelle und rassistische Ausbeutung
14.10. - 16.10.94
agisra
Mainz, Don Bosco Haus
Nähere Informationen bei agisra.

Ratschlag des Frauenressorts der Volksuni. Referentinnen diverser Volksuniveranstaltungen sprechen über die politische Situation aus feministischer Sicht aus zu ihrem jeweiligen Tätigkeitsbereich/Themenschwerpunkt. Eingeladen sind: Ingrid Kurz-Scherf, Barbara Holland-Cunz, Hannah Behrend, Halina Bendkowski u.a.
21.10.94 / 19:30
EWA Frauenzentrum, Berlin

Wie jedes Jahr: Lesbenwoche in Berlin. Schwerpunktthema wird Rassismus sein.
22.10. - 29.10.94
Lesbenwoche e.V.

Frauenhochschultag. U.a.: Podiumsdiskussionen mit Frauenforschungsprofessorinnen, Ausstellung zur Frauenforschung, Streitgespräch pro und contra Frauenhochschule, Workshops, Gespräche, Kultur.
01.11.94
Freie Universität Berlin
Henry-Ford-Bau, Garystr. 35, 14195 Berlin

Cross-Cultural Perspectives on African American Writing
05./06.11.94
Bern, Schweiz
nähere Informationen bei: Beverly Maeder, Rue Collet 5, 1800 Vevey, CH

Frauengeschichte - Männergeschichte - Geschlechtergeschichte
10.11. - 12.11.94
Nähere Informationen bei: Dr. Karin Hausen, Institut für Geschichtswissenschaften, TU Berlin, TEL 17, Ernst-Reuter-Platz 7, 10587 Berlin

Reflexionen zum Thema: »Kunst von Frauen und deren Position in aktuellen ästhetischen Diskursen«.
Idee dieser Tagung ist es, eine neue Diskursebene zu Weiblichkeit und zeitgenössischer Kunst zu ermöglichen. Was wir ins Gespräch bringen und untersuchen wollen, sind die vielfältigen und unterschiedlichen Beziehungen und Diskurse, die sich im Bereich der Institution Kunst finden lassen. »Gibt es eine weibliche Ästhetik« ist n i c h t die Frage, die hier interessiert. Uns interessiert eine direkte Befragung der Arbeiten von Künstlerinnen, um so möglicherweise zu neuen theoretischen Ansätzen zu gelangen. Diese Tagung ist in Zusammenarbeit mit dem Dezernat für Frauen und Gesundheit/Frauenreferat der Stadt Frankfurt entstanden und findet im Mousonturm statt.
Wer spricht? Kunst, Politik und Öffentlichkeit in den Arbeiten Jenny Holzers und Barbara Krugers.
Sigrid Schade (Kunsthistorikerin)
11.11.94 / 17:00

Fallstudien: Werdegänge von Künstlerinnen (vorläufiger Arbeitstitel)
Isabelle Graw (Kunstkritikerin)
11.11.94 / 18:30

Zu Cindy Sherman und deren Rezeption in den Arbeiten anderer Künstlerinnen (vorläufiger Arbeitstitel)
Silvia Eiblmayr (Kunsthistorikerin)
12.11.94 / 11:00

Reflexionen zur eigenen künstlerischen Arbeit. Rune Mields (Künstlerin)
12.11.94 / 12:00

»Aktuelle Positionen« - illustriert an Arbeiten junger Künstlerinnen.
Gilla Lörcher (Philosophin)
An-/abschließend eine Diskussionsrunde mit allen Referentinnen und einer Moderatorin zur Beziehung: Kunstschaffende/Kunsttheorie, Kunstwissenschaft/ Kunstgeschichte.
12.11.94 / 15:00 Frankfurter Frauenschule

Familie und Kultur
Eine Tagung der Frankfurter Frauenschule zum Kult der Familie in Kooperation mit dem Dezernat für Frauen und Gesundheit/ Frauenreferat der Stadt Frankfurt.
Bekannt sind die Klagen über den Zerfall der Familie und die angeblich so notwendigen wie verzweifelten Bemühungen ihrer Wiederherstellung. Es scheint dabei vergessen zu werden, daß die Familie in Westeuropa keineswegs eine Naturkonstante ist, sondern ein historisches Phänomen, das jew. abhängig ist von den gesellschaftlichen und politischen Entwicklungen, deren Grundlage sie angeblich sein soll. Ein Blick auf andere Formen des Zusammenlebens von mehreren Generationen kann deshalb die Augen öffnen für die Ursachen der augenblicklichen Krise der modernen Kleinfamilie und Perspektiven eröffnen für eine Diskussion, die andere Lebensformen nicht nur als Produkt des Zerfalls oder mit Defiziten behaftet erscheinen läßt.
Zu einer solchen Diskussion möchten wir mit dieser Tagung herzlich einladen.

»The impact of family structure changes on women in South Africa« (Die Auswirkungen veränderter Familienstrukturen auf Frauen in Südafrika)
Oshadi Mangena, Krankenschwester und Sozialarbeiterin, lehrt an der Universität Amsterdam.(Der Vortrag ist in englischer Sprache. Vortrag und Diskussion werden integral übersetzt.)
18.11.94/ 20:00. Frankfurter Frauenschule

»Die Definition des Familienbegriffs in der Philosophie Hegels«
Hegel führt einen Begriff der Familie in den philosophischen Diskurs ein, der für spätere Entwicklungen verbindlich geblieben ist und sich primär in der Differenzierung vom Gemeinwesen begründet.
Susanne Möbuß, Philosophin, Hannover
19.11.94 / 16:00. Frankfurter Frauenschule

Aktivitäten

»Kibbuz - Herausforderung an die Kleinfamilie«
Geula ben Kalifa-Schor, analytische Kinder- und Jugendtherapeutin, Frankfurt
19.11.94 / 18:00. Frankfurter Frauenschule

»Zwischen Harem und Hammam« - Frauenkultur in der arabischen Welt des Islams
Sigrid Scheifele, Soziologin, Frankfurt
20.11.94 / 16:00

»Frauen im matrilinearen Clan«
Eine ethnopsychoanalytische Studie des Familienlebens in Palau, einer Insel bei Neu-Guinea
Evelyn Heinemann, Prof. für Psychologie, Nürnberg
20.11.94 / 18:00. Frankfurter Frauenschule

Frauenwoche in Würzburg
19.11. - 25.11.94
Genaues Programm bei AWF

Lesbenfrühjahrstreffen. Diesmal in Hamburg.
03.06. - 05.06.95
Die Vorbereitungsgruppe trifft sich jeden Freitag bei »Intervention e.V.«

»European Women in Mathematics«
24.07. - 29.07.95
European Women in Mathematics

KÖRPER, LEIBESÜBUNGEN, TANZ, STIMME, EROTIK UND GESUNDHEIT

Tanz - Stimme: Theater improvisieren
Lebendigkeit, Kraft und Ruhe können wir immer neu aus dem Atmen schöpfen, aus unserer Phantasie, den Sinnen und aus unserer Bewegung. Unser Tanz entsteht aus einer entspannten Haltung und einer gleichzeitigen Wachheit für den Augenblick. Wir erlauben uns, Impulse zu geben und zu spüren - sie in Bewegung und Ausdruck zu wandeln - uns frei in Raum und Zeit zu bewegen.
Renate Lühr
07.09.94 - 25.01.95 / jew. mittwochs, 16:00 - 18:00 Frankfurter Frauenschule

Bewegung - Atem - Tanz
Durch funktionelle Entspannung, Visualisierung, Übungen zum Verständnis der Körperstruktur, spielerische Bewegungsexperimente und Improvisationen wird dieser Kurs die Möglichkeit geben, die Wahrnehmung des Körpers und des individuellen Bewegungsablaufs zu vertiefen, Körperhaltung, Atmung und Beweglichkeit zu verbessern und die eigene Individualität in Bewegung und Tanz auszudrücken. Eine Haltung des Übens und des vorurteilfreien Experimentierens mit Bewegung erleichtert das Lösen von Spannungen, erhöht die Vitalität und erlaubt das spielerische Entdecken der eigenen Bewegungsfreude bis hin zur tänzerischen Improvisation.
Jutta Gerstadt
11.10.94 - 31.01.95 / jew. dienstags, 19:30 - 21:30. Frankfurter Frauenschule

Wochenendkursus Reiten: Bodenarbeit und Massage
21.10. - 23.10.94 . Luisenhof

Shiatsu-Akupressur für Anfängerinnen.
Nach dem Wochenende sind die Teilnehmerinnen in der Lage, diese Entspannungsmassage an anderen anzuwenden sowie spezielle Techniken an sich selbst.
Edith Storch
22./23.10.94. Schokofabrik e.V., Berlin Mariannenstr. 6 (Hinterhof), Berlin-Kreuzberg. Anmeldung erforderlich.

Rücken - Rückhalt - Rückenkraft. Rückenstärkung und Rückhalt mit Atemarbeit.
Margit Seeling
23.10. - 28.10.94
Frauenbildungs- und Ferienhaus Zülpich
Bildungsurlaub

Reiten im Gelände
23.10. - 30.10.94. Frauenreitschule

Krankheit als Schuld - Gesundheit als Bürgerinnenpflicht. Die Fallen der Alternativmedizin. Barbara Birzer
28.10.94 / 19:00
Feministische Universität Hamburg

Pantomime und Ausdruckstanz. Einführung in die Tanztherapie.
Annalisa Maggani
29./30.10.94. Schokofabrik e.V., Berlin Mariannenstr. 6 (Hinterhof), Berlin-Kreuzberg. Anmeldung erforderlich.

Eutonie. Im Fluß bleiben. Körperbild-Training, Körperbewußtsein.
Ein Workshop zur Spannungs-Ausgleichung.
Heike Daya Jendreizik
29/30.10. / 12/13.11. / 17/18.12.94
Schokofabrik e.V., Berlin
Mariannenstr. 6 (Hinterhof), Berlin-Kreuzberg. Anmeldung erforderlich.

Quigong - Atem- und Bewegungsübungen zur Stärkung der körperlich-seelisch-geistigen Kräfte. Roswith Schläpfer
30.10. - 04.11.94
Frauenbildungs- und Ferienhaus Zülpich

Tai-Chi-Chuan. Dorothee Henkel
03.11.94 / 20:00
Frauenbuchladen Osnabrück

Funktionales Stimmtraining
Singen, Sprechen - die Stimme als Ausdrucksmittel; das Innen gelangt nach außen mittels des gesprochenen oder gesungenen Klangs. Wie höre ich mich? - Womit? - Mit meinen Ohren oder mit denen der anderen? Welche Töne, Geräusche, Klänge, können gelangen an mich oder in mein Ohr? Was geschieht, wenn ich mich meiner Stimme überlasse? Wir brauchen Mut, Phantasie und Neugier, um unsere Stimme zu entdecken. Brigitte Volhard
04.11.94 / 18:00 - 21:00
05.11.94 / 10:00 - 17:00
06.11.94 / 10:00 - 15:00
20.01.95 / 18:00 - 21:00
21.01.95 / 10:00 - 17:00
22.01.95 / 10:00 - 15:00
27.01.95 / 18:00 - 21:00
28.01.95 / 10:00 - 17:00
29.01.95 / 10:00 - 15:00
Frankfurter Frauenschule

Fußreflexzonenmassage
04.11. - 06.11.94. FFGZ Nürnberg

Foxtrott - Tango - Chachacha. Tanzkurs für Anfängerinnen.
Monika Feinen und Isabella Stock
04.11. - 06.11.94
Frauenbildungs- und Ferienhaus Zülpich

Taiji-Tuishuou. Grundübungen und Partnerinnenübungen. Pia Lau
05./06.11.94 . Schokofabrik e.V., Berlin Mariannenstr. 6 (Hinterhof), Berlin-Kreuzberg. Anmeldung erforderlich.

Tanztag. Mit Tänzen aus Findhorn, Israel und Osteuropa. Anastasia
06.11.94 / 10:00 - 18:00. Die Spinnen, Essen

Feldenkrais und Körperbild. Mit Hilfe von Feldenkrais-Körperübungen u.a. alte hinderliche Haltungen und Gewohnheiten überwinden. Ulla Schläfke
06.11. - 11.11.94
Frauenbildungs- und Ferienhaus Zülpich
Bildungsurlaub

Magische Rhyhtmen. Trommelmusik aus Afrika - theoretische und praktische Vermittlung. Chris Mentgen
06.11. - 11.11.94
Frauenferienhof Ostfriesland

Diaphragmakurs, Einzelveranstaltungen
08.11. / 22.11. / 13.12. 94 / 17.01. / 07.02. / 21.02. / 21.03.95 / jew. 18:00
FFGZ Nürnberg

Wen Do Aufbaukurs. Grundkenntnisse sind erforderlich.
Themen des Kurses werden sein: Technik: verschiedene Abfolgen wiederholen, neu kombinieren, Neues miteinbauen / Gespräche über Eure Erfahrungen mit Wen Do / Rollenspiele / Übungen zur Körperwahrnehmung / Stimmbildung / Meditation, Entspannungsübungen, Spiele.
Gabriele Hoffmann
08.11.94 / 5 Abende, 20:00 - 22:00
Sarah Kulturzentrum für Frauen e.V.
Anmeldung bis 01.11.94

Tanzabend: »Farbentanz«
11.11.94 / 18:30. FFGZ Nürnberg

Atem und Bewegung nach Ilse Middendorf
Susanne Ramps
11.11. - 13.11.94. TARA

Natürliche Verhütung
12.11.94. FFGZ Stuttgart

Natürliche Verhütung
15.11.94 / 19:30. FFGZ Nürnberg

Menstruation - Begegnung mit meiner Weiblichkeit. Iris-Sabine Roth
18.11. - 20.11.94. TARA

Konzentrative Bewegungstherapie. Für Frauen, die eine stützende, nicht forcierende Methode der Körpertherapie kennen

Aktivitäten

lernen wollen. Für Frauen, die mehr über sich erfahren wollen. Und für Frauen, die beruflich mit gesunden und kranken Menschen arbeiten. Ulrike Blum, Renate Meyer
20.11. - 24.11.94
Frauenbildungs- und Ferienhaus Zülpich
Bildungsurlaub

Biologische Krebstherapie
22.11.94 / 19:30. FFGZ Nürnberg

Anleitung zur vaginalen Selbstuntersuchung
23.11.94. FFGZ Stuttgart

Portiokappenkurs, Einzelveranstaltungen
23.11. / 14.12.94 / 25.01. / 15.02. / 15.03.95
jew. 18:00. FFGZ Nürnberg

Schwangerschaftsabbruch - was nun? Wie können Frauen mit diesem Schritt umgehen, damit er keine psychischen und physischen Schäden nach sich zieht?
Nora-Annette Römer
24.11. - 27.11.94
Frauenbildungs- und Ferienhaus Zülpich

Bachblüten und Traumarbeit
25.11.94 / 18:00. FFGZ Nürnberg

Gewinne deine Kraft zurück. Ein Selbstheilungswochenende für Frauen (auf Englisch; es wird übersetzt). Saki Lee
25.11. - 27.11.94. Lichtquelle

Bauchtanzfest
26.11.94 / 20:00. FFGZ Nürnberg

Seelen Heilung. Meditatives Klangerlebnis
Guanja Leaping Rabbit
26.11.94 / 17:30
Frauenmuseum Wiesbaden

»Expression - Sing dich frei!« Die Stimme als Musikinstrument unserer Seele.
Carien Wijnen
26./27.11.94. Schokofabrik e.V., Berlin
Mariannenstr. 6 (Hinterhof), Berlin-Kreuzberg. Anmeldung erforderlich.

Wen Do Grundkurs. Grundlagen der Selbstverteidigung. Amanda
26./27.11.94. Schokofabrik e.V., Berlin
Mariannenstr. 6 (Hinterhof), Berlin-Kreuzberg. Anmeldung erforderlich.

Workshop für Jazz- und Bluesgesang. Praktische und theoretische Einführung in die Welt des Jazzgesangs. Für Anfängerinnen, auch ohne Notenkenntnisse.
Romy Camerun
27.11. - 02.12.94. Frauenbildungs- und Ferienhaus Zülpich. Bildungsurlaub

Salsa!
Gegen die eingerosteten Gelenke!
Bodypercussion, Informationen zu historischen Hintergründen und Live-Percussion von Monika Dorn und Anne Breick (von der Frankfurter Frauenband »Kick-La-Luna«) werden das Feeling für die typischen Rhythmen nahebringen. Wir zeigen Grundschritte, Varianten, erste Drehungen... und es wird genügend Zeit bleiben, die dazugehörigen Hüftschwünge zu üben, damit das Tanzen erst richtig Spaß macht. Für Anfängerinnen. Anne Breick und Monika Dorn
27.11.94 / 13:00 - 18:00
Frankfurter Frauenschule

Ungewollte Kinderlosigkeit
29.11.94 / 18:30. FFGZ Berlin

Endometriose
30.11.94 / 19:00. FFGZ Berlin

Lesben und Kinderwunsch
01.12.94 / 19:00. FFGZ Berlin

Krankheit als Gewinn? Krankheit als Chance zum Innehalten, Nachdenken und Verändern, die Sprache des Körpers verstehen lernen. Doris Bader
02.12. - 04.12.94
Frauenbildungs- und Ferienhaus Zülpich

Freier Tanz
03./04.12.94. FFGZ Nürnberg

Wen Do Grundkurs für Anfängerinnen. Selbstverteidigung und Selbstbehauptung von Frauen für Frauen/Lesben.
Für Frauen/Lesben ab 18 J. bis...Auch für »Unsportliche«/Ältere/Behinderte
Andrea Durner
03.12. - 05.12.94 / jew. 10:00 - 18:00
Sarah Kulturzentrum für Frauen e.V.
Anmeldung bis 25.11.94 erforderlich.

Selbstuntersuchung als Möglichkeit der gesundheitlichen Selbsthilfe
08.12.94 / 18:00. FFGZ Berlin

Chi Gong
Mit Chi wird der Lebensgeist bezeichnet, der alle Formen durchdringt und sie beseelt. Der Mensch nimmt Chi über die Atmung, die Haut und die Nahrung auf. Durch Chi Gong-Übungen ist es möglich, mit dieser Energie Kontakt aufzunehmen, sie zu fühlen und zu vermehren.
Ute-Marie Bauer
10.12.94 / 11:00 - 17:00
11.12.94 / 10:00 - 14:00
Frankfurter Frauenschule

Kreistanz
10.12. - 11.12.94. FFGZ Nürnberg

Wen Do - Selbstverteidigung und Selbstbehauptung für Mädchen. Birgit Halberstadt
10./11.12.94. Schokofabrik e.V., Berlin
Mariannenstr. 6 (Hinterhof), Berlin-Kreuzberg. Anmeldung erforderlich.

Butoh - Tanz der Sinne
10./11.12.94. Schokofabrik e.V., Mariannenstr. 6 (Hinterhof), Berlin-Kreuzberg

Urintherapie
14.12.94 / 19:00. FFGZ Nürnberg

Tanzabend »13 Monde«
16.12.94 / 18:30. FFGZ Nürnberg

Einführung in die Tanztherapie
Claudia Cappallo
16.12. - 18.12.94
Frauenbildungs- und Ferienhaus Zülpich

Tanzworkshop: Die schwarze Göttin
Ziriah Voight
17.12.94 / 10:00-18:00
Frauenmuseum Wiesbaden

Wen Do
Wochenende für Anfängerinnen und Fortgeschrittene
Wen Do ist eine Form der Selbstverteidigung, die von Frauen für Frauen und Mädchen entwickelt worden ist. Sie beinhaltet sowohl einfache, effektive Angriffs- und Befreiungstechniken als auch Übungen zu selbstbewußtem, entschlossenem Auftreten, der Wahrung persönlicher Grenzen durch Mimik, Gestik, verbale Strategien usw. Frauen bekommen vermittelt, wie sie Situationen frühzeitig erfolgreich klären und somit Angreifer erfolgreich abschrecken können. Anke Arnold
17./18.12.94 / jew. 10:00 - 18:00
Frankfurter Frauenschule

It's a girl
Meditation, Tanz und andere schöne Dinge zu Weihnachten.
Beja Christine Garduhn, Iacoba Erythropel
23.12. - 28.12.94
Frauenferienhof Ostfriesland

Lebenslust genießen. Mit Erotik, Sinnlichkeit und Tantra ins Neue Jahr. Für Singles und (Lesben)Paare.
Marianne Schwan, Kristin Kunz
26.12.94 - 01.01.95
Frauenbildungshaus Altenbücken

Silvestertanzkurs
26.12.94 - 01.01.95
Frauenbildungsstätte Edertal

Vor der Drehtür. Mit Hilfe von Meditationen und Visualisierungen werden wir uns sowohl dem Lösen als auch dem Neubeginnen zuwenden und das neue Jahr mit größerer Klarheit und Freude beginnen.
Gisela Schoedon, Dipl.-Pädagogin
30.12.94 - 01.01.95. Lichtquelle

Einen Augenblick mal! Eine Woche für Frauen mit Augenproblemen. Sehen und gesehen werden, Blickkontakt austauschen, abgrenzen. Warum verschleiern wir unsere Sicht? Ein großer Teil der Woche beschäftigt sich mit den psychischen Hintergründen von Augenproblemen.
Carola Heinrich
08.01. - 13.01.95. Frauenbildungs- und Ferienhaus Zülpich. Bildungsurlaub

Migräne
10.01.95. FFGZ Berlin. VHS Tiergarten

Zu viele männliche Hormone?
11.01.95 / 18:00. FFGZ Berlin

Rückenstärkung. Heilung des Rückens durch die Zielgrei-Methode. Andrea Ney
13.01. - 15.01.95
Frauenbildungshaus Altenbücken

Tanzabend »5 Lebensrythmen«
13.01.95 / 18:30. FFGZ Nürnberg

Feministische Selbstbehauptung und Selbstverteidigung. Erlernt werden körperliche Verteidigungstechniken und verändernde Verhaltensstrategien gegenüber männlichen Übergriffen. Verena Kraus
13.01. - 15.01.95
Frauenbildungs- und Ferienhaus Zülpich

Tanzwochenende mit Andrea Emmerich (Rumba und ChaChaCha)
14./15.01.95 / jew. 12:00
Lebendiges Lesben Leben

Frauenbilder - Körperbilder
Welche Bilder habe ich von mir als Frau, welche dürfen offen gezeigt und betrachtet werden, welche wollen ans Tageslicht, welche möchten im Verborgenen bleiben, und wie werden diese Bilder von mir, offen oder versteckt, verkörpert?

Aktivitäten

Diese Veranstaltung wendet sich an Frauen, die Lust haben, einen Blick auf die Vielschichtigkeit und Vielseitigkeit ihrer inneren und äußeren Bilder zu werfen. Wir arbeiten mit Mitteln der Körperwahrnehmung, mit Spiel und Phantasiereisen.
Beate Rehschuh
14.01.95 / 10:00 - 17:00
15.01.95 / 10:00 - 14:00
Frankfurter Frauenschule

Krankheit und Heilung. Die homöopathische Hausapotheke. Eine Vermittlung wichtiger Grundkenntnisse für Laiinnen.
Anna Mebs
18.01. - 20.01.95. Frauenbildungshaus Altenbücken. Bildungsurlaub

Biodynamische Massage
22.01.95 / 12:00. FFGZ Nürnberg

Körperliche Grundlagen weiblicher Sexualität. Klitoris Dias.
24.01.95 / 19:00. FFGZ Berlin

»Non, je ne regrette rien« - Chansons. Durch Entspannungs-, Atem- und Singübungen soll der Zugang zur eigenen Stimme entdeckt werden, um sich hiernach ein Chanson anzueignen. Anja Haß
27.01. - 29.01.95
Frauenferienhaus Hasenfleet

Wen Do - Thema Waffen. Ein Workshop mit Stock, Messer und Alltags-Waffen.
Sylvia Jungeblut, Birgit Halberstadt
28./29.01.95. Schokofabrik e.V., Berlin Mariannenstr. 6 (Hinterhof), Berlin-Kreuzberg. Anmeldung erforderlich.

Quigong - Atem und Bewegungsübungen zur Stärkung der körperlich-seelisch-geistigen Kräfte. Roswith Schläpfer
29.01. - 03.02.95. Frauenbildungs- und Ferienhaus Zülpich. Bildungsurlaub

Workshop: Rücken
08.02.95 / 19:00. FFGZ Nürnberg

Tanzabend: »Licht – Luft – ...«
10.02.95 / 18:30. FFGZ Nürnberg

Mein Körper - mein Zuhause. Mit der Solar-Lunar Methode zu meinem Wohlbefinden.
Giesela Hildebrand
12.02. - 17.02.95
Frauenferienhof Ostfriesland

Brust-Wochenende
17.02. - 19.02.95. FFGZ Berlin
Bitte Veranstaltungsort erfragen.

Feldenkrais
17.02. - 19.02.95. FFGZ Nürnberg

Ladies »Singing Pool«. Anliegen ist, die Ursprungsfunktion von Musik, Stimme und Gesang als spirituelle Inspiration und aktive Heilerin erfahrbar zu machen.
Monika Gerlach
19.02. - 24.02.95
Frauenferienhof Ostfriesland

Shiatsu
24.02. - 26.02.95. FFGZ Nürnberg

Meditationstage
Gisela Schoedon, Dipl.-Pädagogin
24.02. - 27.02.95. Lichtquelle

Naturheilkunde und Schwangerschaft
02.03.95 / 19:30. FFGZ Nürnberg

Tanzabend: Frühling
03.03.95 / 18:30. FFGZ Nürnberg

Trommeln und Tanzen. Afrikanische Tänze und Rhythmen.
Angelika Renk, Sandra Elischer
05.03. - 10.03.95
Frauenferienhof Ostfriesland

Becken: Lust / Last?
09.03.95 / 19:30. FFGZ Nürnberg

Wechseljahre und Sexualität
FFGZ Berlin
10.03. - 12.03.95. Ort: VHS Tempelhof

Heilung ist Wandlung - Möglichkeiten der Astromedizin. Kristina Messerschmidt
12.03. - 16.03.95
Frauenbildungshaus Altenbücken

Spring-Zeit oder... Das Grün bricht aus den Zweigen. Den eigenen Nährboden finden, um das Frühjahr zu begrüßen. Methode wird u.a. die Farbenergiearbeit von Marianne Wex sein.
Ulla Winkeler, Gisela Hildebrandt
19.03. - 24.03.95
Frauenferienhof Ostfriesland

Spiel mit deinem Feuer. Erotik - Lust - Lebensfreude. Rumba - Samba - ChaChaCha. Einweisung in den Zauber lateinamerikanischer Tänze. Beja, Iacoba
24.03. - 26.03.95
Frauenferienhof Ostfriesland

Fasten - Die Frühjahrsreinigungskur
Christel Paehlke-Zobel
26.03. - 07.04.95
Frauenferienhaus Hasenfleet

Einführung in das Freizeitreiten im Westernstil. Dieser Kurs läuft ab April 95 bis Oktober 95 eine Woche im Monat jeweils von Sonntag Abend bis Freitag Mittag. Eigene Pferde willkommen.
Ab April 95 im Frauenferienhaus Hasenfleet

Lust und Sinnlichkeit
01./02.04.95. FFGZ Nürnberg

Begegnung mit dem Krafttier. Trance-Haltungen und Trance-Tanz. Keine Vorkenntnisse erforderlich. Mara Kraus
14.04. - 17.04.95
Frauenbildungshaus Altenbücken

Singen - Klingen - Swingen. Eine Entdeckungsreise in die Bandbreite stimmlicher Klänge und Ausdrucksmöglichkeiten, über »Höhen« und »Tiefen«. Anja Haß
19.05. - 21.05.95
Frauenferienhaus Hasenfleet

LESUNGEN
LITERARISCHES

Podiumsdiskussion zum Thema: »Kontinuität und Wandel in Frauenbuchreihen und Frauenverlagen«; mit Lektorinnen und Verlagsleiterinnen.
Oktober 94. Hamburger Bücherfrauen

Genauen Termin und Veranstaltungsort bitte erfragen.

»Verbrannt - Verboten - Vergessen«. Deutschsprachige Schriftstellerinnen im Exil. Eine Ausstellung des Frauenbuchladens Nürnberg. Zur Eröffnung am 22.10. wird es eine Einführung von Maria Knauthe (Nürnberg) geben.
22.10. - 20.11.94
Frauenbuchladen Hamburg

Lesung: »Begraben und vergessen«. Danach Veranstaltung mit Luisa Francia: »Tabu Tod«. Knaas Visser
12.11.94 / 17:30
Frauenmuseum Wiesbaden

Neue interessante Bücher (natürlich auch Krimis) - vorgestellt von den Buchladen-Frauen.
13.11.94 / 15:00
Frauenbuchladen Augsburg

Gemütlicher Vorlesenachmittag im Aradia Frauenbuchladen
16.11.94. Aradia e.V.

Schriftstellerinnen aus dem Cono Sur (Chile, Argentinien, Uruguay) im Exil in Westeuropa und den USA. Ein Vortrag über Exilliteratur in der 2ten Hälfte des 20ten Jahrhunderts.
(Spanisch mit deutscher Übersetzung)
18.11.94. Frauenbuchladen Hamburg

Lesen Frauen anders? Über das Leseverhalten von Frauen und Männern. Vortrag und Gespräch mit Ruth Klüger (USA). Moderation Verena Steffan.(Die Veranstaltung wird in die Gebärdensprache übersetzt werden.)
Frauenbuchladen Lillemoor's
23.11.94 / 20:00. Ort: Kleiner Konzertsaal am Gasteig, München

Lesung mit Saheta Weik aus der noch unveröffentlichten Fortsetzung von »Drachinnengesänge«. Saheta Weik
24.11.94 / 20:00. Aradia e.V.

Werkstattbericht: Können weibliche Schreibweisen die Geschlechterbeziehungen in Bewegung bringen? Neue Sprachgewohnheiten jenseits von Regelwerken. Berichte aus der Praxis. Karen Nölle-Fischer, Übersetzerin
28.11.94 / 19:30
Literaturhaus, Schwanenwik 38, Hamburg

Johanna Moosdorf - Portrait einer Schriftstellerin. Vortrag und Lesung
Dr. Regula Venske
01.12.94 / 17:00
Frauenbuchladen Osnabrück

Am Faden der Frau Holle weiterspinnen. Frauenbezogene Märchenforschung. Den Wurzeln der Märchen nachgehen.
Angela Lorent
16.12. - 18.12.94
Frauenbildungshaus Altenbücken

Maria Leitner: Eine unbekannte deutschsprachige antifaschistische und kommunistische Exilautorin.
Karin Schönewolff, Barbara Spieß
Ort: Frauenbuchladen Hamburg
Genauen Termin bitte erfragen.

Aktivitäten

PARTYS FESTE BÄLLE

Sarah-Geburtstagsfest
»Die blauen Engel«. Das schweizerisch-deutsche charmante Frauenduo läßt den Geist der legendären zwanziger Jahre wiederaufleben. In ihren Liedern spiegelt sich das Leben und Erleben der selbstbewußten Frauen aus dieser Zeit wider.
»Clownin Tchitchi-Bangbang«. Tchitchi-Bangbang ist immer gut geclownt und hat natürlich ihren Koffer mit vielen Überraschungen dabei! Sie ist mal laut, hektisch und neugierig, mal schüchtern, still und vorsichtig. Laßt Euch einfach von der Clownin aus Paris überraschen! Danach Disco
12.11.94 / Einlaß 20:30, Beginn 21:00
Feuerwehrhaus Heslach (Stuttgart)

Die etwas andere Theke. Die Mädels aus der Disco-Gruppe West machen im Sarah Theke, das gibt 'ne tolle Fete - und uns (den Disco-Frauen) den Rest.
17.11.94. Sarah Kulturzentrum für Frauen

Bauchtanzfest
26.11.94 / 20:00. FFGZ Nürnberg

10 Jahre Spinnen. Mit Chorale Feminale und vielen Überraschungen.
16.12.94. Die Spinnen, Essen

Pink New Year - Silvesterparty für Lesben und Schwule.
31.12.94 / ab 22:00. NA UND Alhambra, Hermannstr. 83, Oldenburg

Festveranstaltung 5 Jahre Gleichstellungsstelle
12.03.95. Frauenreferat Dresden

THEATER KABARETT MUSIK

Rockbandworkshop
22./23.10.94
Frauenmusikzentrum Hamburg

Frauenkabarett zu Sextourismus und Menschenhandel. Anschließend Diskussion zum Thema.
26.10.94
Internationales Frauenzentrum Heidelberg
Genaueres bei Veranstalterinnen erfragen.

Das Frauenmusikzentrum feiert das siebenjährige Bestehen. Zu diesem Anlaß findet in Zusammenarbeit mit RockSie ein kleines Festival statt.
28.10.94 / 20:00: Hausabend mit den (un)bekannten Stars des FMZ
29.10.94 / 20:00: Konzert mit »Accident« (Mädchenband), »Female Chaos« (Mädchenband), »Sonic Romance« (Funk, Pop, Soul). An beiden Abenden ist anschließend Disco! Frauenmusikzentrum Hamburg

Zwischen zwei Welten. Konzert und Gesprächsreihe.
11.11.94 / 20:00
Frauenzentrum EWA, Berlin

»Die blauen Engel« Frauenduo und »Clownin Tchitchi-Bangbang«
12.11.94 (s. unter »Partys und Feste«: Sarah-Geburtstagsfest)

Wir versprechen nichts und halten alles! Der Tübinger Lesbenchor mit neuem Programm.
19.11.94 / 20:00
Sarah Kulturzentrum für Frauen e.V.

3. Performance Nacht. Für alle bekannten und versteckten Talente, für alle die, die gerne zuschauen, für alle, die Spaß am Improvisieren haben.
Wenn Ihr irgendwelche Showbeiträge habt, meldet Euch bitte bei Cora, Tel.: 0711/749162 oder Herta, Tel.: 07127/35064
26.11.94 / 21:00
Sarah Kulturzentrum für Frauen e.V.

VORTRÄGE UND DISKUSSIONEN

Veranstaltungsreihe »Frauen und Sucht«. Ab September 94 jeden ersten Dienstag im Monat. Frauenzentrum Kiel, Donna Klara

Die Rolle der Frau im Ministerium für Staatssicherheit in der ehemaligen DDR. U.a. mit folgenden Fragen: - Wie war das Bild des MfS von Frauen? - Das Spezifische am weiblichen »Verrat« - Welche weiblichen Feindbilder gab es (u.a. Lesben/Frauengruppen)?
Herbst 94
Frauen-Anstiftung Hamburg und UFV Berlin. Genaueres bitte bei den Veranstalterinnen erfragen. Anmeldung erforderlich.

Täterinnen und Mitläuferinnen in der NS-Zeit. Das negative Erbe an ihre Töchter. Eine Vortrags- und Seminarreihe über die Auswirkung, Töchter von Täterinnen und Mitläuferinnen zu sein.
20.10. / 17.11. / 24.11. / 08.12. / 15.12.94 / jew. 20:00. Frauenkulturhaus München

Vortragsreihe: »Wenn Frauen Frauen lieben«
»Die Sehnsucht der Frau nach der Frau«, »Die Sehnsucht der Frau nach der Frau - Das Lesbische in der weiblichen Psyche« von Barbara Gissrau ist ein Buch, das aufgrund von Interviews mit Stuttgarter Frauen entstanden ist.
Barbara Gissrau wird die wesentlichsten Inhalte ihrer Untersuchungen darstellen und sie zur Diskussion stellen. Aufgrund von 32 Tiefeninterviews mit lesbischen und heterosexuellen Frauen beschrieb sie die lesbische Entwicklung, ohne dafür das Wort »Störung« benützen zu müssen. Auch die heterosexuelle Entwicklung erschien ihr durch einen anderen Blick in anderem Licht, so daß sie auch manche Aspekte der Heterosexualität korrigieren mußte. Etwas Vergleichbares gibt es ihres/unseres Wissens weder in Deutschland noch sonst irgendwo auf der Welt.
20.10.94 / 20:00
Sarah Kulturzentrum für Frauen e.V.

»Juchitan, Stadt der Frauen« Vortrag mit Dias über eine Stadt in Mexiko, in der matriachalische Strukturen überlebt haben. Veronika Bennholdt-Thomsen
21.10.94 / 20:00. Aradia e.V.

Veranstaltungsreihe: Frauen in der Wissenschaft. Themen u.a.: Entwicklung des Frauenstudiums, die Geschichte der Studentinnenvereine, Frauen in den Naturwissenschaften, Arbeitertöchter und ihre Partizipation an höherer Bildung, Feministische Geschichtswissenschaften.
21.10. - 16.12.94
Archiv der deutschen Frauenbewegung
Die genauen Daten bitte bei der Veranstalterin erfragen.

Frauenleben und Frauenpolitik. Lebensgeschichte und politisches Engagement von Frauen der politischen Linken in der Nachkriegszeit, dargestellt am Beispiel Kassels. Angela Pitzschke
23.10.94 / 11:00
Archiv der deutschen Frauenbewegung

Frauen und das Militär oder die konservative Wende im Feminismus. Die umstrittene Forderung von Alice Schwarzer, daß Frauen auch in militärischen Strukturen die gleichen Rechte haben müssen, wird hier mit Beispielen historischer Literatur und philosophischer Art diskutiert. Ingrid Ewald
24.10.94. Frauen-Anstiftung
Frauenbuchladen Tian, Leipzig

Situation der Ausländerinnen und ihrer Familien in Heimen Dresdens. Veranstaltung mit AusländerInnenrat.
25.10.94
Frauenreferat Dresden

Die Oppositionen der Geschlechter. Theoretische Überlegungen zur Geschlechterkonstruktion am Beispiel der Transsexualität. Gesa Lindemann
Frauenbuchladen Laura, Göttingen
25.10.94 / 20:00. Ort bitte erfragen.
Diese Veranstaltung ist nur für Frauen.

Zur Psychogenese der Migration - Phasen und Probleme. Wie kommen wir mit dem Kulturschock zurecht?
25.10.94. Internationales Frauenzentrum Heidelberg
Genaueres bei den Veranstalterinnen erfragen.

Die Situation von Frauen in den Asylunterkünften. Ein Gruppenabend für deutsche und ausländische Frauen.

Frauen in der einen Welt, Nürnberg und Frauen-Anstiftung Hamburg
26.10.94. Ort: Nürnberg. Genaueres bitte bei den Veranstalterinnen erfragen.

Aktivitäten

»Shuloym aleichem« - Jüdische Identität und lesbisches Leben, ein Spannungsfeld
Frauen-Anstiftung Hamburg
26.10.94 / 20:00 Ort: Frauenzentr. Weimar

Männliche Richter - weibliche Angeklagte. Kriminalität ist für Frauen untypisch. Was veranlaßt Frauen trotzdem dazu, und wie reagiert die männerdominierte Justiz? Monika Raab. Frauen-Anstiftung München
27.10.94 / 20:00 Ort: Frauenstadtteilzentrum Haidhausen, München

Familienplanung bei Migrantinnen. Unterschied zwischen EG und Nicht-EG Ländern.
27.10.94 Internationales Frauenzentrum Heidelberg. Genaueres bitte erfragen.

Krankheit als Schuld - Gesundheit als Bürgerinnenpflicht. Die Fallen der Alternativmedizin. Barbara Birzer
28.10.94 / 19:00. Fem. Universität Hamburg

Alt werden in der Migration. Seit 40 Jahren in der BRD. Was für Versorgungsstrukturen gibt es, mit Menschenwürde den Lebensabend zu gestalten?
28.10.94 Internationales Frauenzentrum Heidelberg. Genaueres bitte erfragen.

Zusammenfassung der Veranstaltungsreihe Licht und Schatten III, Psychosoziale Folgen der Migration und Flucht.
29.10.94 Internationales Frauenzentrum Heidelberg. Genaueres bitte erfragen.

Eine Reise nach Auschwitz. - Der Name Auschwitz ist zum Symbol geworden für den Völkermord in den KZs des dritten Reiches. Drei Frauen aus Hamburg besuchten im Sommer 94 die Stadt Osuriecim in Polen. Anhand von Dias berichten sie über äußere und innere Eindrücke ihrer Reise.
November 94. Frauenbuchladen Hamburg
Genauen Termin bitte erfragen.

Geschichten von Bagdad nach Basra
Huda Al-Hilali
02.11.94 / 19:30. Denk(t)räume

Gemeinsames Sorgerecht
08.11.94 / 20:00. Alraune e.V.

Frauen in der rechten Szene. Sonja Balbach
10.11.94 / 19:30. Denk(t)räume

Vortragsreihe: »Wenn Frauen Frauen lieben«
»Hättest du gedacht, daß wir so viele sind?« Lesbische Frauen in der Kirche sind nahezu unsichtbar, deshalb kämpft jede ihre Identitätsfrage als einzelne durch. Herta Leistner will zum Prozeß des Sichtbarmachens beitragen, wie sie Lesbischsein als einen positiven, eigenständigen Beitrag zum Thema der menschlichen Beziehungen versteht.
10.11.94 / 20:00
Sarah Kulturzentrum für Frauen e.V.

»Wer ist die Beste im ganzen Land?« - Konkurrenz unter Frauen. Gisela Kramer
10.11.94 / 20:00
Frauenbuchladen Osnabrück

Erwachsenenbildung - nicht ohne Frauen. Eine Würdigung. Dr. Ingeborg Horn-Steiger
11.11.94 / 19:00
Archiv der deutschen Frauenbewegung, Kassel. Herrmann-Schafft-Haus, Raum 324

Tabu Tod (Vorher findet eine Lesung mit Knaas Visser unter dem Titel »Begraben und Vergessen« statt). Luisa Francia
12.11.94 / 20:00
Frauenmuseum Wiesbaden

Vortrag und Gespräch über Tod, Trauer, Abschied und Bestattung. Knaas Visser, Mitautorin von »Begraben und Vergessen«
13.11.94 / 20:00 . Aradia e.V. und Frauenforum Kassel. Ort: Frauenforum Kassel

Begegnungen mit Migrantinnen
18./19.11.94 / 13:00-20:00
Frauenkulturhaus München

Lesben und Kinderwunsch
01.12.94 / 19:00. FFGZ Berlin

»Was machen Lesben im Bett?« Vortrag und Gespräch mit Bea Trampenau (Hamburg) über lesbische Sexualität.
Aradia und Frauenbuchladen Kassel
02.12.94. Ort: Aradia Frauenbuchladen

Kaiserin Theophanu - eine Frau im Zentrum der Macht. Ein Vortrag »vor Ort«.
Frauengeschichtsverein Köln
03.12.94 / 11:00. Kirche St. Pantaleon, Köln

»Wie gewonnen so zerronnen!?« - Eine kritische Bestandsaufnahme zur Situation von Frauen in Deutschland (Vorträge und Gespräche). Dr. Barbelies Weigmann, Bonn kom!ma
03.12.94 / 10:00 - 18:00
Ort: afw-centrale, Haus der Kirche, Bastionstr. 6, 40213 Düsseldorf. Schriftliche Anmeldung erforderlich, Gebühr DM 10.-

Lesben im Nationalsozialismus
Claudia Schoppmann
07.12.94 / 19:30. Denk(t)räume

Weiter wurschteln wie bisher oder Durchbruch zum feministischen Powerplay? Welche unterschiedlichen gemeinsamen Interessen verfolgen wir, welche gemeinsamen Ziele haben wir? Übertragung der Diskussion vom 04.10. auf Stuttgarter Verhältnisse. Grundlage ist das »Feministische Manifest« des bundesweiten Streikkomitees Kassel zum 08. März. Offene Diskussion.
07.12.94 / 19:30
Sarah Kulturzentrum für Frauen e.V.

Werkstattgespräch: Frau und Arbeit. U.a. mit folgenden Fragen: Visonen einer Arbeitsmarktpolitik, die nicht auf Kosten der Frauen geht - Sind Forderungen nach Gleichstellung überhaupt realistisch? - Welche Strategien gilt es z.Zt. zu entwickeln? Landeszentrale für politische Bildung, Niedersachsen
14.12.94. Ort: Hannover
Schriftliche Anmeldung erforderlich, Unterbringung und Verpflegung kostenlos.

Vortragsreihe: »Wenn Frauen Frauen lieben«
»Über Aufklärung gesellschaftliche Akzeptanz schaffen«. Ilse Kokula
15.12.94 / 20:00
Sarah Kulturzentrum für Frauen e.V.

Schriftstellerinnen, Theoretikerinnen, Aktivistinnen der ersten deutschen Frauenbewegung im Exil. Ute Köhler
Ende 94. Frauenbuchladen Hamburg
Genauen Termin bitte erfragen.

Verschiedene Aspekte der Bevölkerungspolitik. 4 Veranstaltungen im Januar und Februar 95. Ulla Penselin
Frauenbuchladen Hamburg
Genaue Termine bitte erfragen.

Vortragsreihe: »Wenn Frauen Frauen lieben«
Claudia Schoppmann
12.01.95 / 20.00
Sarah Kulturzentrum für Frauen e.V.

Von Isis bis Ursula - Göttinnen und weibliche Heilige in Köln. Eine Veranstaltung »vor Ort«. Frauengeschichtsverein Köln
14.01.95 / 10:30. Kirche St. Ursula, Köln

Lesben und Therapie
16.01.95 / 20:00. FFGZ Nürnberg

Schwarze Frauen in Europa. Marion Kraft
18.01.95 / 19:30. Denk(t)räume

Mythen, Magie und Geomantie und ihre Vereinnahmung durch den Nationalsozialismus. Johanna Markl
26.01.95 / 19:30. Denk(t)räume

Die Rolle der Frau in der Geschichte des Tango. M. E. Capristo
Wochenendseminar im Februar 95
Frauenbuchladen Hamburg
Genauen Termin bitte erfragen.

Frauenrituale. Donate Pahnke
17.02.95 / 19:30. Denk(t)räume

FORT- & WEITERBILDUNG

Jeden Montag Offene Computerwerkstatt
14:00 - 20:00. Frauenzentrum EWA, Berlin

Feministisches Psychodrama kennenlernen. Ein Schnupperwochenende für die Jahresgruppe. Hilde Heringer, Karin Kapke
27.10. - 30.10.94
Frauenferienhaus Tiefenbach

Sterntaler fallen nicht vom Himmel... Professionalisierung und Projektfinanzierung. Neuestes zu Projektförderungsmöglichkeiten in Niedersachsen. Für Frauenprojektmitarbeiterinnen. Brigitte Siegel
30.10. - 04.11.94
Frauenferienhof Ostfriesland

Info-Reihe Recht
Diese Info-Reihe wollen wir mit zwei neuen »Problembereichen« fortsetzen: Welche Frau hatte noch keine Probleme mit Vermietern oder Arbeitgebern? Die Referentinnen stellen die Rechte und Pflichten, die sich aus einem Miet- oder Arbeitsverhältnis ergeben, dar.
Darüber hinaus wiederholen wir wegen des regen Interesses die Veranstaltung »Rechtliche Aspekte lesbischer Lebensgemeinschaften«.
– Mietrecht. RAin Marie-Luise Rudolph
09.11.94, 20:00 Frankfurter Frauenschule

Aktivitäten

- Rechtliche Aspekte lesbischer Lebensgemeinschaften. RAin u. Notarin Barbara Henrich
23.11.94, 20:00 Frankfurter Frauenschule
- Arbeitsrecht. RAin Marie-Luise Rudolph
30.11.94, 20:00 Frankfurter Frauenschule

Existenzgründung. Wie sich selbstständig machen? Marie Sichtermann
13.11. - 16.11.94
Frauenferienhof Ostfriesland

Berufsbegleitende Grundlagenkurse zum Bereich sexuelle Gewalt gegen Mädchen. Eine Einführung in die Problematik. Verschiedene Referentinnen
Termine: 18.11.94/27.01./07.03./05.05.95
Wildwasser Wiesbaden, schriftliche Anmeldung erforderlich.

Rund um den Verein - Vereinsfinanzierung. Fortbildung für Mitarbeiterinnen und Vorstandsfrauen aus Vereinen. Satzung, Hushaltsplan, Geldbeschaffung u.a. Brigitte Siegel
20.11. - 24.11.94. Frauenbildungs- und Ferienhaus Zülpich. Bildungsurlaub

Info-Reihe Geld. In fast allen Lebenssituationen haben Frauen in den letzten Jahren ihre Eigenständigkeit und Unabhängigkeit erobert. Immer mehr Frauen wollen jetzt aber auch finanzielle Ziele erreichen. Die hierzu notwendigen Hintergrund-Informationen erhaltet Ihr in unserer Info-Reihe.
Amanda Davies
22.11./06.12./13.12.94/jew. 20:00 - 22:00 Frankfurter Frauenschule. Bitte zu dieser Veranstaltung vorher anmelden!

Info-Reihe Ökologie
Die fortschreitende Zerstörung unserer Umwelt bedroht uns alle und verlangt nach einer Änderung liebgewordener und eingefahrener Verhaltensmuster. Gerade Frauen bemühen sich, dieser Situation Rechnung zu tragen und sich umweltbewußt zu verhalten. Aber wie sollen sie sich verhalten, was ist richtig, was falsch? Die Flut an Berichten in den Medien verwirrt mehr, als daß sie informiert. Wir wollen mit dieser Info-Reihe den Auswirkungen von Umweltbelastungen in vier ausgewählten Themenbereichen nachgehen und über konkrete Handlungsalternativen informieren.
- Wasser und Reinigung. Gitti Baumert
12.01.95 / 20:00 Frankfurter Frauenschule
- Ökologisches Renovieren. Ulrike Röhr
19.01.95 /, 20:00 Frankfurter Frauenschule
- Chemie in Textilien. Dr. Ines Weller.
26.01.95 / 20:00 Frankfurter Frauenschule
- Energieverwendung und -verschwendung im Haushaltsbereich. Ulrike Röhr
02.02.94 / 20:00 Frankfurter Frauenschule

Fußreflexzonenmassage, Ausbildungsgruppe Leonie Gaul
13.01. - 15.01. / 17.03. - 19.03. / 05.05. - 07.05.95. Frauenferienhof Ostfriesland

Lehrgang: Feministische Fotografie
Suchen, auslösen und entwickeln oder feinkörnig und kontrastreich mit Sahne.
Brigitte Krömmelbein-Mangler und Christa Donner
15.01.95 - 07.06.1996
Frauenbildungs- und Ferienhaus Zülpich

Interventionsplanung bei sexueller Gewalt an Mädchen. Für Frauen, die beruflich mit Mädchen arbeiten und sich bereits mit der Thematik sexueller Gewalt beschäftigt haben. Uta Schneider, Christina Linz
15.01. - 18.01.95
Frauenbildungshaus Altenbücken

Grundlagen des Neurolinguistischen Programmierens. NLP Basistraining. Ziel ist Kompetenzerweiterung sowie Flexibilisierung von Denkstrukturen und Handlungsmustern. Heidrun Vößing
05.02. - 12.02.95
Frauenferienhof Ostfriesland

Berufsbegleitender Aufbaukurs zum Bereich sexuelle Gewalt gegen Mädchen: die begleitende Arbeit mit Müttern. Rosemarie Steinhagen
08.02.95. Wildwasser Wiesbaden schriftliche Anmeldung erforderlich.

Computerkurs für Einsteigerinnen und Neugierige. Besonders für Frauen, die bisher gar nicht oder kaum mit dem Computer gearbeitet haben. Schwerpunkt wird eine Einführung in die Textverarbeitung sein. Claudia Ratering
12.02. - 17.02.95
Frauenbildungshaus Altenbücken

Berufsbegleitender Aufbaukurs zum Bereich sexuelle Gewalt gegen Mädchen: Interventionsplanung bei Vorliegen eines Verdachts auf sexuellen Mißbrauch. Rosemarie Steinhagen
24.02.95. Wildwasser Wiesbaden, schriftliche Anmeldung erforderlich.

Grundlagen des Neurolinguistischen Programmierens. NLP Basistraining. Ziel ist Kompetenzerweiterung sowie Flexibilisierung von Denkstrukturen und Handlungsmustern. Heidrun Vößing
26.02. - 05.03.95
Frauenferienhof Ostfriesland

Bei uns wuselts - Feministisches Management. Gegen den Streß Methoden und Regeln der Organisation finden, die Zusammenarbeit erleichtern. Themen u.a.: Struktur und Macht, Informationsfluß, widerstreitende Interessen... Marie Sichtermann
12.03. - 17.03.95
Frauenferienhof Ostfriesland

Grundlagen des Neurolinguistischen Programmierens. NLP Aufbautraining. Voraussetzung ist die Teilnahme an einem Basiskurs. Mit Zertifikat. Heidrun Vößing
02.04. - 09.04.95
Frauenferienhof Ostfriesland

Umfass. pädagogisch-philosophischer Lehrgang zur feministischen Bildungsarbeit. Ausbildung in mehreren Phasen. Abschluß mit Zertifikat. Sylvia Kolk und Giesla Strotges
23.04.95 - Januar 1997
Frauenbildungs- und Ferienhaus Zülpich

Berufsbegleitender Aufbaukurs zum Bereich sexuelle Gewalt gegen Mädchen: Pädagogische Probleme im Umgang mit Betroffenen in der Heimerziehung. Karin Müller
12.05.95. Wildwasser Wiesbaden schriftliche Anmeldung erforderlich.

Berufsbegleitender Aufbaukurs zum Bereich sexuelle Gewalt gegen Mädchen: Was tun bei einem Verdacht auf sexuellen Mißbrauch im Kindergarten? Rosemarie Steinhagen
25.05.95 Wildwasser Wiesbaden schriftliche Anmeldung erforderlich.

Berufsbegleitender Aufbaukurs zum Bereich sexuelle Gewalt gegen Mädchen: die Arbeit mit anatomischen Puppen. Karin Müller
09.06.95
Wildwasser Wiesbaden schriftliche Anmeldung erforderlich.

Grundlagen des Neurolinguistischen Programmierens. NLP Aufbautraining. Voraussetzung ist die Teilnahme an einem Basiskurs. Mit Zertifikat.
Heidrun Vößing
11.06. - 18.06.95
Frauenferienhof Ostfriesland

Berufsbegleitender Aufbaukurs zum Bereich sexuelle Gewalt gegen Mädchen: Multiple Persönlichkeiten als Folge einer Traumatisierung durch sexuellen Mißbrauch. Rosemarie Steinhagen
16.06.95
Wildwasser Wiesbaden schriftliche Anmeldung erforderlich.

Berufsbegleitender Aufbaukurs zum Bereich sexuelle Gewalt gegen Mädchen: Prävention von sexuellem Mißbrauch. Rosemarie Steinhagen, Christiane Steitz
20.06.95
Wildwasser Wiesbaden schriftliche Anmeldung erforderlich.

EDV-Einführung, DOS und Word 5.5. - In dieser Woche soll nicht nur Fachwissen vermittelt werden, sondern auch Spaß am Umgang mit dem PC. Elisabeth Andresen
23.10. - 29.10.95
Frauenferienhaus Hasenfleet

Berufsbegleitender Aufbaukurs zum Bereich sexuelle Gewalt gegen Mädchen: therapeutische Arbeit mit kleinen Mädchen. Karin Müller
02.12.95. Wildwasser Wiesbaden, schriftliche Anmeldung erforderlich.

WORKSHOPS UND SEMINARE

Gemeinsam sind wir stark - oder? Die (Un)Fähigkeit von Frauen, Bündnisse zu schließen. Einsemestriges Seminar. Info: Eva Wollmann (040/49 84 23)
Beginn: Oktober 94. Feministische Universität Hamburg. Bitte telefonisch anmelden.

Solidarität unter Frauen. Wie können wir sie erlangen bzw. verstärken? Ein bis zweisemestriges Seminar. Info: Barbara Kettelhut (040/51 95 25)
Ab Oktober 94. Feministische Universität Hamburg. Bitte telefonisch anmelden.

Aktivitäten

Laut und sichtbar. Lesbenbewegung in den USA - und was machen wir? Einsemestriges Seminar. Info: Eva Stäbler (040/430 21 30) Beginn Oktober 94. Feministische Universität Hamburg. Bitte telefonisch anmelden.

Ich mache mich selbständig!
21.10. - 23.10.94. Frau und Arbeit

»Lustvoll« Gruppen leiten. Anregungen und Ideen für Frauen, die Gruppen leiten / wollen. U.a. mit folgenden Themen: die Rolle der Leiterin, Planung und Vorbereitung, Motivation, Umgang mit Konflikten. Gisela Strotges
23.10. - 28.10.94
Frauenbildungs- und Ferienhaus Zülpich

Nach der Ernte. Den Garten winterfest machen und sich selber mit Sauna, Atemübungen u.ä. pflegen. Renate Peteresen
23.10. - 28.10.94
Frauenferienhof Ostfriesland

Kompetenter Umgang mit ExpertInnen. Analyse von Funktion und Rolle von ExpertInnen im ökonomischen Bereich. Praktische Anleitung zum Umgang mit Banken, Steuerberatung u.ä. Für Frauen, die selbständig sind und einen bewußteren Umgang in diesen Bereichen erarbeiten wollen. Erika Gehring
26.10.94 / 9:00 - 17:00. Die Spinnen, Essen

Die Alte aus dem Schornstein und andere Geschichten. Einführung in die Kunst des freien Geschichtenerzählens. Martina Schäfer
28.10. - 30.10.94
Frauenbildungs- und Ferienhaus Zülpich

»Erde, Erde...« Wie in diesen Zeiten mit Angst, Ohnmacht, Wut und Resignation umgehen? Meditation, Tanz und Trommeln nach den Tönen und dem Rhythmus der Erde. Saheta S. Weik
28.10. - 30.10.94
Frauenbildungs- und Ferienhaus Zülpich

Lesben und sexuelle Identität. Diese Gruppe soll Lesben ansprechen, die Beziehungserfahrungen haben, sich aber noch oder immer wieder in einem Prozeß der Selbstfindungallein, bzw. unsicher fühlen. Schwerpunkt der Woche wird Sexualität und Erotik zwischen Frauen sein. Mesaoo Wrede
30.10. - 04.11.94
Frauenbildungs- und Ferienhaus Zülpich

Reise in die Unterwelt - weibliche Spiritualität und Trance-Haltungen. Mara Krauss
30.10. - 04.11.94
Frauenbildungshaus Altenbücken

Kreatives Streiten. Konflikte und Unstimmigkeiten benennen - Lösungen finden - Klärung herstellen... Ziel ist mittels Rollenspiel, Körperübungen und spielerischen Elementen alte selbstschädigende Konfliktmuster zu erkennen und neue eigene Formen zu entwickeln. Anni Hausladen
04./05.11.94. Die Spinnen, Essen

Ich nähre mich - Eßstörungen
04.11. - 06.11.94. WISY

Trommelworkshop. Renate Steinkrauß
05./06.11.94 Lebendiges Lesben Leben

Tod - Sterben - Wiederkehr. Eine sprituelle Auseinandersetzung mit dem Thema. Miriah Voigt

06.11. - 11.11.94
Frauenbildungs- und Ferienhaus Zülpich

Frau und Musik. An diesem Wochenende sollen feministische klassische Musik, Komponistinnen und Musikerinnen (u.a. auch aus Jazz und Modern) vorgestellt werden, die versucht haben, mit den Rollenzuweisungen in diesem männlich dominierten Bereich zu brechen. Viel Lust am Hören ist die einzige Voraussetzung. Anja Haß
11.11. - 13.11.94
24.11. - 26.11.95
Frauenferienhaus Hasenfleet

Weibliche Identität. Die Ambivalenzen des Älterwerdens. Umbruchphase und Spannungsfeld des Älterwerdens, Widersprüche und Freuden. Birgit Wollenberg
11.11. - 13.11.94. Umdenken e.V.

Videoseminar
11.11. - 13.11.94. WISY

Einführung ins Ausdrucksmalen für Pädagoginnen, Therapeutinnen und Frauen, die experimentierfreudig und neugierig sind. Monika Kruse
12.11. - 13.11.94 / jew. 10:00-18:00
Die Spinnen, Essen

Frauenzentren in Niedersachsen. Frauenzentren und andere frauenpolitische Orte befinden sich auf dem Rückzug. Beinhaltet dies den Verlust von Utopien, oder ist es als überholte Entwicklung der Frauenbewegung zu sehen?
12.11. - 19.11.94. Landeszentrale für pol. Bildung, Niedersachsen. Ort: Hannover Schriftliche Anmeldung erforderlich, Unterbringung und Verpflegung kostenlos.

»... bis daß ich platze vor Wut?« - Seminar zum Thema Agression und Konflikte, schädliche Feindseligkeit und wirkungsvolle Agressivität. Carola Spiekermann
13.11. - 18.11.94
Frauenbildungs- und Ferienhaus Zülpich

Rechtsseminar: Auswirkung des Bundesgleichberechtigungsgesetzes in anderen Gesetzen, Arbeitszeitgesetz für Frauen, europäischer Kontext.
17./18.11.94. Frauenreferat Dresden

Erzieherin - und nun?
17./18.11.94. Frau und Arbeit

Alle reden davon: Streß. Streßverhalten ändern lernen - ein Trainingsprogramm zur Verbesserung des Umgangs mit alltäglichen Belastungen. Schwerpunkt wird die Orientierung an den individuellen Streßproblemen der Teilnehmerinnen sein. Zwei Wochenenden. Maria Seidemann
18. - 20.11. / 09.12. - 11.12.94
Frauenbildungs- und Ferienhaus Zülpich

Weibliche Heterosexualität und Beziehungsformen in Zeiten von AIDS. Wie mit AIDS umgehen? Helga Rattay
18.11. - 20.11.94
Frauenbildungshaus Altenbücken

Wenn ich doch nur mehr Zeit hätte!!! Seminar zur Arbeits- und Zeitplanung unter dem Aspekt persönlicher und frauenspezifischer Hürden. Dorothea Herrmann
19./20.11.94. Die Spinnen, Essen

Entfaltung der Sinne. Sinn-volles für's Überleben. Auf die eigenen Sinne, die Gefühle, den Körper hören, um besser durch den Alltag zu kommen. Ruth Unkenholz
19./20.11.94. Umdenken e.V.

Traumzeit für Lesben
20.11. - 25.11.94
Frauenbildungsstätte Edertal

Frauenbildungsarbeit. Von der Idee zum Konzept. Konzepte, Inhalte und Methoden im Spannungsfeld von Persönlichem und Politischem in der Bildungsarbeit. Sigrid Hahne, Katharina Volzke. Bildungsurlaub
21.11. - 25.11.94. Umdenken e.V.

Weibliche Berufstätigkeit - Wunsch und Wirklichkeit
Wer hat sich nicht schon einmal gefragt, welchen Sinn es hat, Tag für Tag, Jahr für Jahr am Arbeitsplatz zu erscheinen? Manchmal fragen wir uns nach dem Sinn dieser bestimmten Tätigkeit überhaupt, manchmal danach, ob wir die richtige Person gerade dafür sind. Jede Frau weiß, daß Berufsausübung dem Erwerb des Lebensunterhalts dient - aber genügt das? Dieser Bildungsurlaub will dazu beitragen, daß jede teilnehmende Frau ihren Standort im Beruf (neu) bestimmen kann. Gunta Saul-Soprun
21.11. - 25.11.94 Frankfurter Frauenschule

Coach Your Self. Wie aktiviere ich meine persönlichen Ressourcen? Themen werden u.a. sein: Abbau von inneren Blockaden, positive Kommunikation, Unterschiede zwischen weiblichen und männlichen Kommunikationsweisen, Reaktion auf Angriffe. Dagmar Röcken
23.11.94 / 9:00 - 17:00. Die Spinnen, Essen

Stille Winterzeit leben - neue Bilder weben. In der dunklen Jahreszeit schöpferischen Ausdruck finden, mit der ursprünglichsten Methode der Weberei. Ausgangspunkt sind eigene Bilder und Träume. Friedericke Rautenberg
24.11. - 27.11.94. TARA

Das Fremde als Spiegel - Interkulturelle Kommunikation. Kontakt mit Fremden zwischen Angst und Faszination. Marita Kemper
25.11. - 27.11.94. Die Spinnen, Essen

Schreibworkshop. Jede, die es möchte, kann es auch: schreiben. Hemmungen und Blockaden lassen sich abbauen, wenn die Quelle der Inspiration geweckt wird.
Lea Morrien, Schriftstellerin
25.11. - 27.11.94
15.09. - 17.09.95
24.11. - 26.11.95
Frauenferienhaus Hasenfleet

Frida Kahlo: Ich male meine eigene Wirklichkeit. Anlaß dieses Wochenendes ist es, die faszinierende Künstlerin zu entdecken, sowie anhand von kreativen Methoden schreibend, malend, collagierend ... sich selbst auf die Spur zu kommen.
Nadine Strawczynski
25.11. - 27.11.94
28.04. - 30.04.95
Frauenferienhof Ostfriesland

Schreibworkshop »Die Mutter«
25.11. - 27.11.94. WISY

Aktivitäten

Durchsetzung im Beruf. Ein Seminar für berufstätige Frauen, die daran arbeiten wollen, sich am Arbeitsplatz besser durchzusetzen. Ute Günther, Christa Lindner, Margit Zauner
25.11. - 27.11.94. Kobra

Der Computer. Als Arbeitserleichterung oder Rationalisierungsinstrument? Als Freizeitbeschäftigung oder politisches Risiko? Einführung in die Grundlagen der Arbeit mit einem PC. Möglichkeiten, Grenzen und Nachteile. Ausführliche praktische Einführung, u.a. in Textverarbeitung. Ingrid Willms
27.11. - 02.12.94. Frauenbildungs- und Ferienhaus Zülpich. Bildungsurlaub

Nebel - Leben. Im eigenen Nebel wandern, Schritt für Schritt Möglichkeiten ertasten. Der Nebel draußen im Moor wird hierfür Begleiterin sein. Hanne Knott
27.11. - 02.12.94
Frauenferienhof Ostfriesland

Berufswegplanung. Ein dreitägiges Seminar für Frauen.
30.11. - 02.12.94 Kobra

Lernziel Solidarität: Zur politischen Bildungsarbeit mit Frauen aus unterschiedlichen Kulturen.
01.12. - 03.12.94. Landeszentrale für pol. Bildung, Niedersachsen. Ort: Hannover Schriftliche Anmeldung erforderlich, Unterbringung und Verpflegung kostenlos.

»... mir ist immer zum Weinen«. Depressionen von Frauen als Folge von Frauensozialisation. Es wird nach Lösungen auf individueller und strukturell-politischer Ebene gesucht. Rosemarie Piontek.
02.12. - 04.12.94. TARA

Ich mache mich selbständig!
02.12. - 04.12.94. Frau und Arbeit

Die Frauen, der Streß und die Zeit. Welche Arbeits- und Freizeitstrukturen haben wir entwickelt, und wie können wir sie verbessern? Birgit Wollenberg
02.12. - 04.12.94. Umde.nken e.V.

Verhandlungstechnik. Trainingsseminar. Ike Sprenger
03./04.12.94. Die Spinnen, Essen

Jetzt rede ich! Seminar zum Rede-, Stimm- und Atemtraining für Frauen in Beruf und Alltag. Redeängste abbauen und Kommunikationsverhalten verbessern. Rita Reichenstein-Roß, Helga Kröplin
04.12. - 09.12.94. Frauenbildungs- und Ferienhaus Zülpich. Bildungsurlaub

»Ein ungedeuter Traum gleicht einem ungelesenen Brief«. Eine Traumwoche. Die Sprache der eigenen Träume verstehen lernen und das Erinnerungsvermögen für Träume steigern. Wilhelmina Stefani
04.12. - 09.12.94. Frauenbildungs- und Ferienhaus Zülpich. Bildungsurlaub

Augenenergiekurs
04.12. - 8.12.94. Frauenbildungsstätte Edertal

Vorhang auf für Öffentlichkeitsarbeit!
05.12. - 07.12.94. Frau und Arbeit

Trancetanz. Entscheidungswochenende für ein Jahresseminar.
8.12. - 11.12.94 Frauenbildungsstätte Edertal

Feng Shui - die Lehre von Wind und Wasser. Wochendseminar zur Verbesserung der Arbeitsumgebung. Analyse, Gestaltung und Planung von Räumen, in denen wir arbeiten. Jeannette Schulz
09./10.12.94 Die Spinnen, Essen

Das Märchen vom Orient. Für Frauen, die sich mit dem Thema Muslimminnen/Frauen in orientalisch-islam. Gesellschaften auseinandersetzen wollen. U.a. Informationen zu relig. Hintergründen, Frauenbewegung im Orient, feministisch-islamische Theologie. Dorothee Palm, Susanne el-Khafif
09.12. - 11.12.94
Frauenbildungs- und Ferienhaus Zülpich

Die schwangere Lesbe - Lesben und Kinderwunsch. Hat die Neue Mütterlichkeit auch die Lesbenszene erreicht? Oder entdecken Lesben die Möglichkeit, Mutter-Sein - jenseits der vorgegebenen Rolle - neu zu entdecken? Kritsch soll sich auch mit den eigenen Kinderwünschen auseinandergesetzt werden. Uli Streib
09.12. - 11.12.94
Frauenbildungshaus Altenbücken

Englisch Aufbaukurs. Mit Themen, die wir als Frauen relevant finden. Nan de Gravelle
9.12. - 11.12.94 Frauenferienhs. Hasenfleet

Sexualität im Zeitalter von AIDS
K.Uhlig, Imke Griesmann / AIDS-Hilfe
09.12. - 10.12.94. Lebendiges Lesben Leben

Gruppen leiten I
09.12.94 - 11.12.94. WISY

Rhetorik und Gesprächsfähigkeit
10./11.12.94. Frau und Arbeit

Auf den Spuren präziser Unternehmensplanung. Existenzgründungsseminar für Freiberuflerinnen. Themen sind u.a. Kalkulation von Honoraren, Werbung, Behördenumgang. Anita Wagner
11.12.94 / 10:00 - 17:00 Die Spinnen, Essen

Coming out. Auf zu neuen Ufern? Kurs zur Orientierungshilfe in dieser neuen Lebenssituation. Barbara Marin
11.12. - 16.12.94
Frauenbildungs- und Ferienhaus Zülpich

Seerosensterne im Sonnenwinterlicht. Wir tauchen in unserern See des Rückzugs. Methode ist u.a. die Farbenergiearbeit von Marianne Wex. Es besteht die Möglichkeit einer fortlaufenden Gruppe.
Gisela Hildebrand, Ulla Winkler
11.12. - 16.12.94
Frauenferienhof Ostfriesland

Jetzt habe ich einen schönen Titel - und wie weiter?
12.12. - 16.12.94. Frau und Arbeit

»Den Bach runter gehen, um wieder ins Fließen zu kommen«. Möglichkeiten des Wandelns unserer lesbischen Liebesstrukturen. Ein Wochenende für Lesben, die an die Grenzen der alten patriachalen Beziehungsmuster gelangt sind und nach neuen Wegen suchen. Granja Leaping Rabbit
16.12. - 18.12.94
Frauenbildungs- und Ferienhaus Zülpich

Einführung in die Tiffanytechnik.
Antje Scheumann
16.12. - 18.12.94

15.12. - 17.12.95
Frauenferienhaus Hasenfleet

Zwischen den Zeiten. Wintersonnenwende feiern. Monika Gerlach
20.12. - 26.12.94
Frauenbildungshaus Altenbücken

Weihnachtmeditation
22.12. - 26.12.94 Frauenbildungsstätte Edertal

Auf den Spuren des Lichts. Ein etwas anderes Festprogramm für Frauen und Kinder bis 12. Geschichten erfinden, Theater, Massage, Tanzen u.a. Jo van Os
23.12. - 26.12.94. TARA

Eindruck - Ausdruck. Selbsterfahrung mit Gestaltungstherapie zum Jahreswechsel. Rückschau, Standortbestimmung und Vorschau mit den Mitteln gestaltungstherapeutischer Arbeit. Elke Dicke
25.12.94 - 01.01.95
Frauenbildungs- und Ferienhaus Zülpich

Westafrikanisches Trommeln und Tanzen für Anfängerinnen mit und ohne Vorkenntnisse. Susanne Karow
25.12.94 - 01.01.95
Frauenbildungs- und Ferienhaus Zülpich

Neujahrsfasten. Sich leeren, um neu anzufangen. Nora-Annette Römer
01.01. - 08.01.95
Frauenbildungs- und Ferienhaus Zülpich

Langsam angehen. Das neue Jahr mit Ruhe beginnen, erholen und relaxen ohne Programm.
01.01. - 06.01.95
Frauenbildungshaus Altenbücken

Rückführungen in unsere Freundschaften
Upia Hoffmann
06.01. - 08.01.95. Lichtquelle

Frauen und Faschismus - eine Auseinandersetzung. Ziel und Zweck dieses Seminars ist, Ignoranz weißer, christlich sozialisierter deutscher Frauen nachhaltig zu thematisieren. Lotte Hase
13.1. - 15.1.95 Frauenferienhs. Hasenfleet

Auf eigenen Füßen stehen
09.01. - 13.01.95 Frau und Arbeit

Jede ist Ausländerin - fast überall
14.01. - 04.02.95. Frau und Arbeit

Sich von Altem trennen - Neues Beginnen. Konzentrative Bewegungstherapie zum Kennenlernen und Wiederholen. Thema der Woche: Veränderung. Ulrike Blum
15.01. - 20.01.95. Frauenbildungs- und Ferienhaus Zülpich. Bildungsurlaub

Mit Saturnia auf der Schwelle. Workshop zum Saturnreturn. Hanne Knott
15.01. - 20.01.95
Frauenferienhof Ostfriesland

Lebensformen muslimischer Frauen - der Orient zwischen Phantasie und Wirklichkeit.
Die Vielfalt der Lebensformen von Frauen in den Ländern mit islamischer Kultur ist in Europa noch immer wenig bekannt. Die Meinung herrscht vor, diese Frauen seien die am meisten unterdrückten Frauen. Der Islam gilt als die repressivste Religion und die islamische Kultur als die schlimmste

Aktivitäten

patriarchale. Neben solchen Bildern gibt es die sehnsuchtsvollen, in denen die orientalische Kultur als sinnenfroh und lustbetont gilt. Es wird ausführliche Einführungen in den Islam geben, auf deren Grundlage sich Widersprüche und Ambivalenzen diskutieren lassen. Sigrid Scheifele. Bildungsurlaub
16.01. - 21.01.95 Frankfurter Frauenschule

Stimme - (k)ein Problem? Neue Ausdrucksmöglichkeiten erproben und das eigene Stimmvolumen entdecken mit Körper-, Atem- und Stimmübungen. Maria Freund
20.01. - 22.01.95
Frauenbildungs- und Ferienhaus Zülpich

Kreatives Streiten. Konflikte angehen - Streiten lernen. Ziel ist, Streiten als Ausdrucksform unseres Lebens begreifen und das eigene Streitverhalten prüfen und ändern zu lernen. Anni Hausladen
20.01. - 22.01.95
Frauenbildungs- und Ferienhaus Zülpich

Gruppen leiten II
20.01. - 22.01.95 WISY

Existenzgründungskurs. Wir zeigen Euch: wie Ihr den Finanzmittelbedarf, die Betriebskosten und die Einnahmen des Unternehmens errechnet / wie die Zusammenarbeit mit anderen organisiert werden kann und welche Rechtsform zweckmäßig ist / wie die Finanzierung aussehen könnte und was bei der Kreditaufnahme zu beachten ist / welche Schritte vor der Gründung und Anmeldung unternommen werden müssen. Bitte gebt bei der Anmeldung Eure Unternehmensidee an und bringt einen Taschenrechner mit! Brigitte Siegel
20.01.95 / 20:00 - 22:00
21.01.95 / 10:00 - 18:00
22.01.95 / 10:00 - 14:00
20.10.95 / 20:00 - 22:00
21.10.95 / 10:00 - 18:00
22.10.95 / 10:00 - 14:00
Sarah Kulturzentrrum für Frauen e.V.

Voll auf der Rolle oder aus der Rolle fallen?
21./22.01.95. Frau und Arbeit

Jazz me the Blues - Workshop für Jazz- und Bluesgesang. Praktische und theoretische Einführung in die Welt des Jazzgesangs. Für Anfängerinnen, auch ohne Notenkenntnisse. Romy Camerun
22.01. - 27.01.95
Frauenbildungshaus Altenbücken

Geld wie Heu?! - 95% aller Weltgüter sind in Männerhänden - das sollten wir ändern. Mit Spaß und Magie wollen wir uns an diesem Wochenende diesem Thema widmen. Sabine Gleichmann
27.01. - 29.01.95
Frauenferienhof Ostfriesland

Körpersprache und Rollenspiel.
27.01. - 29.01.95. WISY

Trauerfall - was tun mit dem Tod? Gesprächs- und Erfahrungsgruppe für Frauen, die einen Tod zu verkraften haben, gleichgültig wie weit er zurückliegt. Chris Paul
29.01. - 03.02.95
Frauenbildungshaus Altenbücken

Moderation
30./31.01.95. Frau und Arbeit

Die positive Kraft der Träume
03.02. - 05.02.95. WISY

Rhetorik und Gesprächsfähigkeit
04./05.02.95. Frau und Arbeit

Selbstbehauptungsworkshop
Britte von Seherr-Hamouri
04./05.02.95 Lebendiges Lesben Leben

Frauenkraft. Die Spur zu den schamanischen Räumen im Inneren aufnehmen.
Hanne Knott
05.02. - 10.02.95
Frauenbildungshaus Altenbücken

Beruf - Berufung - Lebensabsicht. Phantasiereisen, Meditation, kreative Techniken und Partnerinnenübungen.
Daena Marie Bernhold
10.02. - 12.02.95 Lichtquelle

Beziehungsfähigkeit und Scham. Zuhören und Verstehen lernen. Unausgesprochenes verursacht oft Komplikationen. Hier sollen in einem wertfreien Raum Beziehungsmuster reflektiert werden.
Christina Stopzyk
10.02. - 12.02.95
Frauenbildungshaus Altenbücken

Kreativität erfahren durch Batik
Bridget Milne
10.02. - 12.02.95 Frauenferienhs. Hasenfleet

Meine Sexualität
10.02. - 12.02.95. WISY

Frauen im beruflichen Auf- und Umbruch
13.02. - 17.02.95 Frau und Arbeit

Mit heißem Herzen - über Liebe und Erotik schreiben. In erotischer Literatur von Frauen schmökern. Antworttexte schreiben, eigene Erfahrungen zu Papier bringen.
Renate Neumann
17.02.-19.02.95 Frauenferienhaus Hasenfleet

Politik und Spiritualität
Donate Pahnke
18./19.02.95. Denk(t)räume

Loslassen, Trennung, Abscheid (nehmen) - Neubeginn. Warum fällt es uns Frauen oftmals so schwer, Abschied zu nehmen, wenn die Zeit reif für eine Trennung ist? Warum suchen wir die Kraft und Lebendigkeit in einem anderen Menschen und nicht in uns selbst? Eine Reise auf die Ebene des Loslassens. Christa Schobert
19.02. - 24.02.95
Frauenbildungshaus Altenbücken

Ohne Reibung - keine Wärme. Workshop für konstruktives Streiten. Streiten ist bereichernd und konstruktiv. Streitvermeidung führt in innere Öde und Beziehungslosigkeit, kann uns regelrecht krank machen. Mit Hilfe von verschiedenen körper- und wahrnehmungsorientierten Übungen und anderen Methoden will ich mit Euch die Strukturen beleuchten, die zur verbreiteten Streit-Unfähigkeit führen und eine Grundlage legen, kraftvoll, ehrlich und mit Achtung voreinander streiten zu lernen.
Angela Osius
20. - 22.02.95
Sarah Kulturzentrum für Frauen e.V.
Anmeldung bis 20.01.95 erforderlich.

Latin Percussion für Anfängerinnen mit Vorkenntnissen. Inga Weeda, Toiny Tune
24.02. - 26.02.95
Frauenbildungshaus Altenbücken

Berufs- und Lebensplanung. Für Frauen, die unzufrieden sind mit der eigenen beruflichen Situation und Veränderungen anstreben. Gesa Tontara
26.02. - 03.03.95
Frauenbildungshaus Altenbücken

Jenseits alter und neuer Normen - Ich bin die ich bin. »Niemals vergiß Dich zu lieben - die, die Du warst - die, die Du bist - die, die Du sein wirst...« (Ute Schiran)
Kima Trutzenberger, Saheta Weik
05.03. - 10.03.95
Frauenbildungshaus Altenbücken

Einführung in die Astrologie. Vorkenntnisse sind nicht erforderlich.
Antje Scheumann
10. - 12.03.95 Frauenferienhaus Hasenfleet

Sind Frauen gerechter? - Kontroversen weiblicher Ethik. Ist die Aufteilung in »weibliche« und »männliche« Ethik vertretbar oder zwängt sie uns in ein neues Korsett? Ziel des Seminars ist u.a., einen Einblick in derzeitige feministische Ethikkonzepte zu gewinnen und eine eigene »Moral« zu finden. Agnes Hümbs
17. - 19.03.95 Frauenferienhaus Hasenfleet

Burn out - ausgebrannt. Frauen in sozialen Berufen und Frauen in Frauenprojekten sind oft mit dem Widerspruch konfrontiert, die eigenen Bedürfnisse denen anderer unterzuordnen. In dieser Woche sollen Wege gefunden werden, die ein Ausbrennen verhindern helfen. Brunhild Sander
19.03. - 24.03.95
Frauenbildungshaus Altenbücken

Einführung in den biologischen Gartenbau
24.3. - 26.03.95 Frauenferienhaus Hasenfleet

Selbstdarstellungs- und Durchsetzungsstrategien. Lernen zu überzeugen, Forderungen auszuhandeln, mit Lust und Kompetenz Leitungsfunktionen zu übernehmen.
Ute Wessel
26.03. - 31.03.95
Frauenbildungshaus Altenbücken

Gewalt gegen Frauen. Wir wollen in dieser Woche Wege suchen, aufzubegehren, Nein zu sagen zu gegen uns gerichtete Gewalt und Ja zu eigener Lust am Leben. Wen Do wird Bestandteil dieses Kurses sein.
Juliane Kiss
02.04. - 07.04.95
Frauenbildungshaus Altenbücken

Brush up your English. V.a. als Urlaubsvorbereitung. Uscha Buchholz
07.04. - 09.04.95
Frauenferienhaus Hasenfleet

Ohne Reibung keine Wärme - Workshop für konstruktives Streiten. Gegen Streitvermeidung und Zerstörung, für schöpferische Streitbarkeit.
Angela Osius
09.04. - 14.04.95
Frauenbildungshaus Altenbücken

Schmerz und Freude. Während der Ostertage werden wir uns dem Schmerz in uns

Aktivitäten

annähern und uns auf die Suche nach der Freude machen, die darin verborgen liegt. Gisela Schoedon, Dipl.-Pädagogin
13.04. - 17.04.95 Lichtquelle

Grenzen - Freiraum - Eigensinn. Grenzen wahrnehmen und setzen lernen, auch im Privaten. Methoden werden u.a. feministisches Psychodrama und Wen Do sein. Walle Gairing
17.04. - 21.04.95
Frauenbildungshaus Altenbücken

Ohne Grenzen - ein Workshop für Überlebende sexueller Gewalt in der Kindheit. Nicht Nein sagen können, so kann es leicht wieder zu Grenzverletzungen kommen, auch in der Körperarbeit. Aus dem Körper aussteigen, sich auflösen, sind Reaktionen auf massive Grenzüberschreitungen. Auf der Reflexionsebene soll in dieser Woche mit Körperwahrnehmungsübungen, Meditation, Schreiben und Malen gearbeitet werden. Marion Lenz
23.04. - 28.04.95
Frauenbildungshaus Altenbücken

Die Entführung in das Serail. Frauen im Orient / Frauen im Islam. Sowohl für Frauen, die mehr über die Lebensrealität islamischer Frauen erfahren wollen, als auch für Migrantinnen, die für ihre Wünsche, Vorstellungen und Wahrnehmungsweisen ein Forum finden wollen. Dorothee Palm
5.5. - 07.5.95 Frauenferienhaus Hasenfleet

Inspiration und Aufbruch. Wir werden die Verdichtungen in uns erfassen, einkreisen, uns dann unseren Ideen, Assoziationen und Einfällen öffnen, um unsere Wege davon erhellen zu lassen. Mit diesem Funken werden wir die ersten Schritte auf den neuen Weg lenken.
Gisela Schoedon, Dipl.-Pädagogin
02.06. - 05.06.95. Lichtquelle

Sexuelle Gewalt in der Kindheit - ein Tabu wird gebrochen. Wozu dient der Machtmißbrauch durch sexuelle Gewalt? Wie kann jede einzelne dieses Trauma aufarbeiten und überwinden? Sylvia Nitschke
9.6. - 11.6.95 Frauenferienhaus Hasenfleet

Feiere die Göttin in dir. Eine Einladung an Frauen, sich in einer Atmosphäre der Heiligkeit zu begegnen. Wir werden neue Visionen erkunden von Sinn, Wunder, Kraft und Freude in unserem Leben (auf Englisch; es wird übersetzt). Saki Lee
16.06. - 18.06.95 Lichtquelle

Frauen in der internationalen Arbeitsteilung. Die Rolle und Bedeutung der Frau in der Arbeitswelt. Es soll die heutige Arbeitsteilung erörtert und alternative Möglichkeiten zur Bewertung von Arbeit und Familienarbeit entwickelt werden. Anke Hagner
23.6. - 25.6.95 Frauenferienhaus Hasenfleet

Rechtsruck in Deutschland - Ursachen und Hintergründe. Entwicklung Deutschlands seit dem Zweiten Weltkrieg unter besonderer Berücksichtigung rechter Parteien und Gruppen, Enstehungsbedingungen, Programm und Einfluß derselben. Lotte Hase
7.7. - 9.7.95 Frauenferienhaus Hasenfleet

Den Sommer genießen. Neun Tage öffnen wir das Haus für Frauen, die den Frieden des Ortes und die Schönheit der Landschaft schätzen, die gerne noch einmal in einem Fluß baden, an einem kleinen versteckten See den Tag verträumen und sich mit makrobiotischem Essen gesund und schmackhaft verwöhnen lassen wollen. Morgens und abends wird ein Rahmenprogramm angeboten (von Singen und Tanzen über Massagen, Visualisierungen, Märchen vorlesen und Meditationen).
Gisela Schoedon, Dipl.-Pädagogin
04.08. - 13.08.95. Lichtquelle

Randgruppen in unserer Gesellschaft - wie gehen wir mit diesen um? Gegenwärtige Situation in der BRD. Wie entstehen Randgruppen? Integration als politische Aufgabe. Lotte Hase
18.8. - 20.8.95 Frauenferienhaus Hasenfleet

Zugang zu deiner Geschichte
Upia Hoffmann
08.09. - 10.09.95. Lichtquelle

Einführung in die Astrologie. Keine Vorkenntnisse erforderlich. Antje Scheumann
6.10. - 8.10.95 Frauenferienhaus Hasenfleet

Lesben in der Arbeitswelt. Lesbische Frauen müssen in der Regel ihren Lebensunterhalt selbständig und ohne Unterstützung durch andere sichern. Sie leben und arbeiten in einer Gesellschaft, die die lesbische Lebensweise ignoriert und diskriminiert. Dies kann negative Auswirkungen am Arbeitsplatz haben und schafft auch Angst und Druck.
Wir wollen in diesem Workshop durch Erfahrungsaustausch und Information - auch zur rechtlichen Situation am Arbeitsplatz - nach Wegen suchen, wie Frauen authentisch und zufrieden ihr Lesbisch-Sein am Arbeitsplatz leben können.
Francoise Piepho
26.11.94 / 10:00 - 18:00
27.11.94 / 10:00 - 16:00
Evangelische Familienbildung

Adressen

AG Klinika
c/o Frauenbeauftragte der FU Berlin, Christine Färber
Rudeloffweg 25-27
14195 Berlin

agisra
Arbeitsgemeinschaft gegen internationale sexuelle & rassistische Ausbeutung
Kasseler Str. 1a
60486 Frankfurt
069/77 77 55 /-7

Alhambra
Hermannstr. 83
26135 Oldenburg

Alraune e.V.
Schule am Wall 5
32756 Detmold
05231/201 77

Alternative Liste Frauen- und Lesbenbereich
Badensche Str. 29
10725 Berlin
030/863 00 30

Amyna
Verein zur Abschaffung von sexuellem Mißbrauch und Gewalt
Westermühlstr. 22
80469 München
089/201 70 01

Anakonga
Vorbereitungsgruppe
Custozzagasse 7/8a
A-1030 Wien
A-0222/714 24 52

Anna Nym
Lesbengruppe
Am Krummen Arm 1
28203 Bremen

Aradia e.V.
Reginastr. 14
34119 Kassel
0561/172 10 od. 77 14 45

Aranat e.V.
Frauen- und Lesbentreffpunkt
Mühlenbrücke 5a
23552 Lübeck
0451/738 27

Araquin
Lesben-Kultur-Etage
Bülowstr. 54
10783 Berlin
030/212 15 95

Arbeit und Leben
Besenbinderhof 60
20097 Hamburg
040/2858-620

Archiv der deutschen Frauenbewegung
Sommerweg 1b
34125 Kassel
0561/556 00

Autonome Frauenforschungsstelle Münster
Schwarze Witwe
Achtermannstr. 10-12
48143 Münster
0251/51 11 95

Autonomes Frauenarchiv Koblenz
KAF
Etzegäßchen 1
56068 Koblenz
0261/140 67

Autonomes Frauenarchiv Wiesbaden
Langgasse 20 / Hinterhaus
65183 Wiesbaden
0611/308 17 16

AWF Arbeitsgem. Würzb. Frauenorg. e.V.
Franziskanergasse 2a
97070 Würzburg
0931/167 92

Begine Kulturcafé
Potsdamer Str. 139
10783 Berlin
030/215 43 25

Belladonna Kultur-, Kommunikations- & Bildungszentrum für Frauen
Sonnenstr. 8
28203 Bremen
0421/70 35 34

Bibliothek Kaffee Frauenzimmer
Klingentalgraben 2
CH-4057 Basel
004131/61 92 79

BIFF Eimsbüttel e.V.
Beratung und Information für Frauen
Eimsbütteler Str. 53
22769 Hamburg
040/43 63 99

Blattgold
Lesbenzeitschrift
Potsdamer Str. 139
10783 Berlin
030/215 66 28

Die Bücherfrauen
c/o Doris Jansen
Agathenstr. 5
20357 Hamburg
040/410 23 10

Café Trotzdem
Segelmacher Str. 15
24939 Flensburg

Demokratischer Frauenbund
Clara-Zetkin-Str. 16
10117 Berlin
030/200 09 52

Aktivitäten

Denk(t)räume
Frauenbildungszentrum
Grindelallee 43
20146 Hamburg
040/450 06 44

Deutsche Gesellschaft für
Soziologie
Sektion Frauenforschung
Uni Bielefeld / Fak.f.Soz.
33615 Bielefeld

Deutscher Akademikerin-
nenbund e.V.
c/o Monika Schmitz
Guido-Hauck-Str. 27
74076 Heilbronn
07131/17 85 40

DGB
Frauenressort
40001 Düsseldorf
0211/430 11 00

DGB Hamburg
Frauenressort
Besenbinderhof
20097 Hamburg
040/2858-585

European Women in Mathematics
Inst. f. Algebra & Geom. /
Christine Bessenrodt
Otto-von-Guericke-Universität
Postfach 4120
39016 Magdeburg
e-mail:bessen@ mathematik. unimagdeburg.d400.de

Evangel. Familienbildung
Frau Francoise Piepho
Darmstädter Landstr. 81
60598 Frankfurt
069/62 58 65
Fax: 069/603 22 25

Extra Dry
Café und Treff
Mommsenstr. 34
Berlin
030/324 60 38

Feministische Universität
c/o Argument Verlag
Rentzelstr. 1
20146 Hamburg

Feministische Weiterbildung
c/o Claudia Porr & Eva Borst,
Päd. Inst.
Postfach 3980
55099 Mainz
06131/39 29 16

Feministisches Archiv Freiburg
Wilhelmstr. 15
79098 Freiburg
0761/336 76

Feministisches Archiv Köln
Ubierring 47
50678 Köln
0221/31 70 29

Feministisches Archiv und
Bücherei Bonn
Dorotheenstr. 20
53111 Bonn
0228/69 77 11

Feministisches Info- & Bildungszentrum Nürnberg
FiBiDoZ
Gostenhofer Hauptstr. 50
90443 Nürnberg
0911/27 04 08

Feministisches Zentrum
Hildesheim
Eskapaden
Annenstr. 23
31134 Hildesheim
05121/379 33

FFBIZ
FrauenForschungs-, -Bildungs- & -Informationszentrum e.V.
Danckelmannstr. 15 + 47
14059 Berlin
030/322 10 35

FFGZ Berlin
Frauengesundheitszentrum
Bambergerstr. 51
10777 Berlin
030/213 95 97

FFGZ Nürnberg
Fürther Str. 154 HH
90429 Nürnberg
0911/32 82 62

FFGZ Stuttgart
Feministisches Frauengesundheitszentrum
Kernerstr. 31
70182 Stuttgart
0711/29 63 56

Frankfurter Frauenschule
Hohenstaufenstr. 8
60327 Frankfurt
069/74 56 74
069/74 08 42

Frau und Arbeit
Grindelallee 43
20146 Hamburg
040/44 49 60

Frauen & Lesbenarchiv
Stichwort
Berggasse 5/24
A-1090 Wien
00431/314 85 44

Frauen helfen Frauen
Harscmapstr. 5b
52602 Aachen
0241/359 17

Frauen in der Einen Welt
Postfach 210421
90122 Nürnberg

Frauen in der Literaturwissenschaft
Literaturwiss. Seminar / Uni Hamburg
Von-Melle-Park 6
20146 Hamburg
040/4123-4818

Frauen in Naturwissenschaft und Technik e.V.
Hasenheide 54
10967 Berlin
030/692 97 22

Frauen Lernen Gemeinsam e.V.
Cloppenburger Str. 35
26135 Oldenburg
0441/16 171

Frauen-Anstiftung
Stahltwiete 20
22761 Hamburg

Frauen-Treff & Frauenbibliothek
AEP
Leopoldstr. 31a
A-6020 Innsbruck
0043512/57 37 98

Frauen/Lesbenzentrum
Wien
Stiege 6
A-1090 Wien
00431/408 50 57

Frauenarchiv Bielefeld
c/o Frauenkulturzentrum
Am Zwinger 16
33602 Bielefeld
0521/686 67

Frauenarchiv Düsseldorf
Heinrich-Heine-Universität
Geb.23
40225 Düsseldorf
0211/311-4828

Frauenarchiv Osnabrück
Natalie Barney e.V.
Lange Str. 76
49080 Osnabrück
0541/875 99

Frauenberatungsstelle Lilith
Königstr. 64
33098 Paderborn
05251/21 311

Frauenbibliothek München
Nymphenburgerstr. 182 8/19
80634 München
089/16 04 51

Frauenbildungs- & Forschungszentrum Graz
Elisabethstr. 32
A-8010 Graz
0043316/325 78

Frauenbildungs- & Mädchenzentrum Kore
Turmstr. 5
37073 Göttingen
0551/ 57 453

Frauenbildungshaus Altenbücken
Schürmannsweg 25
27333 Bücken
04251/78 99

Frauenbildungshaus Lichtquelle
Hochstr. 11
57539 Brunken
02742/71 587

Frauenbildungshaus Osteresch
Zum Osteresch 1
48496 Hopsten-Schale
05457/15 13

Frauenbildungshaus Zülpich
Prälat-Franken-Str. 13
53909 Zülpich
02252/65 77

Frauenbildungsstätte
Edertal
Königsberger Str. 6
34549 Edertal-Anraff
05621/32 18

Frauenbuchladen & Kulturzentrum Dortmund
Zimpzicke
Adlerstr. 45
44137 Dortmund
0231/14 08 21

Frauenbuchladen & -café
Wuppertal, Dröppel(fe)mina
Am Brögel 1
42283 Wuppertal
0202/877 07

Frauenbuchladen Augsburg
Elisara
Schmiedgasse 11
86150 Augsburg
0821/15 43 03

Frauenbuchladen Berlin
Lilith
Knesebeckstr. 86/87
10623 Berlin
030/312 31 02

Frauenbuchladen Bern
Münstergasse 41
CH-3000 Bern
004131/21 12 85

Frauenbuchladen Bielefeld
August-Bebel-Str. 154
33602 Bielefeld
0521/684 61

Frauenbuchladen Bochum
Amazonas
Schmidtstr. 12
44793 Bochum
0234/68 31 94

Frauenbuchladen Braunschweig
Magnikirchstr. 4
38100 Braunschweig
0531/407 44

Frauenbuchladen Bremen
Hagazussa
Friesenstr. 12
28203 Bremen
0421/741 40

Frauenbuchladen Düsseldorf
Frauen-Bücher-Zimmer
Becherstr. 2
40476 Düsseldorf
0211/46 44 05

Frauenbuchladen Frankfurt
Kiesstr. 27
60486 Frankfurt
069/70 52 95

Frauenbuchladen Göttingen
Laura
Burgstr. 21
37073 Göttingen
0551/473 17

Frauenbuchladen Hamburg
Bismarckstr. 98
20253 Hamburg
040/420 47 48

Frauenbuchladen Kassel
Pestalozzistr. 9
34119 Kassel
0561/172 10
0561/77 14 45

Frauenbuchladen Kempten
Rathausplatz 9
87435 Kempten
0831/182 28

Frauenbuchladen Köln
Rhiannon
Moltkestr. 66
50674 Köln
0221/52 31 20

Frauenbuchladen Leipzig
TIAN
Könneritzstr. 67
04229 Leipzig
0341/478 77 13

Frauenbuchladen Mannheim
Xanthippe
T 3, 4
68161 Mannheim
0621/216 63

Frauenbuchladen München
Lillemors
Arcisstr. 57
80799 München
089/272 12 05

Frauenbuchladen Münster
Chrysalis
Buddenstr. 22
48143 Münster
0251/555 05

Frauenbuchladen Nürnberg
Kleinreuther Weg 28
90408 Nürnberg
0911/35 24 03

Frauenbuchladen Oldenburg, Violetta
Lindenstr. 18
26123 Oldenburg
0441/88 30 39

Frauenbuchladen Osnabrück
Mother Jones
Jahnstr. 17
49080 Osnabrück
0541/437 00

Frauenbuchladen Stuttgart
Olgastr. 75
70182 Stuttgart
0711/236 46 49

Frauenbuchladen Tübingen
Thalestris
Bursagasse 2
72070 Tübingen
07071/265 90

Frauenbuchladen Wien
Frauenzimmer
Langegasse 11
A-1080 Wien
00431/43 86 78

Frauenbuchladen Wiesbaden
Frauenbuchversand
Luxemburgerstr. 2
65185 Wiesbaden
0611/37 15 15

Frauenbuchladen Zürich
Gerechtigkeitsgasse 6
CH-8002 Zürich
00411/202 62 74

Frauencafé Café Rosa
Untere Sandstr. 9
96049 Bamberg

Frauencafé Heidelberg
Blumenstr. 6
69115 Heidelberg
06221/213 17

Aktivitäten

Frauencafé Ludwigshafen
Rottstr. 79
67061 Ludwigshafen

Frauencafé Worms
Friedr.-Ebert-Str. 20
67549 Worms
06241/524 59

Frauencafé & Kulturzentrum Tea di Noi
Oskar-Hoffmann-Str. 109
44789 Bochum
0234/30 91 69

Frauencafé Belladonna
Werderstr. 159
74074 Heilbronn
07131/60 350

Frauencafé Kassandra
Schaßstr. 4
24103 Kiel
0431/67 35 36

Frauencafé Lila Backstube
Im Krausfeld 10
53111 Bonn
0228/69 13 44

Frauencafé und -kulturzentrum
Sarah
Johannesstr. 13
70176 Stuttgart
0711/24 51 62

Frauenferienhaus
Tiefenbach/Silbersee
Hammer 22
93464 Tiefenbach
09673/499

Frauenferienhaus Hasenfleet e.V.
Hasenfleet 4
21787 Oberndorf-Oste
04772/206

Frauenferienhof Ostfriesland. Moin Moin
Zum Lengener Meer 2
26446 Friedeburg-Bentstreek
04956/49 56

Frauenforum Kassel
Annastr. 9
34119 Kassel
0561/77 05 87

Frauengeschichtsverein Köln
Marienplatz 4
50676 Köln
0221/24 82 65

Frauenhilfe Chemnitz e.V.
Hainstr. 34
09130 Chemnitz

Fraueninfothek Berlin
Dircksenstr 47
10178 Berlin
030/282 39 80

Frauenkommunikationszentrum Leipzig
Ludwigstr. 115
04315 Leipzig

Frauenkommunikationszentrum Komma
Luisenstr. 7
40215 Düsseldorf
0211/38 38 61

Frauenkommunikationszentrum München Nymphe
Nymphenburgerstr. 182
80634 München
089/ 167 92 62

Frauenkultur e.V.
c/o Vera Weihrauch
Alexandergraben 10
52064 Aachen

Frauenkulturcafé Endlich
Peterstr. 36
20355 Hamburg
040/35 16 16

Frauenkulturhaus Bremen
Im Krummen Arm 1
28203 Bremen
0421/70 16 32

Frauenkulturhaus Frankfurt
Am Industriehof 7-9
60487 Frankfurt
069/70 10 17

Frauenkulturhaus München
Richard-Strauß-Str. 21
81677 München
089/470 52 12

Frauenkulturzentrum Bielefeld
FRAZE
Am Zwinger 16
33602 Bielefeld
0521/686 67

Frauenkunst-Kulturzentrum
Innerer Kleinreuther-Weg 28
90408 Nürnberg
0911/35 19 70

Frauenlesbenbibliothek
Zürich
Mattengasse 27
CH-8032 Zürich
00411/241 90 50

Frauenmuseum Bonn
Im Krausfeld 10
53111 Bonn
0228/69 13 44

Frauenmuseum Wiesbaden
Wörthstr. 5
65185 Wiesbaden
0611/308 17 63

Frauenmusikzentrum
Berlin Lärm & Lust
Schwedenstr. 44
13357 Berlin
030/784 72 97

Frauenmusikzentrum Hamburg
Große Brunnenstr. 63
22763 Hamburg
040/39 27 31

Frauenreferat Dresden
Stadtverwaltung
Postfach 120020
01001 Dresden
0351/488-2813

Frauenringvorlesung
Uni Erlangen
Universitätsstr. 15
91054 Erlangen

Frauenseele gesund
c/o A.Henning
Stierstr. 16
12159 Berlin

Frauensegelschiff Verwisseling
Hoofdstraat 12
NL-9975 VS Vierhuizen

Frauenstadtteilzentrum Haidhausen
Sedanstr. 37
81677 München

Frauenstudien München
Franz-Prüller-Str. 15
81699 München
089/448 13 51

FrauenTechnikZentrum
Deutscher Frauenring e.V.
Normannenweg 2
20537 Hamburg
040/251 43 99

Frauentreff e.V.
Körnerstr. 40
76135 Karlsruhe
0721/85 55 56

Frauenveranstaltungskalender Zürich
BOA
Freyerstr. 20
CH-8032 Zürich
00411/241 77 97

Frauenverlag Wien
Lange Gasse 51
A-1080 Wien
00431/402 59 90

Frauenzeitschrift igitte
Adlerstr. 81
44137 Dortmund
0231/16 23 66

Frauenzeitung Hamburg
Postfach 201603
20206 Hamburg
040/422 94 24

Frauenzentrum Aschaffenburg
Herrleinstr. 26
63739 Aschaffenburg
06021/243 99

Frauenzentrum Augsburg
Am Mauerberg 31
86152 Augsburg
0821/15 33 07

Frauenzentrum Courage
Koblenzerstraße
55469 Simmern im Hunsrück
06761/75 13

Frauenzentrum Darmstadt
Emilstr 10
64289 Darmstadt
06151/71 35 63

Frauenzentrum Erlangen
Café Oase
Gerberei 4
91054 Erlangen
09131/20 80 23

Frauenzentrum EWA e.V.
Prenzlauer Allee 6
10405 Berlin
030/442 55 42

Frauenzentrum Freiburg
Schwarzwaldstr. 107
79102 Freiburg
0761/333 39

Frauenzentrum Jena
Engelplatz 10
07743 Jena
03641/223 36

Frauenzentrum Kassel
Goethestr. 44
34119 Kassel

Frauenzentrum Kempten
Kapellenplatz 3
87439 Kempten
0831/155 86

Frauenzentrum Kiel
Knooperweg 32
24103 Kiel
0431/944 49

Frauenzentrum Kiel
Donna Klara e.V.
Schaßstr. 4
24103 Kiel
0431/615 49

Frauenzentrum Lila Distel
Lüpertzenderstr. 69
41061 Mönchengladbach
02161/219 00

Frauenzentrum Mainz
Walpodenstr. 10
55116 Mainz
06131/22 12 63

Frauenzentrum Nora
Hahnenstr. 47
71634 Ludwigsburg-Eglosheim
07141/343 80

Frauenzentrum Weimar
Heinrich-Heine-Str. 9
99423 Weimar
03643/629 55

Frauenzentrum Offenbach
Groß-Hasenbach-Str. 35
60065 Offenbach
069/81 65 57

Frauenzentrum Osnabrück
Kommenderiestr. 41
49074 Osnabrück
0541/293 00

Frauenzentrum Passau
Spitalerhofstr. 62a
94032 Passau
0851/553 67

Frauenzentrum Recklinghausen
Haltener Str. 4a
45657 Recklinghausen
02361/154 57

Frauenzentrum Regensburg
Prüfeninger Str. 32
93049 Regensburg

Frauenzentrum Rüsselsheim
Haßlocher Str. 150
65428 Rüsselsheim
06142/51 71

Frauenzentrum Solingen
Klemens-Horn-Str. 15
42655 Solingen
02122/172 29

Frauenzentrum Stuttgart
Kernerstr. 31
70182 Stuttgart
0711/29 64 32

Frauenzentrum Trier
Saarstr. 38
54290 Trier
0651/401 19

Frauenzentrum Ulm
Hinter dem Brot 9
89073 Ulm
0731/677 75

Frauenzentrum Wiesbaden
Adlerstr. 7
65183 Wiesbaden

Frauenzentrum Wuppertal
Stiftstr. 12
42103 Wuppertal
0202/44 99 68

Frauenzentrum Würzburg
Petrinistr. 15
97080 Würzburg
0931/28 41 80

Frauenzentrum Zürich
Mattengasse 27
CH-8002 Zürich

GAL/Die Grünen
Frauenreferat
Rathaus
20095 Hamburg
040/3681-2268

Die Grünen
Bundesfrauenreferat
Ehrental 2-4
53332 Bornheim - Roisdorf
02222/70 08 52

Hamburger Bücherfrauen, Doris Janhsen
Agathenstr. 5
20357 Hamburg
040/410 23 10

Hamburger Frauenwoche
c/o Frauenhaus/Extraprojekt
Amandastr. 58
20357 Hamburg
040/439 37 62

Historische & kulturelle Bildung von Mädchen & Frauen e.V.
c/o Kölner Frauengeschichtsverein
Marienplatz 4
50676 Köln
0221/24 82 65

IGM, Abtlg. Frauen
Lyonerstr. 32
60528 Frankfurt
069/66930 (Zentr.)

infemme
Lesben- & Frauenladen
Möserstr. 4
45144 Essen

Initiative Frau und Gesellschaft GmbH
IFG
Walter-Gieseking-Str. 14
30159 Hannover
0511/854 09-0

Aktivitäten

Initiative Lesbischer Frauen
Rat & Tat
Schillerpromenade 1
12049 Berlin
030/621 47 53

Institut für Geschichtswissenschaften
TU Berlin, TEL 17
Ernst-Reuter-Platz 7
10587 Berlin

Internationales Frauenzentrum Heidelberg
Poststr. 8
69115 Heidelberg

intervention e.V.
Lesben/Frauentreff
Schmilinskystr.7
20099 Hamburg
040/24 50 02

Kobra
Kottbusser Damm 79
10967 Berlin
030/69 59 23-0

kom!ma
Verein für Frauenkommunikation e.V.
Himmelgeister Str. 107
40225 Düsseldorf
0211/31 49 10

Koordinationsstelle Frauenstudien
Allendeplatz 1
20146 Hamburg
040/4123-4227

KulturBrauerei
Schönhauser Allee 36/39
10435 Berlin
030/440 92 34/8

Ladies Travel
Doris Kirscht
Kurhessenstr. 122
60431 Frankfurt
069/51 52 80

Landeszentrale für politische Bildung Hamburg
Große Bleichen 23
20354 Hamburg
040/36 81-21 60

Landeszentrale für politische Bildung Niedersachsen
Hohenzollernstr. 46
30161 Hannover
0511/39 01-258
Frau Wolf: -259

Lebendiges Lesben Leben
Lesben und Schwulenzentrum
Klingerstr. 6
60313 Frankfurt
069/29 30 44

Lesben Informations- und Beratungsstelle LIBS
Alte Gasse 38
60313 Frankfurt
069/28 28

Lesben Nest Saar e.V., LENE
Bismarckstr. 6
66111 Saarbrücken
0681/37 40 55

Lesben- & Frauenzeitschrift
Tarantel
Am Zwinger 16
33602 Bielefeld
0521/667 13

Lesben-Frauengruppe MATRIX
Kulturzentrum Roter Sand
Karlsburg 9
04171/41 23 40

Lesbenarchiv Berlin
Spinnboden e.V.
Burgsdorferstr. 1
13353 Berlin
030/465 20 21

Lesbenarchiv Bielefeld
c/o Frauenkulturzentrum
Am Zwinger 16
33602 Bielefeld
0521/667 13

Lesbenarchiv Frankfurt
Klingerstr.6
60313 Frankfurt
069/29 30 45

Lesbenarchiv Wuppertal
Düppelerstr. 19
42107 Wuppertal
0521/601 24

Lesbengruppe
Magnus-Hirschfeld-Centrum
Borgweg 8
22303 Hamburg
040/279 00 49

Lesbengruppe
SAPPHO
Frauenzentrum
Schwarzwaldstr. 107
79117 Freiburg
0761/38 33 90

Lesbenhof
Oberpfaffing 1
94439 Rossbach
08564/14 34

Lesbenring e.V.
Rita Werkmeisterin
Bonner Talweg 55
53113 Bonn
0228/24 13 57

Lesbenstich
Potsdamer Str. 139 a
10783 Berlin
030/215 46 98

Lesbentheatergruppe
LESTHRAFAM
Roßdorfer Str.50
60385 Frankfurt
069/495 05 56

Lesbenwoche e.V.
c/o RuT
Schillerpromenade 1
12049 Berlin

Lesbenzentrum Hannover
Lichtenbergplatz 7
30449 Hannover
0511/44 05 68

LESBerlin
Lesbisch-Feministisches Infozentrum & Treff
Kohlfurtherstr. 40
10999 Berlin

LUK
Lesbische Frauen & Kirche
Frauenarbeit i.d. ev. Kirche
Goethestr. 26-30
10625 Berlin
030/319 12 86

LUSZD
Lesben- &
Schwulenzentrum
Kronenstr. 74
40217 Düsseldorf

Lesbisch-Schwule Filmtage
c/o Metropolis
Dammtorstr. 30a
20354 Hamburg
040/34 23 53

Lesben- & Schwulentreff
LUST e.V.
Straße der Freundschaft 20
06118 Halle

Lesben- &
Schwulenzentrum
Endenicher Str. 51
53115 Bonn
0228/63 00 39

Lesben- &
Schwulenzentrum
Am Haverkamp 31
48155 Münster
0251/604 40

Lesben- &
Schwulenzentrum
Oldenburg
Ziegelhofstr. 83
26121 Oldenburg

Lichtquelle
Verein zur Förderung
von Bildung
und Kommunikation
für Frauen e.V.
Hochstr. 11
57539 Brunken
02742/715 87

Lila Distel
Frauenzentrum
Mönchengladbach
Lüpertzenderstr. 69
41061 Mönchengladbach
02161/21900

LUSZD
Lesben- & Schwulenzentrum
Kronenstr. 74
40217 Düsseldorf

Luisenhof
Frauenreitschule
Pflanzengasse 1
34599 Neuental-Römersberg/Gutshof
06693/88 81

Na und? e.V.
Verein für Lesben und Schwule
Postfach 3804
26123 Oldenburg

Pelze Multimedia
Potsdamer Str. 139
10783 Berlin
030/216 23 41

REA - Regionale Entwicklungsagentur
für Frauenbetriebe und Projekte
Hermannstr. 229
12049 Berlin

Referat für Frauenkultur
Kulturbehörde Hamburg
Hamburger Str. 45
22083 Hamburg
040/291 88-4158

Referat für gleichgeschlechtliche Lebensweisen
Senatsverwaltung Jugend & Familie
Alte Jakobstr. 12
10969 Berlin
030/610 05-221/ -243

Rundbrief Frauenmusikzeitschrift
c/o Anne Breick
Lenaustr. 44
60318 Frankfurt
069/59 32 77

RUT — Rat und Tat
Kulturzentrum
Schillerpromenade 1
12049 Berlin
030/211 03 15

SAFIA Projekt
Wüstenbirkach
96126 Maroldsweisach
09532/16 14

Sarah Kulturzentrum für
Frauen e.V.
& Frauencafé
Johannesstr. 13
70176 Stuttgart
0711/62 66 38

Schokofabrik e.V.
Frauenstadtteilzentrum
Kreuzberg
Naunystr. 72
10997 Berlin
030/615 53 91

Sirenen Musikfrauen e.V.
c/o Frauenbuchladen
Arcisstr. 57
80799 München

Softwarehaus von Frauen
für Frauen und Mädchen
e.V.
Hohenstaufenstr. 8
60327 Frankfurt
069/741 14 04

Die Spinnen
Autonome Frauenberatungsstellen
Bäuminghausstr. 46
45326 Essen
0201/31 10 71

Stadtteilarchiv Ottensen
Zeisstr. 28
22765 Hamburg
040/390 36 66

TARA
Seminarhaus für Frauen
Bergstr. 3
96181 Koppenwind
09554/481

Tarantel
Am Zwinger 16
33602 Bielefeld
0521/667 13

Tochter der Erde
Seminarhaus für Frauen
Affendorf 38
27330 Asendorf
04253/268

UFV Unabhängiger Frauen Verband
Bundesbüro
Friedrichstr. 165
10117 Berlin
030/229 16 85

Umdenken e.V.
Politisches Bildungswerk e.V.
Max-Brauer-Allee 116
22765 Hamburg
040/389 62 70

Verein zur Förderung der frauenpolitischen Kommunikation Saarland
Landwehrplatz 2
66111 Saarbrücken
0681/396 58 93

Volksuni, Frauenressorts
c/o Sünne Andresen
Wiclefstr. 30
10551 Berlin
030/396 51 73

Wildwasser Berlin
Frauenselbsthilfe
Friesenstr. 6
10965 Berlin
030/693 91 92

Wildwasser Wiesbaden
Wallufer Straße 1
65197 Wiesbaden
0611/80 86 19
0611/84 63 40

WISY Weiterbildung HH
e.V.
Am Felde 29
22765 Hamburg

Women's International Studies Europe, W.I.S.E.
c/o Dr. Tobe Levin
Martin-Luther-Str. 35
60389 Frankfurt
069/45 96 60

Zentraleinrichtung zur Förderung
von Frauenstudien und Frauenforschung
Königin-Luise-Str. 34
14195 Berlin

ZIF - Zentrum für interdisziplinäre Frauenforschung
Humboldt Universität
Mittelstr. 7/8
10117 Berlin
030/2093-2135

Nachklang

Alltagsgeschichten aus einem anderen Deutschland

Seit drei Jahren tingeln Anne Köpfer und Eike Stedefeldt mit Lesungen von Alltagsgeschichten durch Deutschland. Die 1939 geborene Berlinerin mit der rauhen Schale und der gebürtige Magdeburger (Jahrgang 1963) tragen Selbsterlebtes vor – in Geschichten ohne Schnörkel, so tragisch und so komisch, wie das Leben eben ist. Die beiden wollen bewußt unspektakulär Lebensrealitäten »einfacher« Lesben und Schwuler in der Ex-DDR zeigen. »Wenn nach der Lesung ein älterer Mann sagt, so anders als seine Welt sei die der Homos ja gar nicht, dann haben wir eigentlich unser Ziel erreicht ...« Da der Forum-Redaktion die Idee der beiden, Leute über Alltagsgeschichten anzusprechen, so gut gefiel, gibt es hier eine Kostprobe ihrer Storys.

Anne Köpfer: Lesbische Träume

Spätestens 1959, als ich den Film »Das Mädchen Rosemarie« sah, erwachte in mir der Wunsch, eine Edelnutte zu meiner ganz persönlichen Verfügung zu haben. Vorausgesetzt, sie wäre so schön, so elegant, so raffiniert, so begehrenswert wie Nadja Tiller, die Hauptdarstellerin des Films. Daß dieser Wunsch bis heute ein unerfüllter Traum blieb, hatte verschiedene Ursachen. Erstens war ich jung, dämlich und recht unbedarft in sexuellen Dingen – doch dieses Manko wähnte ich ja eben durch die Bekanntschaft einer Prostituierten beheben zu können –, zweitens wußte ich nicht, wie solch eine Begegnung herbeizuführen sei – es gab diese wundervollen, alles versprechenden Kontaktanzeigen in den Zeitungen noch nicht –, und drittens, das wohl gravierendste Problem, meine finanzielle Situation erlaubte mir kaum mehr als einen Kinobesuch in der Woche, geschweige denn die Anschaffung einer Nobelhure. Weitere Schwierigkeiten sah ich eigentlich nicht. Reichtum schien der Schlüssel zu den erstrebenswerten Genüssen der Welt.

Erst eine gute Freundin, die ich in meine geheimen erotischen Wünsche einweihte, öffnete mir schonungslos die Augen. »Da kannst du sparen bis du schwarz wirst, du kannst als Frau doch nicht in'n Puff gehen – jedenfalls nicht als Freier. Die werden dich rausprügeln!«

Aus der Traum! Ich warf Nadja Tiller einen letzten sehnsuchtsvollen Leinwandblick zu und begann, mich unter den Töchtern des Landes umzuschauen.

Drei Jahre gingen ins Land, ich lernte die Freuden und Leiden der Liebe kennen, und irgendwann begab es sich, daß ich der wechselhaften Genüsse leid ward und beschloß, mich in den Hafen einer festen Bindung zu begeben.

Und gestern nun, nach fast 20jähriger »Ehe«, fällt mir doch dieser Zeitungsartikel in die Hände. »Lesbenbordell in Deutschland.« In Berlin-Charlottenburg. Fast nur eine Fahrradviertelstunde entfernt. Der Traum meiner Jugend ist in mit dem Fahrrad erreichbare Nähe gerückt! – »Frauen wollen nicht Freier sein. Die Prostituierte Laura Meritt, 32, wartet seit Stunden auf Kundschaft. Doch das rote Telefon der blonden Berlinerin bleibt stumm. Lauras Freier beißen nicht an. Laura macht's nur mit Frauen.« Das ist ja nun höchst merkwürdig; ich meine, daß da niemand anruft. Mein Blick schweift immer öfter zum Telefon. Nach zwei Stunden und drei doppelten Whisky greife ich dann entschlossen zum Hörer. »Hallo, hier sind die bösen Mösen aus Berlin.« Vor Schreck schmeiße ich den Hörer wieder auf die Gabel. Rosemarie Nitribitt alias Nadja Tiller hat sich so nie gemeldet! Na ja, die Zeiten haben sich halt geändert. Vielleicht sollte ich, bevor ich den zweiten Anruf wage, mich doch etwas eingehender über die geschäftlichen Gepflogenheiten informieren.

»Fünf Mädchen, alle aus dem feministischen Milieu, sind im Angebot: Das Standardlesbenmodell 'kurzhaarig, kleine Brüste, schmalhüftig', eine Russin, eine Masseurin, eine Studentin mit großer Oberweite und Sado-Maso-Frau Katharina.« Das Standardmodell muß ich erst mal verwerfen. Ich bevorzuge üppige Frauen. Da böte sich die Studentin mit der großen Oberweite an. Aber Studentin? Nee, 'ne Studentin will ich nicht. Die Masseurin wäre gut, wegen meiner ständigen Kreuzschmerzen. Aber da könnte ich auch in die Poliklinik ... Und die Russin? Wenn die sich vielleicht mit mir unterhalten wollte, da sähe ich ziemlich alt aus. Bleibt die Sado-Maso-Dame. Ich lasse mich nur höchst ungern quälen. Und umgekehrt? Ich kenne viele, die ich liebend gerne mal verdreschen würde, aber warum soll ich eine mir völlig fremde Frau verhauen wollen?

Vielleicht lassen deshalb die Anrufe auf sich warten, weil das Angebot in der Tat etwas mager ist.

»Zum Programm des Frauenbordells gehört lustförderndes Spielzeug aus Kalifornien: Vibratoren, Fesseln, bunte Silikondildos in allen Variationen, pink- und lilafarbene Penismodelle in Madonnen- oder Delphinform.« Warum es erwähnenswert ist, daß das Gelumpe aus Kalifornien kommt, ist mir schleierhaft. Müßte man mal nachfragen. Apropos nachfragen. Ob ich noch mal ... Nee, nee, lieber vorher noch ein bißchen Info.

»Für Rollenspiele wie 'Gefängnis' oder 'Mann-Frau' werden die Mädchen am liebsten gebucht.«

Gefängnis, na schönen Dank. Mann-Frau? Ich denke, das ist ein Lesbenpuff? Wenn sie da keine aufregenderen Spiele kennen, wundert mich die Flaute nicht.

Aha, jetzt folgt die finanzielle Seite des Vergnügens. »Tarife: 150 bis 450 Mark pro Stunde, bis zu 2000 Mark für Spezialwünsche.« Donnerlittchen, stolze Preise. So'n Stundenlohn möcht ich auch mal haben! Und 2000 Märker für Spezialwünsche! Was mag das nun wieder sein? Vielleicht sind dann die Madonnen- oder Delphinpenisse aus purem Gold oder Madonna oder Claudia Schiffer hatten sie schon mal in Gebrauch. Klärt man das schon telefonisch oder taucht man einfach mit dem Kies dort auf und wartet, was sie so auf der Rolle haben? Habe ich eigentlich geheime sexuelle Wünsche? Muß ich mal scharf nachdenken. Für 2000 Mark fällt mir auf Anhieb keiner ein.

»Deutschlands erstes Bordell für Frauen macht's nicht mehr lange. Die Kundinnen bleiben aus.« Kann ich mir so richtig gut vorstellen: Sitzen die Standardlesbe, die Studentin mit der großen Oberweite, die Russin und die Masseurin völlig frustriert im Sado-Maso-Studio und spielen vor lauter Langeweile mit ihren bunten Dildos aus Übersee. Und die Sado-Maso-Frau durchbohrt sich vor lauter Wut selbst die Brustwarzen.

Und warum läßt sich keine Kundin sehen?

»Frauen sind durch das Patriarchat dazu erzogen, sich nichts zu gönnen. Die kaufen lieber einen Kühlschrank als guten Sex.«

Vergnügt greife ich zum Telefon. »Hallo, ist dort die Küchengeräte GmbH? Ja, unser Kühlschrank hat 'ne Mücke gemacht. Wann können Sie liefern ...«

Wenn Julia morgen von der Dienstreise kommt, wird sie mir um den Hals fallen wegen des neuen Kühlschranks. Gute Laune und guter Sex stehen ins Haus. – Neuer Kühlschrank, Julia – und mindestens 1450 Mark gespart!

Eike Stedefeldt: Bis zuletzt Briefe an Mutter*

Meine Mutter lernte ich zum zweiten Mal kennen, da war sie schon einige Wochen tot. Ich begann, viel zu spät erst und immer noch zögernd, ihre Sachen auszusortieren. Wir hatten unser ganzes Leben zusammen in dieser Wohnung verbracht, deren Einrichtung ich mich nun anschicke, auf die Bedürfnisse nur noch einer Person hin auszurichten. Diese Wohnung, geräumig und hell, seit das Vorderhaus fehlte, war mein Zuhause gewesen und sollte es bis ans Ende meiner Tage bleiben.

(...) Vor Kellern hatte ich mich gefürchtet, seit

---
* Gekürzte Fassung

ich Kind war. Ein Resultat der Verschüttung nach einem Bombenangriff. (...)

Jetzt stand ich also im Kellergang dieses Hauses, die jahrzehntealte Angst im Bauch. Aber ich mußte in diesen Keller hinein, um ihn von den Sachen zu entrümpeln, die sich in dreieinhalb Jahrzehnten hier angesammelt hatten. (...)

Ich hatte mir vorgenommen, kurzen Prozeß zu machen mit den Sachen, und nun stand ich vor meiner eigenen staubigen Vergangenheit, fasziniert wie ein Kind angesichts des Weihnachtsbaumes. Eine Tür des Küchenschranks fehlte und gab den Blick frei auf einen Stapel alter Schuhe und eine abgewetzte Einkaufstasche. Langsam begann ich auszuräumen. Manche Dinge sagten mir gar nichts, an andere konnte ich mich schwach erinnern. In der einen Schublade des Putzschränkchens fand ich ein uraltes Fotoalbum mit Bildern von Leuten, die ich nicht kannte. (...) In der anderen befand sich lediglich ein verschnürter Schuhkarton, zu dem ich mich durch zwanzig Jahre altes Lametta vorwählen mußte – Mutter hatte niemals Lametta weggeworfen. Das, so glaubte sie, brächte Unglück. Ohne den Karton aufzuschnüren, hob ich den Deckel einen Spalt an und sah Dutzende Briefe. Hatte Mutter je Briefe geschrieben? Ich kannte von ihr nur knappe Karten. Aber diese Briefe waren alle an sie adressiert. Ohne Absender. Mein Instinkt sagte mir, daß ich ein Geheimnis entdeckt hatte. Noch ein kurzer Rundblick, Dürrkopp-Nähmaschine, Damenfahrrad, Tütenschirm-Nachttischlampen, und ich verließ den Keller, in der Hand Fotoalbum und Schuhkarton.

Plötzlich roch die ganze Wohnung nach Keller. Alt. Staubig. Trocken. Als der Kaffeekessel zu pfeifen begann, war ich schon in einer lange zurückliegenden Zeit. Ich hatte die Rolle meiner Mutter übernommen, ohne das Stück zu kennen. Der erste Brief datierte vom 28. 9. 1939. Unterschrift: *Deine Selma.*

Selma schrieb die ersten Briefe aus Magdeburg. Wie alt sie war, konnte ich nicht ersehen. Aber sie hatte eine tadellose Rechtschreibung, und auf dem linienlosen Papier floß ihre Schrift gerade und leicht dahin. Ihr Stil war ruhig und freundlich. Nach und nach gewöhnte ich mich daran.

Selmas Briefe waren lang, ein bis zwei Seiten eng beschriebenen Papiers, dessen Qualität mit der Zeit immer schlechter wurde. Es war Krieg damals.

Selmas vorletzter Brief kam aus einem Dorf unweit von Magdeburg, wo sie bei Verwandten untergekommen war. Sie schrieb, am 20. Januar 1945, die Stadt sei vor einigen Tagen schwer bombardiert worden, in der Nacht habe man noch in 50 Kilometer Entfernung den rotglühenden Horizont sehen können. Der Onkel habe alle vor das Haus geholt, stumm und wie angewurzelt hätten sie gestanden und in die Richtung gestarrt, und der Opa habe leise vor sich hin geflüstert, »Magdeburg brennt«.

Mein Vater war früh eingezogen worden. Ich war damals, im Frühjahr 1940, fünf Jahre alt. Als ich ihn das letzte Mal sah, er hatte Fronturlaub, war ich fast sieben. Vater galt lange Zeit als vermißt. Wie wir später erfuhren, fiel er schon im Winter 1942 vor Stalingrad. Seitdem lebte Mutter mit mir und meinem Bruder Hans, der im Sommer 1943 geboren wurde, allein. (...)

Wann nur hatte sie die vielen Briefe an diese Selma geschrieben? So viele Nächte saßen wir im Luftschutzkeller, aber da wäre es doch aufgefallen. Sie hatte so rauhe Hände damals, die zitterten. Im Oktober 1944 schrieb Selma:

»Gestern ist hier das Industriegelände angegriffen worden, bei Tage, von den Amerikanern. Unser Bürotrakt wurde auch getroffen, aber mir ist nichts passiert. Es gab nur wenige Verletzte. Hast Du endlich etwas von Deinem Mann gehört? Es ist schon ein Jahr.

Nein, Christel, Du sollst Dir nicht solche Sorgen um mich machen! Ich bin nur irgendeine entfernte Freundin, wir sind doch nicht verheiratet. Wir dürfen nicht vergessen, daß unsere gemeinsame Zeit geborgt ist. Es tut mir weh, zu wissen, daß unser Zusammentreffen in eine so wirre Zeit fällt, daß unser entzweites Glück erst möglich wurde durch den Krieg. Eines Tages wird Dein Mann zurückkommen, und dann wirst Du mich vergessen müssen, Du hast doch Familie. Und ich werde mir wünschen, daß Du mich vergißt, weil ich Dich nicht unglücklich wissen kann, und wenn es denn so ist, werde ich ebenso unglücklich sein.«

Wenige Wochen später teilte Selma sehr knapp mit, sie bereite sich nun doch auf die Evakuierung vor. Beim letzten Angriff auf die Stadt sei eine befreundete Familie ausgebombt worden, die Mutter liege in einer Klinik außerhalb Magdeburgs, und sie hätte die Kinder zu sich genommen.

»Wenn Du in den nächsten Tagen nichts von mir hörst, wundere Dich bitte nicht. Schreibe bitte auch nicht nach Magdeburg, sei vorsichtig, im Moment jagt man alles und jeden. Du weißt, was es uns kosten kann ... Nur wir wissen, daß wir kein Verbrechen begehen, aber die Denunzianten sind überall. Ich habe Angst um Dich, liebe Christel, und um mich. Es ist eine gefährliche Zeit, nicht nur wegen der Bomben. Keine Zeit für Liebe. Ich bete, daß sie bald vorbei sein möge. Ich werde mich melden, sobald ich eine neue Bleibe auf dem Land gefunden habe. Grüße und Küsse, Deine Selma.«

Mutter hatte nach dem Krieg nie wieder eine Beziehung zu einem Mann gesucht. Wenn ich sie darauf ansprach, sie könnte doch wieder heiraten, schüttelte sie nur mit dem Kopf: »Ach, Quatsch!« »Mutter, du kannst doch nicht ewig alleine bleiben. So alt bist du doch noch nicht. Und viele Kriegswitwen haben wieder einen Mann gefunden.«

Manchmal lächelte sie dann nur müde, und ich wußte nicht, ob ich ihr wehtat, wenn ich so in sie zu dringen versuchte. Mutter war nie sonderlich offenherzig mit ihren Gefühlen umgegangen. Irgendwann ließ ich es bleiben, auch wenn ich mir weiter Gedanken machte. Vielleicht hatte ihr das Leben zu sehr zugesetzt; schließlich hatte sie erst den Mann und dann ihr Kind verloren. Vielleicht hatte sie keinen Mut mehr, sich etwas aufzubauen, um es dann doch nur wieder einreißen zu lassen.

* * *

Selmas letzter Brief war ohne Datum, der Stempel zeigte den Februar 1945, der Tag war nicht zu erkennen.

»*Geliebte Christel! Ich weiß nicht, ob und wann dieser Brief Dich erreichen wird. Ich bin verzweifelt und traue mich kaum noch aus dem Zimmer. Jemand hat mich vor einigen Tagen entsetzlich beschimpft und bedroht, mit Worten, die ich nicht zu schreiben wage. Vielleicht hat jemand einen Brief von Dir abgefangen? Ich hoffe, daß Du, wie abgemacht, keinen Absender angegeben hast ... Ich kann Dir nicht weiter schreiben, ohne Dich zu gefährden. Müssen wir uns schon auf diese Weise trennen, so möchte ich doch, daß Du mich in guter Erinnerung behältst. Wie gern hätte ich Dir eine Fotografie von mir geschickt. Du hattest sie Dir immer so sehr gewünscht. Aber das geht nicht. So lege ich denn diesem Brief ein Souvenir bei, das Dich erinnern soll an mich. Ich habe das Bild damals gezeichnet, als wir uns in den Ferien in der Lüneburger Heide begegnet sind. Weißt Du das noch? Es zeigt den kleinen Gasthof und die alte Scheune am Dorfrand. Auch unsere beiden Eichen sind zu sehen.*

Mag sein, wir begegnen uns eines Tages wieder, in einer anderen Zeit, an anderem, friedlicherem Ort. Ich hatte so sehr gehofft, wir könnten noch einmal zusammen durch die Heide wandern.

Ich weine und werde immer an Dich denken, Deine Dich liebende Selma.

P.S.: Ich schicke diesen Brief aus einem anderen Ort ab, zur Sicherheit. Bitte antworte mir nicht. Versprich es mir, bitte!«

* * *

Mein Kaffee war längst kalt geworden. Im Halbdunkel sitzend, steckte ich mechanisch den letzten Brief zurück in das vergilbte Kuvert.

Auf Mutters Nachttisch hatte, in schlichtem Rahmen, immer eine bräunliche Federzeichnung gestanden. Sie zeigte einen Gasthof, eine alte Scheune und zwei große Bäume. Ich hatte sie vor ein paar Tagen weggeworfen.

Alle Rechte bei Anne Köpfer und Eike Stedefeldt. Mitte September 1994 erschien im Pegasus Druck & Verlag (Choriner Straße 39/1, 10435 Berlin) ihr Buch »Zuviel DDR, zuwenig homosexuell«, ca. 14,80 DM.